ELOGIOS AO LIVRO *SEJA VISTO*

"*Seja Visto* o ajudará a entender suas habilidades únicas, mostrando como usá-las para construir uma marca singular que representa o maior e o melhor de você."

— **MARIE FORLEO**, autora best-seller #1 de *Tudo Tem Jeito*

"Eu me dedico a otimizar nossa saúde e o desempenho de nosso cérebro, por isso admiro muito a crença de Jen de que qualquer pessoa pode superar seus pensamentos negativos do passado e alcançar seu potencial máximo. *Seja Visto* o ajuda a desafiar as expectativas e conquistar a visibilidade que você procura."

— **JIM KWIK**, autor best-seller do *New York Times* de *Sem limites*; apresentador do podcast *Kwik Brain*, e coach cerebral nº 1 do mundo.

"Você precisa deste livro! Se está procurando um livro que o inspire a sair da sua zona de conforto para brilhar, sua busca terminou. Com histórias que emocionam e a sabedoria honesta de uma amiga, Jen Gottlieb nos mostra como agir e obter resultados. Seja você empreendedor, trabalhador de carteira assinada ou alguém com uma ótima ideia, mas que não sabe por onde começar; este livro o ajuda com estruturas práticas e sistemas gradativos."

— **JENNA KUTCHER**, autora best-seller de *How Are You Really?* e apresentadora do podcast *Goal Digger*.

"Uma leitura poderosa para aqueles que já se sentiram invisíveis, não ouvidos ou incertos de si mesmos. Com histórias reais, estratégias de negócios e dicas práticas, o livro de Jen vai impulsioná-lo a revelar sua verdadeira identidade, deixando uma marca duradoura no mundo. Seja visto, conquiste o que merece, e alcance o sucesso que o espera!"

— **AMY PORTERFIELD**, autora best-seller do *New York Times* de *Two Weeks Notice*, e apresentadora do aclamado podcast *Online Marketing Made Easy*.

"A inteligência afiada de Jen o ajudará a superar seus medos, revelando seu verdadeiro eu. Seja você empreendedor, criativo ou apenas alguém que gostaria de fazer a diferença, este livro é para você. Leio-o, coloque em prática a sabedoria compartilhada nestas páginas, e se prepare para brilhar!"

— **KELLYANN PETRUCCI**, autora best-seller do *New York Times* e nutricionista renomada.

"*Seja Visto* é o guia essencial para assumir seu poder e acolher seus dons únicos. Jen Gottlieb compartilha seus fracassos e triunfos pessoais, oferecendo ações alcançáveis para lhe ajudar a expor sua voz, tornar-se visível e atingir o sucesso que você merece."

— **TRENT SHELTON**, autor best-seller e palestrante motivacional.

"Um guia audacioso e indispensável para que você finalmente ENCARE O MUNDO DE PEITO ABERTO de maneira autêntica — assumindo seu poder e transmitindo de forma clara sua mensagem ao mundo."

— **LORI HARDER**, autora best-seller de *A Tribe Called Bliss*, fundadora da H2Glo, a apresentadora do podcast *Earn Your Happy*.

"*Seja Visto* é incrivelmente encantador, cativando o leitor desde a primeira página. As histórias reais de vida de Jen, super-relacionáveis e mais que vulneráveis, vão inspirar você a superar seus medos, as dúvidas e comparações de si mesmo... A abordagem utilizada por Jen é agradável, empoderada e transformadora — assim como ela própria."

— **ALLI WEBB**, fundadora da Drybar e presidente da Canopy.

"Todo mundo que quer ser bem-sucedido no mundo das marcas de marketing precisa ler *Seja Visto*. Jen fornece dicas práticas e *insights* essenciais que vão ajudá-lo a construir uma presença visível e autêntica, atraindo e envolvendo sua audiência. Eu recomendo fortemente!"

— **NEIL PATEL**, autor best-seller do *New York Times*.

"Graças à Jen fui convidado para participar de programas de TV, de inúmeras reportagens, e até da revista *ROLLING STONES*!!! (Preciso dizer algo mais?)"

— **DAN FLEYSHMAN**, investidor, autor best-seller e apresentador do aclamado podcast *The Money Mondays*.

"Há uma diferença entre querer construir uma marca pessoal e realmente ter um guia como *Seja Visto* que lhe mostrar como fazer isso. É difícil superar Jen Gottlieb quando se trata de criar sua marca pessoal, estabelecer confiança e atingir o sucesso. Ela foi a primeira a apresentar uma abordagem prática e inspiradora para quem busca elevar seu nome."

— **TIM STOREY**, Autor best-seller e palestrante motivacional.

"Se mais pessoas boas lessem *Seja Visto*, muitos dos demônios pessoais que carregamos seriam dizimados. E o mundo desfrutaria de mais histórias inspiradoras de triunfo."

— **TODD HERMAN**, autor best-seller do *Wall Street Journal* de *The Alter Ego Effect*.

"*Seja Visto* é uma leitura inspiradora que o ajudará a encontrar sua voz e assumir seu poder."

— **DAVE MELTZER**, cofundador da Sports 1 Marketing, apresentador de *Office Hours* e *The Two Minutes Drill*.

"*Seja Visto* é o guia definitivo para aqueles que desejam conquistar seguidores leais e promover um impacto duradouro em um mundo cheio de gente. Se você está pronto para aparecer sob os holofotes, este livro é para você!"

— **NICOLE LAPIN**, autora best-seller do *New York Times*.

"Você só alcançará todo seu potencial se for visto. *Seja Visto* é o caminho. Leia-o, coloque-o em prática e deixe sua marca indelével pelo mundo."

— **MIKE MICHALOWICZ**, autor de *Lucro primeiro* e *Seja diferente*.

"*Seja Visto* é o manual definitivo para quem busca ascender sua marca pessoal e amplificar sua confiança. Jen fornece as ferramentas e os *insights* para que você corra atrás dos seus sonhos sem medo, gerando um impacto perene."

— **KIM PERELL**, empreendedora premiada, investidora
e autora best-seller de *Jump*.

SEJA VISTO

JEN GOTTLIEB

SEJA VISTO

ENCONTRE SUA VOZ, CONSTRUA SUA MARCA E VIVA SEU SONHO

EDITORA ALAÚDE
Rio de Janeiro, 2024

Seja visto

ISBN: 978-85-7881-789-3

Translated from original Be Seen. Copyright © 2023 by Jen Gottlieb. ISBN 978-1-401-97258-5. This edition is published by arragement with Hay House, the owner of all rights to publish and sell the same. PORTUGUESE language edition published by Alaúde, Copyright ©2024 by STARLIN ALTA EDITORA E CONSULTORIA LTDA.

Impresso no Brasil – 1ª Edição, 2024 – Edição revisada conforme o Acordo Ortográfico da Língua Portuguesa de 2009.

Dados Internacionais de Catalogação na Publicação (CIP)
(BENITEZ Catalogação Ass. Editorial, MS, Brasil)

G72s
1.ed. Gottlieb, Jen
Seja visto : encontre sua voz, construa sua marca e viva seu sonho / Jen Gottlieb ; tradução Kamila Wozniack. – 1.ed. – Rio de Janeiro : Alaúde, 2024.
288 p.; 15,7 x 23 cm.

Título original: Be seen.
ISBN 978-85-7881-789-3

1. Autoajuda. 2. Autoconhecimento (Psicologia). 3. Desenvolvimento pessoal. 4. Marca pessoal. I. Wozniack, Kamila. II. Título.

09-2024/65 CDD 158.1

Índice para catálogo sistemático:
1. Desenvolvimento pessoal : Psicologia 158.1
Aline Graziele Benitez – Bibliotecária – CRB-1/3129

Produção Editorial: Grupo Editorial Alta Books
Diretor Editorial: Anderson Vieira
Editor da Obra: Ibraíma Tavares
Vendas Governamentais: Cristiane Mutüs
Gerência Comercial: Claudio Lima

Produtora Editorial: Gabriela Paiva
Tradução: Kamila Wozniak
Copidesque: Andresa Vidal
Revisão: Evelyn Diniz
Diagramação: Joyce Matos

ALTA BOOKS
GRUPO EDITORIAL

Rua Viúva Cláudio, 291 – Bairro Industrial do Jacaré
CEP: 20.970-031 – Rio de Janeiro (RJ)
Tels.: (21) 3278-8069 / 3278-8419
www.altabooks.com.br – altabooks@altabooks.com.br
Ouvidoria: ouvidoria@altabooks.com.br

Editora **afiliada à:**

ASSOCIADO

Para Chris.
Obrigada por sempre me ver.

AGRADECIMENTOS

Minha nossa, meu coração está explodindo de gratidão pelas pessoas maravilhosas que me ajudaram a tornar este livro uma realidade! Eu não teria conseguido sem a ajuda de cada um de vocês.

Em primeiro lugar, quero agradecer ao amor da minha vida e parceiro de negócios, Chris. Sua paciência, opiniões sinceras, seu encorajamento e empurrõezinhos amorosos para sonhar grande foram fundamentais para a realização deste livro. Somos parceiros de incentivo, melhores amigos, dividimos risadas e você é meu mentor. Sou grata pelo seu apoio incondicional e confiança em mim, sempre ao meu lado nos momentos mais difíceis. Você me mantém de cabeça erguida e me ajuda a brilhar, também me mostrou que posso ser vista — que minha voz e minha história importam. Eu não teria chegado até aqui sem você ao meu lado, torcendo por mim a cada passo.

Quero agradecer também a minha família incrível: mãe, pai, vovó Thelma, vovô Gene, e meu irmão, Steven. Vocês são minha maior torcida, as histórias que compartilho neste livro estão intrinsecamente ligadas à influência e ao impacto que vocês tiveram em minha vida. Não posso me esquecer da minha enteada maravilhosa, Vivienne. Sua doçura e amor iluminam meus dias. Sou imensamente grata por você. Sua confiança e fé inabalável em si mesma são uma inspiração diária.

À minha equipe da Super Connector Media, sou imensamente grata a vocês! Sinto-me abençoada por trabalhar com pessoas tão talentosas e dedicadas. Vocês nos contagiam com sua paixão, criatividade e energia. Obrigada por torcerem por mim durante as nossas "reuniões vencedoras semanais" e por todas as mensagens encorajadoras que me ajudaram a me manter motivada durante meu processo de escrita. Um agradecimento especial para nossa família do Super Connector Mastermind, vocês são uma inspiração diária!

Para minha equipe magnífica da Hay House, obrigada por tornar minha primeira jornada como autora tão simples e divertida! Patty Gift, Reid Tracy e minha editora fabulosa, Anne Barthel, obrigada por acreditarem em mim. Eu não poderia escolher um lugar mais perfeito para SER VISTA!

Agradeço aos meus agentes maravilhosos: Steve Troha e Jan Baumer, pela orientação, apoio e ajuda em trabalhar neste livro.

Agradeço especialmente às minhas mentoras extraordinárias, Emily Krempholtz e Kelly Notaras, que me ajudaram a levar minhas histórias a outro patamar, dando vida a elas de maneiras que nunca imaginei ser possível. Falando sério, nosso esforço não valeria de nada se este livro não alcançasse tantas pessoas, não é? Por isso agradeço à minha sensacional gerente de lançamento, Courtney Kenney, e ao meu guru de marca, Rory Vaden. O conhecimento, a dedicação, organização e apoio de vocês foram de extrema importância durante todo este lançamento. Vocês ajudaram para que este livro fosse visto!

Aos meus amigos (brilhantes) que tanto me apoiaram — Lori Harder, Amy Porterfield, Gabrielle Lyon, Dan Fleyshman, Danielle Dimasi, Laura Belgray, Jenna Kutcher, Lindsay Schwartz, Randy Gam e Kellyann Petrucci —, sou muito grata pelo amor, encorajamento, opiniões e apoio de vocês. Vocês me mantiveram inspirada e equilibrada durante toda essa jornada excepcional.

Gabby Bernstein, você é uma verdadeira rainha! Obrigada por escrever o prefácio deste livro e por me inspirar constantemente a alcançar meus sonhos mais altos.

Para minha equipe criativa brilhante (e amigos queridos) — Annebet Duvall, Chris Eckert, Rachel Pesso, Jessica Mucumeci e David Curcurito — vocês deram vida à minha visão de maneiras que eu nem sonhava!

Por fim, mas não menos importante, sou imensamente grata a meus amigos de escrita peludos — Tammie, Teddy, Rei Arthur e

Dexter. Seu carinho, brincadeiras e amor me ajudaram por essas longas horas escrevendo.

E a você, caro leitor, não consigo nem expressar o quanto sou grata a você. Você é a razão pela qual escrevi este livro. As histórias, lições e estratégias são todas para você. Espero que ao ler estar páginas, você se sinta visto, ouvido e compreendido. Espero que veja a si mesmo em minha jornada e saiba que não está sozinho. Você é digno de ser visto, de ser ouvido, de ser prestigiado por quem você é. E o mais importante, você tem algo muito especial a oferecer para o mundo. Seus dons, talentos e perspectivas únicos são somente seus. O mundo precisa deles, precisa que você se mostre com confiança e graça. Por isso, meu amigo, eu te desafio a usar as lições deste livro para SER VISTO em sua própria vida. Seja na sua carreira, em seus relacionamentos ou apenas na forma como você se mostra ao mundo, saiba que você está pronto para brilhar. Eu acredito e estou torcendo por você durante todo o seu caminho.

SUMÁRIO

PREFÁCIO

Um dia, eu estava navegando pelo Instagram e vi algo que me fez parar de rolar a tela no mesmo instante. Era uma palestrante motivacional, e ela estava arrasando.

Além de ser a pessoa mais fofa de todos os tempos, também era brilhante. Sua energia e seu magnetismo transpassavam a tela. Cliquei no botão de seguir e fiquei vinte minutos imersa no conteúdo dela.

Alguns meses depois, Jen e eu nos conhecemos pessoalmente, e — sem surpresa — ela era tão incrível ao vivo quando online. Nós nos demos muito bem e ficamos amigas logo de cara.

Quando Jen começou a escrever seu primeiro livro, ela me procurou em busca de conselhos.

"Qual o maior desejo do seu público?", perguntei.

Sem hesitar, ela respondeu: "*Querem sentir que estão sendo vistos.*"

Dá para se identificar, não é?

A necessidade de ser visto é um desejo intrínseco que pode se tornar a força motriz da sua vida. Muitos de nós crescemos nos sentindo inadequados, não quistos ou insuficientes. Quer percebamos ou não, essas crenças afetam todas as áreas da nossa vida, particularmente nossa carreira. Neste livro, Jen nos guia para liberar as crenças que nos impedem de realmente sermos vistos — reivindicando nosso poder —, em direção ao nosso eu autêntico.

Com passos práticos e uma boa dose de orientação direta, bem ao estilo nova-iorquino, ela mostra como você pode se destacar para gerar maior impacto no mundo, sendo seu mais autêntico EU. Se você está pronto para aparecer sob os holofotes e permitir que o mundo veja quem você é de verdade, Jen lhe mostrará o caminho.

Ao longo de quase duas décadas, tive o privilégio de estar à frente do *zeitgeist*, que significa o espírito do tempo, de mulheres que assumem seu poder como curandeiras, coaches e palestrantes motivacionais. Tem sido uma jornada maravilhosa, repleta de mulheres incríveis — mas Jen se destaca.

Se você está pronto para se libertar das limitações que lhe prendem e se envolver com seu máximo potencial, não há guia melhor que Jen. Vire a página e se prepare para **Ser Visto**!

— **GABBY BERNSTEIN**,
Autora best-seller #1 do *New York Times* de
The Universe Has Your Back

INTRODUÇÃO

"Você não está *sendo vista*", disse a vidente, encarando-me com sua sabedoria interior.

As palavras dela mexeram muito comigo, eu estremeci. De fato, eu estava tão nervosa que quase peguei minha bolsa e saí correndo do "escritório" da Sra. Corina.

Eu não deveria ter feito isso.

Vamos retroceder a algumas horas antes para você entender como cheguei a esse empasse. Sempre acreditei que uma caminhada é capaz de resolver a maioria dos problemas, mal humor ou discussões. Por causa disso, eu e meu marido, Chris, caminhamos bastante (*bastante* mesmo). Nossas caminhadas por Nova York não são apenas nossa maneira de resolver problemas, mas também a atividade que mais gostamos de praticar juntos. Então, quando me senti meio desanimada naquele domingo e não conseguia identificar o porquê, a reação imediata de Chris foi me chamar para "dar uma volta". Enquanto perambulávamos pela 14th Street em direção à Greenwich Avenue, demos de cara com essa loja de cristais que mais parecia um buraquinho no meio da parede e que pertencia a Sra. Corina, a Vidente Mágica. Enfiamos nossas mãos em vasilhas com lindas pedras, examinando as prateleiras cheias de velas coloridas, quando avistei uma placa próxima da caixa registradora sobre leitura de tarô, confessei a Chris que nunca havia feito uma.

"Nunca quis que alguém me dissesse que algo de ruim aconteceria no meu futuro", falei a ele. "Acho que gastaria muita energia me preocupando com isso e acabaria manifestando para o universo."

Chris sorriu de um jeito de quem não aceitaria uma negativa como resposta. "Duvido que você faça uma leitura."

Algo que você precisa saber logo sobre mim é que eu levo apostas *muito* a sério. Então paguei duzentos dólares para Corina (sim, é verdade o que dizem sobre os preços de Nova York), e me preparei para encarar meu medo de saber sobre meu futuro.

No final, a "vidente" era completamente maluca. Eu não estava sendo vista? *Eu?* Essa mulher era doida.

"Espere aí", falei, interrompendo-a. "Acho que você precisa embaralhar melhor suas cartas ou algo do tipo. Eu *ensino* às pessoas como serem vistas. É isso o que eu faço! É isso que nossa empresa *multimilionária*, Super Connector Media, faz! Temos um programa chamado *The Be Seen Accelerator* ['Acelerador Seja Visto', em tradução livre], pelo amor de Deus! Olha aqui." Abri meu celular e mostrei a ela nosso site, rolando pelos depoimentos de clientes que alcançaram um sucesso enorme em suas áreas com o que ensinamos. Continuei: "Eu sou quase a definição de *ser visto*, então você deve ter confundido as mensagens."

Chris me olhava chocado enquanto eu gritava com a pobre mulher, mas a Sra. Corina continuava sentada como uma estátua e respondeu: "Você terá um sucesso enorme e ajudará pessoas no mundo todo, mas não alcançará todo seu potencial até se permitir ser vista por completo."

"É isso? Só isso que você me diz?"

"Seja Vista é tudo o que está sendo enviado a mim neste momento. Essa é a mensagem." Ela deu de ombros, claramente acostumada com clientes acusando-a de falcatrua, sem dar a mínima para isso. Ela juntou as cartas que estavam sobre a mesa e nos acompanhou até a porta.

"Acredita nisso?", perguntei a Chris horas depois, ainda indignada, quando já estávamos em casa nos preparando para dormir. "Ser vista? Foi só dinheiro jogado fora."

Passava da meia-noite e eu não conseguia dormir, quando finalmente me dei conta — apesar de não querer admitir, que Corina estava certa. Eu não era vista por completo. O mais irônico foi que o que falei a ela também estava certo: eu sei *como* ser vista. Quer dizer, ergui do zero uma empresa de relações públicas bem-sucedida e a vendi para poder ensinar a milhares de pessoas a como serem vistas, com meus treinamentos intensivos, cursos, mentorias e eventos. Eu os ajudei a explorar as aparições na mídia para criar vídeos virais no TikTok, publicar livros e conseguir palestrar em eventos importantes. Eu estava ajudando pessoas a irem do FOMO (medo de ficar de fora, na sigla em inglês) à fama em suas áreas, encorajando-os a dar tudo de si e virarem o centro das atenções. E estava funcionando para meus alunos! Meus clientes construíam plataformas gigantescas, marcas poderosas e negócios lucrativos, mas eu estava tranquilamente nos bastidores, como uma mãe coruja vendo meus alunos se destacarem.

Claro que percorri uma longa estrada até aqui. Eu tinha contas nas redes sociais com centenas de milhares de seguidores, mas toda vez que eu postava uma foto muito bem escolhida, com iluminação perfeita e com o rosto cheio de maquiagem, bem no fundo eu sabia que não estava deixando as pessoas me verem de verdade. Eu estava em um beco sem saída com muitos de meus objetivos, e, como pensei (e temia), a Sra. Corina, a droga da Vidente Mágica, tinha acertado em cheio no porquê. Eu não estava sendo vista de verdade, pois havia algo escondido dentro de mim que eu ainda não compartilhava com o mundo, enquanto eu ignorava o sussurro profundo em meu subconsciente me dizendo que estava na hora.

Às 3 horas da manhã, quando os números em neon piscavam no relógio ao lado da cama, virei o travesseiro pelo que pareceu ser a 85ª vez, e o sussurro se transformou em um rugido. Se você alguma vez já ouviu essa voz interior, vai entender quando digo que se você não a escutar, o sussurro vai deixar de ser uma música ambiente para se tornar um alto-falante que não para de tocar no volume máximo.

"É sua responsabilidade ser vista, Jen", disse a voz. "Completa, autêntica, caótica, imperfeitamente vista."

Eu sabia o que tinha que fazer.

Naquela manhã, eu me levantei e me virei para Chris com um grande nó de medo preso na garganta e disse: "Vou escrever um livro."

Sabia que se eu contasse ao meu parceiro de vida essa novidade, não tinha como voltar atrás. Chris nunca me deixaria voltar atrás com minha palavra, então, no momento em lancei a ideia, eu teria que cumpri-la. Eu *tinha* que ir até o fim. Para ter mais responsabilidade, eu sabia que precisava investir no meu próprio projeto, então entrei na internet e comprei o domínio para o título que usaria. Por nada menos que 3.287 dólares, agora eu tinha responsabilidade em dobro. Claramente, eu estava no que Tony Robbins, um dos melhores palestrantes motivacionais do mundo, chama de "estado de pico". Tony diz que esse é o melhor período para construir momentum, então corri de volta para a cama, peguei meu caderno e comecei a escrever uma introdução (bem meia-boca) para um livro que definitivamente *não* é este que você está lendo agora. Mas aquele começo bagunçado e horrível era apenas isso: um começo. Meu minúsculo passo foi como abrir uma torneira, e antes de me dar conta, a goteira virou um fluxo estável.

Depois de quase dois anos e várias rejeições horripilantes, reescritas, orações, pedidos de ajuda bem desconfortáveis, e de usar todos os métodos que estou prestes a ensinar, você tem em suas mãos uma manifestação real da minha resposta à mensagem, vinda do além, da Sra. Corina. *Seja Vista.*

Imagino que você tenha escolhido este livro porque o título despertou algo em você, assim como fez comigo naquele dia em West Village. Talvez você se sinta, em sua área, como a joia mais bem guardada que não está brilhando tanto quanto seria capaz. Ou já tentou tudo que sabe para atrair seu público, mas ainda se sente travado. Quem sabe tenha passado tempo demais rolando pelas redes sociais e assistindo a outras pessoas em seu nicho falarem para seguidores engajados, com uma lista de espera para comprar os produtos ou serviços deles, e está cansado de pensar *deveria ser eu*. Decerto, você tem se contido porque, apesar do seu desejo de ser reconhecido como autoridade no que faz, ninguém em sua vida o entende. Ou, talvez, publicamente você vem se mostrando como alguém que não é, e lá no fundo sabe que precisa deixar o mundo te conhecer verdade. Caso tenha se identificado com alguma dessas opções, ou se ainda tenta entender quem você é e o que quer, eu entendo perfeitamente.

Sem sombra de dúvida, sei que quando finalizar este livro, você terá tudo de que precisa para criar a plenitude, o alinhamento, a visibilidade e o sucesso dos seus sonhos, posicionando-se em seu próprio holofote e permitindo que o mundo o enxergue. Realmente o enxergue.

Levei as palavras de Corina a sério e não omiti nada ao escrever este livro. Ao longo destas páginas estão histórias pessoais que nunca contei publicamente, e estratégias atuais que usei para transformar completamente, não só minha vida, mas como a vida, as marcas e os negócios dos meus clientes. Eu deveria lhe avisar de antemão que este não vai ser um típico livro de negócios. Não vou lhe vender nada ao final dele, e não lhe darei trilhões de exemplos dos meus clientes de sucesso para que você se sinta de fora e saia correndo para comprar meus cursos.

Durante nossa jornada, passaremos por um processo de quatro etapas, que o ajudarão a ter a clareza e confiança que nós dois sabemos que você precisa para brilhar o quanto sabemos que você consegue. Nomeei esse processo de ***Sistema Seja Visto***, dividido em quatro seções:

1. Seja Corajoso
2. Seja Criativo
3. Seja Conectado
4. Seja Visível

Vamos falar sobre a Parte 1? Você já sentiu como se estivesse vivendo uma vida que outra pessoa planejou para você? Talvez tenha acordado certa manhã e pensado: *Como diabos vim parar aqui?* A noção de que você construiu uma vida, marca ou negócio que está repleto de "deveria ter..." e a ideia de outras pessoas sobre o sucesso o deixe estagnado, pois vem atrelada a outra percepção comum: você perdeu o foco em quem realmente é. Nessa primeira parte do livro, Seja Corajoso, você aprenderá tudo sobre como se olhar no espelho e se ver *como* você, *para* você, de uma forma mais real e autêntica que nem sequer pudesse imaginar, pois você é o maioral, meu amigo, e mal posso esperar para lhe mostrar o porquê. A Parte 1 vai lhe ensinar a reconhecer e lidar com os medos que impedem fazer sua marca crescer, e como construir confiança até que esteja brilhando como se estivesse praticamente saindo pelos seus poros. Vou lhe dar uma estratégia simples que o ajudará a se alinhar novamente com seu eu verdadeiro, pois se não conseguir enxergar e apreciar a si mesmo como outros farão isso?

O que nos leva à Parte 2, Seja Criativo, em que lhe mostrarei como pegar o Verdadeiro Você e subir para o nível Você 2.0, tendo clareza sobre o que realmente quer. Como quer ser visto? O que você quer que as pessoas te vejam fazendo? Quer ser visto como a criação de alguém ou como a pessoa que *você* criou, misturado com respingos do ser humano incrível com quem você se reconectou na Parte 1? Na Parte 2, vamos decidir isso juntos, já que nesses capítulos você delimitará seus objetivos, criando o futuro que quer ver, um passo de cada vez. Isso mesmo que entendeu, você fará sua própria mágica na Parte 2, e tenho exemplos que podem comprovar isso, para que você saiba que funciona. Vou mostrar o sistema exato que usei para conquistar meu papel dos sonhos em um espetáculo da Broadway, conhecer o amor da minha vida e ir de alguém que estava perdendo tudo para alguém que estava construindo um negócio muito bem-sucedido do zero. Acredite em mim quando digo que as chaves que entregarei a você ligarão o motor da máquina do tempo que o levará direto para o futuro que você quer.

Na Parte 3, Seja Conectado, pegaremos os projetos desse futuro para abrir seus olhos a todas as pessoas que podem estar ao seu lado enquanto o torna em realidade — pessoas que já estão ao seu lado, aquelas que você pode querer dispensar e quem ainda não encontrou —, com técnicas de networking comprovadas ao longo do tempo e dicas para ajudá-lo a superar o impacto da rejeição e aproveitar seus contatos para dar e receber valor no caminho em direção aos seus objetivos. Vamos aprimorar suas habilidades de conexão com algumas técnicas simples e fáceis de aplicar, que podem transformar até o introvertido mais tímido no centro das atenções, mostrando como ultrapassar suas próprias barreiras quando necessitar de ajuda. Para ser visto, é preciso que as pessoas que o apoiam e o amam enxerguem você, assim que tiver um grupo de apoiadores alimentando a chama por você em vez de apagá-la, todas as táticas que ensinarei na próxima parte parecerão moleza.

Quando chegar à Parte 4, você já saberá quem é e o que quer, terá uma rede incrível de pessoas que o fortalecerão pelo caminho. Agora você vai descobrir como construir e engajar sua audiência, passará a brilhar e a ser visto pelas pessoas que mais precisam de você como a versão original de si mesmo. Na Parte 4, você aprenderá todos os passos e ferramentas para criar uma marca lucrativa, incluindo como contar sua história de forma a cativar as pessoas, como criar um conteúdo atraente e envolvente, como aumentar sua própria credibilidade e influência para maximizar suas conquistas e alcançar a mídia, e como seguir o mesmo caminho de seus maiores e mais bem-sucedidos ídolos.

Ao longo das quatro partes, cada capítulo neste livro terminará esmiuçando o que você acabou de aprender em passagens curtas e fáceis de entender. Após uma breve recapitulação de alguns dos momentos marcantes dos capítulos, vou lhe dar uma rápida vitória — também conhecida como uma maneira fácil de colocar em prática o que aprendeu. Também incluirei uma seção chamada "Anote em um Post-it", que contará com um pequeno conselho, uma afirmação ou um lembrete amigável para anotar em um papel adesivo e grudar no espelho do banheiro, na geladeira, no seu quadro de atividades ou no monitor do seu computador. Estou falando sério — pegue um bloco e mantenha perto de você durante esta leitura. Logo você terá criado uma pequena coleção de lembretes por toda a casa, pelo escritório e na sua vida, que o manterá comprometido a ser visto de verdade.

Se ainda não percebeu, serei como sua amiga nova-iorquina que fala sem nenhuma enrolação, e começarei com algumas verdades difíceis, mas ditas com carinho: se você ainda não encontrou quem realmente é e que tipo de futuro quer criar, construirá uma marca artificial e uma audiência desconexa, e acredite, pois posso afirmar (por todas as experiências pessoais que está prestes a ler) que essa é a maneira mais rápida de começar a detestar o que você faz. Tive que aprender do jeito difícil que quando você não está alinhado consigo mesmo, com seus objetivos, com uma comunidade que verdadeiramente o enxerga, provavelmente voltará a se esconder, e precisará começar tudo de novo. Espero que, com este livro, você se sinta como se estivéssemos em sua cafeteria favorita conversando honestamente. Estou prestes a liberar histórias de impacto — e algumas vezes constrangedoras — da minha vida e de pessoas com quem trabalhei.

Ao passar pelas quatro partes deste livro — cada uma incluindo *ações táticas* —, serei completamente genuína, honesta e solidária pelo seu crescimento. Quando chegar ao fim da Parte 4, você terá feito o trabalho necessário para finalmente sair pelo mundo e ser visto pelos clientes e pela audiência que mais precisam de você.

Este livro é uma mistura de desenvolvimento pessoal com estratégias de negócios, regado com muitas de minhas histórias de vida que o farão rir, chorar, envolver-se, e, espero, causar-lhe arrepios que o ajudem a acreditar que seu sonho é possível, seja qual for. Vou entregar todo o ouro. Meus tropeços mais embaraçosos, meus maiores fracassos, realizações pessoais, medos reais e meus maiores sucessos. Está tudo aqui, assim como as lições que aprendi. Por favor, adicione o que aprender aqui em seu conjunto de instrumentos de vida e me permita ser sua cobaia enquanto você encontra sua voz e constrói a marca que ama. Se você adora modelos e sistemas de passo a passo táticos, incluí todos os métodos que usei para cultivar uma comunidade de apoiadores e clientes fiéis que consistentemente compram meus produtos e serviços.

Se eu pudesse dar um passo para trás para ter uma visão ampla da minha vida — uma louca jornada que você conhecerá nos próximos capítulos—, eu lhe diria que nunca teria conseguido criar a vida, o amor e a carreira que imaginei para mim se não tivesse parado de fingir ser alguém que não era e permitido que a mulher que carinhosamente chamo de "A Verdadeira Jen" começasse a ser vista. Quando a Verdadeira Jean tomou o controle em vez da versão de mim que achei que deveria ser, ficou muito mais fácil ter clareza sobre a vida que eu *realmente* queria criar, conectar-me com a comunidade de pessoas que poderia me ajudar a alcançar meus objetivos, e falar diretamente para a audiência que fui feita para servir. Então, seja você um empreendedor crescendo com sua base de clientes, um funcionário de carteira assinada que é capaz de muito mais do que o seu chefe enxerga, ou uma pessoa com um sonho sem saber por onde começar a realizá-lo, eu posso lhe ajudar. É hora de parar de se esconder e começar a ser visto pela singularidade mágica que você é. O verdadeiro e *único* você.

Quando estava no fundo do poço, eu me sentei no chão da Barnes & Noble para ler livros de pessoas que estavam fazendo o que eu queria fazer, e isso me inspirou a mudar de vida. Aqueles autores se tornaram meus "amigos imaginários", que me ajudaram a reconectar e construir uma relação com a Verdadeira Jen. Eles me contaram que eu tinha algo mais a oferecer, eu me apoiei neles e em sua ajuda singular para chegar onde estou hoje. Com este livro, quero oferecer esse apoio a você. No fundo do seu coração, você sabe que tem algo *mais* a oferecer, ou não teria passado da capa. Escrevi este livro para que você possa ler e pensar: *Se a Jen consegue, eu também consigo.*

E eu sei que se você seguir o caminho que indico neste livro, com certeza vai conseguir.

Meu último pedido antes de você mergulhar nestas páginas é para que você as use imperfeitamente. Aceite a bagunça, encare o medo. Acolha os sentimentos que surgirem. Eles vão ajudá-lo a descobrir quem você é e o que você é capaz de fazer para desenvolver a confiança inabalável que sempre esteve dentro de você. E, não se esqueça, estarei com você o tempo todo!

Obrigada por me enxergar através destas páginas, meu novo amigo. Por favor, saiba que escrevi cada uma destas palavras com muito amor e gratidão a você. Sim, *você*. Eu vejo você.

Vamos começar!

Um abraço,
JEN

Obs.: Alguns nomes, datas e linhas temporais foram gentilmente alterados no decorrer do livro não apenas para aumentar a ressonância destas histórias, como também para respeitar e proteger os indivíduos envolvidos, mantendo a integridade e espírito de cada evento.

PARTE 1

SEJA CORAJOSO

CAPÍTULO 1

ENXERGANDO VOCÊ

"Venha, Jennifer!"

Os metaleiros usando gargantilhas que mais pareciam coleiras de cachorro com taxas e spikes foram à loucura nas arquibancadas. Assim como já tinha feito centenas de vezes, respirei fundo, arrumei meu sutiã de bojo, e peguei a caixa grande e preta de CDs e camisetas, conhecida como minha "Caixa de Bugigangas". Com um sorriso no rosto, caminhei pelo palco da Warner Bros. balançando os quadris, em direção ao ganhador do jogo de trivia, "Stump the Trunk", do programa *That Metal Show*. Parecendo um vencedor da Mega-Sena, o superfã esticou as mãos para minha "Caixa de Bugigangas" e, animado, pegou um porta lata de cerveja do Metallica. Pisquei para ele e dei os parabéns, levando a caixa de dezoito quilos para os bastidores onde minha equipe retocou minha maquiagem para que eu pudesse repetir o processo para os próximos quatro vencedores.

Quando o jogo acabou, nosso produtor gritou: "Corta!" Voltei para o *backstage*, fechei a porta do camarim e desabei em uma enxurrada de lágrimas incontroláveis. Naquela manhã, antes de gravar o primeiro episódio da décima temporada para o programa da VH1, *That Metal Show*, eu tinha descoberto que o cara que era meu namorado há três anos estava me traindo com uma de nossas amigas. Tentei fingir um sorriso quando subi ao palco, mas, por dentro, uma crise de pânico crescia enquanto eu aceitava o fato de que o futuro "perfeito" que eu havia planejado com tanto cuidado para mim estava desmoronando.

Até então, na minha vida e carreira, eu já estava craque em ignorar meus sentimentos, escondendo-os atrás da minha máscara de proteção, que eram meu batom vermelho-escuro e cílios postiços enormes. E foi exatamente isso que fiz. Prendi meu cabelo, me enfiei em uma legging de couro sintético e usei a animação da plateia no estúdio para anestesiar a rejeição e o medo debilitantes que percorriam dentro de mim. Enquanto eu era vista como a Garota da Caixa de Bugigangas — amada e adorada por seus fãs fervorosos —, não precisava ser a Verdadeira Jen, que não fazia a mínima ideia do que estava acontecendo em sua vida, quando o produtor gritou: "Acabamos por hoje!"

Se olhasse meu perfil no Instagram naquele dia, você pensaria que eu tinha a vida perfeita. Exatamente o que eu queria que todos pensassem. Sabe, eu escolhia meticulosamente os conteúdos das minhas redes para parecer um fluxo interminável da garota mais descolada, feliz, sexy, loiríssima e bronzeada de todas. Alguém que exalava ousadia e vivia para o heavy metal. A garota que passava seu tempo viajando de jatinho entre Nova York e Los Angeles para gravar um programa de TV, enquanto seu namorado, gestor de fundos de cobertura, alto, rico e lindo a esperava no apartamento da cobertura em Upper West Side. Ela tirava selfies com as celebridades, vestia luvas de couro sem dedos e festejava como uma estrela do rock.

Mas ela era apenas um personagem. Eu estava vivendo uma mentira, que se desfazia diante de meus olhos. Sempre lutando com meu verdadeiro eu, fazendo de tudo para me esconder por trás da aparência de quem eu achava que todos queriam que eu fosse. Lá no fundo, eu sabia que estava destinada a ser mais do que apenas um símbolo sexual nas redes sociais ou uma companhia decorativa para um cara bem-sucedido. Algumas vezes, pensava em deixar a indústria de entretenimento e abrir meu próprio negócio, ou voltar à cor original de castanho do meu cabelo. Mas eu sempre dava de cara com o medo debilitante do que eu faria da minha vida se não fosse isso. Eu me sentia desmerecedora de ser qualquer coisa que não fosse "a garota gostosa", junto isso à multidão de críticos que me cercava, liderada pelo meu namorado Rob, me fazia voltar ao meu lugar.

"Apenas seja bonita", diziam eles. "Deixe que as pessoas lhe deem dinheiro por isso." Simples assim, não é? O problema com esse tipo de vida é que só funciona se você realmente acha que é bonita, o que eu tinha dificuldade em enxergar na maioria dos dias. Anos trabalhando em uma área em que muitas vezes o seu valor é ditado pelo tamanho dos seus seios, a cor do cabelo, as medidas de quadril e cintura, acabaram com minha autoestima *e* me ajudaram a criar a crença de que eu não era capaz de construir a vida perfeita que uma atriz deveria ter sem depender de sua aparência ou do namorado rico. Então redobrei meus esforços em ser a "gostosa" bem-sucedida, no trabalho e no círculo social. Mas algo dentro de mim ainda não estava convencido de que esse era o meu propósito. Aquela voz ficava cada vez mais alta, e a luta interna logo ficou exaustiva. Estar em um relacionamento com um cara que propagava o papel tóxico que eu repassava em minha mente sobre minha autoestima não ajudava. Então por que diabos eu não terminava com ele? Por que ainda estávamos juntos? Penso sobre o passado e me pergunto a mesma coisa todas as vezes. A verdade era que eu morria de medo de ficar sozinha, não tinha confiança nenhuma em mim mesma, nem acreditava que pudesse ser bem-sucedida sem ter alguém cuidando de mim. Deixei que esse medo me controlasse até me sentir perdida em uma caverna, sem enxergar qualquer luz que me guiasse para o lado de fora. Em vez de enfrentar meus medos e procurar uma saída, montei uma barraca e me escondi no escuro, sozinha, esperando que algo ou alguém me salvasse.

VOCÊ NUNCA ESTÁ TOTALMENTE VESTIDO SEM UM SORRISO (E UMA TRILHA SONORA)

Para entender quando meu resgate finalmente chegou, preciso que você volte no tempo comigo, para uma pequena Jen de cabelos encaracolados dos anos 1989 a 1995, vestindo uma camiseta enorme do Chicago Bulls, e cantando "Tomorrow", do musical *Annie*, a plenos pulmões no porão dos meus pais. Todas as tardes, do momento em que meu pai apertava o play do nosso sistema de som suíço Revox de 1984 (ele fez questão de que eu informasse esse detalhe a você!), eu era imediatamente levada para o mundo da fantasia. Em questão de minutos, eu ia de uma vida árdua com a Sra. Hanningan para o fundo do mar com Ariel e Sebastian, a caminhar pela estrada de tijolos amarelos na terra de Oz e perambular pelo cemitério com um Michael Jackson zumbi. Tudo isso garantindo que a filmadora de meu pai estivesse capturando cada jogada de cabelo e saltos com espacate. Relembrar essas sessões de dança ainda me emociona e, sem exceção, me reconecta com meu verdadeiro eu, a pura versão de mim mesma. A parte de mim ligada à alegria não filtrada, ao entusiasmo incondicional e ao otimismo contagioso daquela garotinha. A parte de mim que definitivamente não tinha medo do que os outros pensavam de sua cantoria desafinada e dos passos de dança ridículos. A Jen que não sentia que precisava se encaixar e ser perfeita a todo custo. Que se permitia ser vista por toda a sua glória. Hoje, amorosamente chamo essa pessoinha de "Verdadeira Jen", e viria a saber um bom tempo depois que ela era a pessoa que eu sempre precisei ser.

Tenho certeza de que não é novidade que decidi passar os vinte anos seguintes correndo atrás da sensação que estar nos palcos me dava. Estudei teatro musical na faculdade, larguei tudo depois de um semestre e me mudei para Nova York, buscando atuar o tempo todo, quando consegui meu papel dos sonhos no espetáculo da Broadway em turnê nacional *The Wedding Singer*. O universo mexeu muito bem os pauzinhos e me mandou a oportunidade de ouro de fazer parte do *That Metal Show*, da VH1, durante um longo período, que, se você não percebeu até agora, era um programa de auditório sobre heavy metal. O single mais recente do Black Sabbath não era uma das músicas que meu pai e eu dançávamos, mas foi o programa que mudou minha vida, para melhor ou pior, e as coisas iam bem... até tudo mudar.

Naquele dia horrível, enquanto eu me encolhia em posição fetal em uma poça de lágrimas com rímel preto escorrendo pelo rosto, não pude mais ignorar o quanto estava perdida. A Srta. Caixa de Bugigangas não poderia estar mais distante de quem eu realmente era. Durante os anos em que participei do programa, eu me vi encarnando essa personagem o tempo todo para permanecer relevante aos fãs e conseguir as curtidas nas redes sociais. Eu estava sendo vista, claro, mas estava sendo artificial, e os predadores sentiam isso a quilômetros de distância. Não demorou muito para que eu estivesse deletando mensagens maldosas no Twitter (atual X) de fãs do programa dizendo que eu era uma farsa. Eles estavam certos... eu era. Mas eu estava tão desconectada do que era real, que fingir parecia ser a única opção.

Se você escolheu este livro, aposto que está ciente da quantidade gigantesca de pessoas que fingem quando estão tentando construir uma audiência. É muito mais fácil se esconder atrás da versão de si mesmo que você acha que precisa ser para ser visto. Hoje em dia, muitos de nós passam tempo demais consumindo conteúdos altamente selecionados que as empresas, marcas e "influenciadores" criam com tanto cuidado para nos fazer sentir, pensar e agir de certa maneira. Passar tanto tempo nessa realidade filtrada deixa muuuuito mais fácil esquecer que estamos vendo apenas os destaques. Vários dos influenciadores e criadores que seguimos se camuflam atrás das imagens meticulosamente editadas e filtradas de seus melhores momentos, fingindo ter uma vida sem nenhuma falha ou obstáculos para superar. Ver isso todos os dias nos pressiona muito a fazer o mesmo. Você nunca olhou para a postagem de alguém e pensou: *Afff, quem dera eu tivesse essa vida. Eu queria estar sempre viajando. Queria que meu filho ficasse quieto e sorrisse para as fotos. Queria poder largar meu emprego e viver do meu próprio negócio. Eu queria, queria, queria...*

Tudo bem admitir isso — aliás, 60% dos norte-americanos já disseram que as redes sociais tiveram um impacto negativo em sua autoestima. Podemos ser culpados, estando cercados por todo esse conteúdo polido e excessivamente editado? Muitos de nós até muda sua própria forma de criar conteúdo para tentar parecer mais preparados e atualizados do que realmente somos. Vista-se para o trabalho que quer, certo? Mas o que estamos fazendo é apenas alimentar a mentira de que precisamos ser alguém que não somos para construir uma marca quando, na verdade, é o oposto! Aqui vai um pensamento "tuitável" que vai mudar as coisas para você: Você atrai o que você *é*, não o que você quer. Então se está representando uma versão de si mesmo que adora heavy metal e rodas de "bate-cabeça" (por exemplo), sua audiência vai ser a galera que vai ao Ozzfest. A forma mais rápida de criar uma vida travada e enganosa para você é ser visto como alguém que não é. Exemplo: as últimas páginas dos meus fracassos na vida real.

Não quero que isso aconteça com você. Na verdade, vamos pegar esse print de tela constrangedor de mim jogada no chão do camarim e riscar um X vermelho enorme nele. A Jen naquele camarim apenas ouvia o que outras pessoas queriam dela — ela era vista como alguém que *achava* que eles queriam ver.

O mais irônico nisso tudo é que eu já tinha aprendido a lição que precisava para ser eu mesma. De fato, foi o que me fez conseguir aquele emprego em primeiro lugar. Deixe-me explicar...

NÃO SOU UMA GAROTA (DO METAL), NEM AINDA UMA MULHER

Na turnê nacional da Broadway de *The Wedding Singer* (sim, baseado no clássico de Adam Sandler, *Afinado no Amor*!), interpretei o papel de Linda, uma aspirante a roqueira — que era, em resumo, uma mistura de Pat Benatar, Blondie e "Like a Virgin" da Madonna, tudo embrulhado em uma única mulher supersexy e atrapalhada vinda de Jersey. Então, quando consegui um teste para interpretar a "garota sexy do metal" no *That Metal Show* da VH1, senti que o trabalho já era meu! No dia anterior à audição, meu namorado — sim, aquele traidor a quem me referi anteriormente, claro que foi muito antes de eu saber disso — me levou para fazer compras na Bloomingdale's, onde vimos uma camiseta do Van Halen na prateleira. Sabe aquelas camisetas de rock falsas superfaturadas que nenhum fã de verdade usaria? Pois é. Aquela camiseta era a resposta. Eu precisava para ser a garota que vivia para o heavy metal, e a atriz em mim sabia que aquele era o figurino que conquistaria a minha personagem.

Eu me virei para Rob e disse: "Se eu comprar esta camiseta, vou conseguir o emprego amanhã." Acho que ele realmente acreditou em mim, pois em questão de segundos foi até o caixa e entregou seu cartão Amex

Platinum para a mulher atrás do balcão. Saí da loja com tecidos de poliéster valendo US$120 e dei os primeiros passos em um caminho que mudaria minha identidade, como eu a conhecia, por completo para sempre.

Fui para casa e passei a noite estudando. Apesar de ter interpretado uma garota roqueira em dez apresentações por semana no *The Wedding Singer* e a camiseta, *totalmente*, autêntica que usaria no dia seguinte, eu sabia tanto de heavy metal quanto sabia sobre física quântica. O que era absolutamente nada. Eu adorava Lady Gaga e Christina Aguilera, não Iron Maiden e Pantera, mas os caras na sala de audição não precisavam saber disso. Decidi inventar uma nova Jen — vamos chamá-la de Jennifer Metaleira —, que amava rock pauleira e sabia tudo sobre as maiores estrelas do rock. Eu seria especialista em Van Halen e Black Sabbath, entraria naquela sala e diria que "Master of Puppets" era minha música favorita do Metallica. (Não ouvi essa música inteira até hoje.) Como uma boa atriz, eu estava pronta para esquecer quem eu era e fingir ser outra pessoa completamente diferente.

Na manhã seguinte, calcei minhas botas *over the knee* de couro, um sutiã de bojo sexy da Victoria's Secret e minha camiseta do Van Halen. Arrumei o meu cabelo até ter mais volume do que uma caixa de som de uma balada, passei um delineador preto e fui para o teste. Sentei na sala de espera e fiz o que qualquer atriz aspirante faria em salas de audição, analisei a concorrência. Havia várias garotas com grandes seios artificiais, vestindo corpetes de couro com taxas e minissaias, que definitivamente *não* eram da Bloomingdale's. Parecia que todas elas tinham uma tatuagem — ou dez. Quando comecei a me questionar seriamente se aquela era a melhor opção para mim, chamaram meu nome.

"Jennifer Leah Gottlieb? Você é a próxima!"

Respirei fundo, entreguei minha foto de apresentação e entrei na sala. Morrendo de medo. Um pressentimento incômodo me dizia que havia alguma coisa errada com toda aquela situação, e que essa coisa era eu. Eu não me encaixava ali. Quando eles começaram a fazer várias perguntas, esqueci por completo a maior parte do que havia estudado na noite anterior.

"Qual sua banda favorita?"

Droga. Eu sabia que perguntariam isso. Eu tinha estudado! *Qual é, Jennifer Metaleira!* Qual tipo de música você ouve? As perguntas não ficariam mais fáceis.

"Bem", eu disse, tentando desesperadamente formular uma resposta, "musicalmente falando, gosto de tudo, de Beyoncé a... hum... Black Sabbath. Tipo, hoje de manhã eu estava empolgada ouvindo... hum... 'Paranoid' em meu quarto, e meus vizinhos bateram à porta pedindo para desligar a música". Os produtores riram em um tom educado, e continuei: "Adoro rock dos anos 1980, gosto de Poison, Guns N' Roses..." *Droga. Por que não consigo me lembrar de mais bandas?*

Percebi a falsa energia em minha voz, e me perguntava se eles também perceberam. Eu estava vestindo o figurino certo, dizendo as palavras certas, mas estava na cara que eu não era a Jennifer Metaleira de verdade. Nem todas as camisetas superfaturadas de bandas do mundo me tornariam uma dessas garotas loucas por heavy metal, com piercing no nariz, que esperavam do lado de fora, pois eu não era assim. Senti a oportunidade escorrer pelos meus dedos.

Então, no final do teste, algo aconteceu que me ensinou uma das melhores lições de vida que já tive. Um dos produtores perguntou: "Você consegue imitar a Britney?"

Quase me esqueci desse detalhe, sobre minha imitação da Britney Spears, que estava no final do meu currículo. Escrevi aquilo só por diversão, mas nunca, nem em um milhão de anos, imaginei que eles realmente leriam! *Ah, merda.*

Mesmo que a Verdadeira Jen amasse a Britney e pudesse fazer uma personificação da princesa do pop, eu deveria ser a Jennifer Metaleira. Isso levaria a audição para o caminho errado! Mas eles pediram, então me preparei e afastei a persona do metal que havia tentado construir. Imaginei que estava em casa, em frente ao espelho do meu quarto, ou saindo com meus amigos e fazendo umas brincadeiras, e deixei a Verdadeira Jen assumir as rédeas. Cantei uma das músicas mais lentas da Britney, "I'm Not a Girl, Not Yet a Woman" para a sala cheia de produtores. (Ótima escolha de música, hein? Eu *estava* tentando dizer a mim mesma que tinha sérios problemas em crescer?)

Duas semanas depois, consegui o trabalho, e um dos produtores disse: "Sabe, foi a imitação da Britney que lhe deu o emprego. Várias meninas fizeram os testes, mas você foi a única que conseguimos ver se divertindo com a gente no set!"

Fiquei surpresa. Me esforcei tanto em ser quem eu achava que eles queriam que eu fosse, e, no fim, me destaquei quando compartilhei quem eu realmente era. Não importava se eu não era "metaleira o bastante" — eles me escolheram porque eu tinha feito eles rirem de algo que só eu podia fazer.

Queria dizer que aquele foi um momento Eureka para mim, mas, infelizmente, foi uma lição que eu ainda precisaria aprender mais umas centenas de vezes antes de realmente me dar conta. Desde então, descobri que reconhecer seu verdadeiro eu e deixar essa parte de você liderar o caminho sempre será a chave para obter relacionamentos poderosos, criar impressões duradouras e desbloquear oportunidades que lhe trarão uma vida inteira de momentos "no ritmo" maravilhosos (vamos conversar sobre o que isso significa já, já).

O VERDADEIRO SEGREDO PARA SER VISTO

Antes de continuarmos, preciso dar uma pausa para lhe dar um lembrete muito importante. Apesar de o título deste livro ser *Seja Visto*, não darei a você um guia passo a passo de como ser tornar a rainha do baile de todos os eventos de networking ou festas de fim de ano (ainda que possa ser um efeito colateral maravilhoso). *Darei* a você estratégias para se tornar alguém memorável e para deixar todos com quem conversa se sentindo muito bem, afinal essa é uma parte primordial de quando se está criando sucesso e oportunidades. Mas este livro realmente trata sobre *o poder de ser visto pelo seu eu autêntico* para que possa desenvolver uma marca que atraia e se conecte profundamente com sua audiência ideal. Em primeiro lugar, é sobre se reconectar com seu Eu Verdadeiro. O ser humano perfeitamente imperfeito, lindamente autêntico, que esteve se escondendo atrás das máscaras do que as outras pessoas queriam que você fosse.

Levei anos para chegar a um ponto em que me sinto confortável sendo vista como a Verdadeira Jen, e tive bem mais do que alguns altos e baixos. Aqui, no começo de nossa aventura juntos, é importante deixar claro que o objetivo final de nossa jornada não é ser famoso ou conseguir curtidas no Instagram. Claro, ajudei milhares de pessoas a chegarem à televisão e serem assunto das maiores publicações, tornarem-se convidados dos melhores podcasts, e estrearem em capas de revistas; mas isso é apenas uma consequência secundária. Por trás das câmeras da Super Connector Media, de fato nos consideramos uma empresa de desenvolvimento pessoal. Ensinamos empreendedores e líderes cognitivos a como usar a visibilidade da marca como uma ponte para a conexão, transformação e realização pessoal. Ao passo que eles vêm até nós em busca de estratégia de negócios e para construção de marca, nossos clientes e membros da mentoria, o que *os mantém* é o grande bônus de confiança e clareza que damos a eles. Ninguém termina seu processo conosco sem descobrir quem *realmente* são, o que querem *de fato*, e qual impacto são capazes de causar no mundo.

O segredo para se destacar na multidão e ter uma audiência de fãs entusiasmados não é ser a versão mais perfeita que você acha que todo mundo gostaria que você fosse. É alavancar seu superpoder número um: ser você mesmo! Há uma razão para ser quem você é, amar o que ama e ter os sonhos que tem. É porque é isso que o mundo precisa de você, e apenas de você! Porém, você só conseguirá transmitir a mensagem que veio para trazer, criar a marca que foi feito para criar, ou atrair as pessoas que precisam de sua ajuda quando se desfizer do filtro e começar a ser visto de verdade.

Vamos voltar ao momento em que eu estava no fundo do poço? Lembra-se daquela garota completamente descontrolada no chão no camarim? Pois é, vamos conferir como ela está de novo.

Aqui vai um spoiler que eu gostaria de ter dado para aquela garota que estava se afogando na própria poça de lágrimas: as coisas melhoraram. Ficam muito melhores. Em um certo momento, encontrei a Verdadeira Jen. Aprendi a como ser vista por mim mesma, e isso compensou muito. Eu gostaria de poder dizer àquela garota encolhida no chão sobre todas as oportunidades que ela teria, oportunidades que ela nunca achou que fossem possíveis.

- Construí uma carreira de sucesso como personal trainer de celebridades, tripliquei a receita do meu negócio e criei uma empresa completamente remota para que eu pudesse trabalhar de qualquer lugar.
- Conheci e me apaixonei pelo meu atual marido, Chris "o SuperConector" Windfield.
- Estabeleci fortes conexões e fiz amizades com vários influenciadores, autores e celebridades que não passavam de "amigos imaginários".
- Chris e eu criamos juntos uma plataforma para ajudar empresários a desenvolver marcas lucrativas e de impacto.
- Comecei a palestrar para milhares de pessoas ao redor do mundo.
- Eu passei a acordar todos os dias com esperança, entusiasmo e gratidão pelo que tinha e pelo que estava por vir, pois estava provando a mim mesma que criar minha vida dos sonhos era possível.
- Eu me conectei ainda mais com a Verdadeira Jen e construí o momentum que me levaria para onde estou hoje: compartilhando este livro com você, e ajudando-o a ver e ser visto pelo seu verdadeiro potencial também!

Isso tudo não aconteceu da noite para o dia, e claro que eu estava morrendo de medo e insegurança. (Não se preocupe, vamos chegar a essa parte em breve!) Contudo, quanto mais eu superava o meu desconforto, e permitia a mim mesma, e aos outros, a ver o meu Eu Verdadeiro, mais eu crescia — e mais portas começaram a se abrir. Acontece que há de fato uma ciência a ser vista. Aqui vem a boa notícia, já que eu e você somos quase melhores amigos agora (você não pode contar a alguém sobre seu momento fundo do poço chorando encolhida no chão e seu amor gigantesco pela Britney Spears sem chegar a esse grau de amizade): vou ensiná-lo exatamente o mesmo sistema, ferramentas e estratégias que eu usei para chegar aqui.

Quero mostrar como criar uma vida que vá muito além do que você imaginava para si mesmo. Esteja você se identificando com minha jornada em específico — distúrbios alimentares, términos de relacionamentos conturbados e períodos de depressão — ou mesmo que seu colapso pessoal seja bem diferente, posso garantir que você está no lugar certo. Tudo o que precisa fazer para começar é estar disposto a olhar no espelho e enxergar a si mesmo — seu verdadeiro eu — por completo.

ENTRANDO NO RITMO

Depois de ver minha audição para o *That Metal Show* pelo menos umas cem vezes (tem disponível no YouTube), ficou bem claro que minha imitação de Britney deu tão certo porque permiti que as pessoas ali presentes vissem a minha essência. Eu estava no meu auge quando cantei para aqueles produtores, e minha autoconsciência de esperar ao lado daquelas garotas roqueiras e tentar responder a um quiz sobre estrelas do rock tinha evaporado. Desde então, aprendi que o truque para acessar esse estado de consciência e ser eu mesma, vem de momentos exatamente como aquele, quando me sinto o mais próxima de mim. Gosto de chamar esse tipo de momento de entrando no ritmo.

Na música, o termo *no ritmo* significa estar na batida e no ritmo perfeito, sem nunca perder uma nota. É necessário precisão, estar no tempo certo e ouvir aos outros músicos com quem está trabalhando. É um termo que uso para o que o psicólogo positivo Mihaly Csikszentmihalyi definiu como estar *no fluxo*. Aquele momento em que está tão imerso no auge da sua genialidade que você sente como se o tempo tivesse parado e pudesse continuar ali para sempre. Se pensar em algum momento "entrando no ritmo" seu, você terá uma reação emocional, como um sorriso ou pode até ficar com os olhos marejados de emoção.

Aprendendo a reconhecer e capturar os momentos "entrando no ritmo", e estando no ritmo durante suas palestras, segmentos de mídia, conteúdos nas redes sociais e até mesmo interações pessoais, como conversas difíceis, fará uma grande diferença. Você se apresentará diferentemente e se sentirá *muito* mais confiante e focado, pois será o seu Eu Verdadeiro, e todos os seus objetivos e intenções mais reais estarão presentes com você. Quando você está no ritmo, o nervosismo vai embora. Você está totalmente presente, e pode brilhar sem se preocupar com o que estão pensando de você. Uma das formas mais rápidas de se conectar com seu Eu Verdadeiro é entender como ativar e desativar esse sentimento como se fosse um interruptor de luz.

Eu não tinha percebido na época, mas aprendi como entrar no ritmo nas atuações da escola. Passávamos o que parecia centenas de horas praticando a habilidade de reascender sentimentos reais do nosso passado para que pudéssemos trazê-los para nossas cenas e usá-los no presente. Essa técnica é conhecida como atuação de método. Quando iniciei minha jornada empreendedora, comecei usando essa ferramenta (com um detalhezinho) para voltar a entrar no ritmo quando o medo tomou conta e me desconectou da Verdadeira Jen. Descobri que se pudesse me ligar a esses sentimentos, quando me sentia mais *eu mesma*, todas as missões ficavam mais fáceis. Eu podia me conectar instantaneamente com meu eu verdadeiro e meu lado mais audacioso quando eu mais precisava.

Ensinarei a você os quatro passos que usei para entrar no ritmo e me reconectar com a Verdadeira Jen antes de uma palestra, escrever uma página deste livro (sim, usei esse sistema para escrever as palavras que estou digitando agora mesmo!), ou mesmo quando eu tinha alguma conversa mais séria com minha equipe, família ou amigos. Uma vez que você dominar esse sistema, conseguirá entrar no ritmo de forma rápida, para poder aparecer sob os holofotes como seu verdadeiro eu.

ATIVANDO O S-V-I-N

SINTA
VIVA
INCORPORE
NAVEGUE

Antes de mergulharmos no primeiro passo, quero que você pense em um momento da sua vida quando se sentiu realmente no ritmo. Essa será sua motivação, de agora em diante. Quando foi a última vez que se sentiu assim? Foi quando correu aquela maratona no ano passado? Quando ensinou seus filhos a fazer cookies com gotas de chocolate algumas semanas atrás? Ou talvez quando arrasou na palestra que deu naquele evento? Foi na escola, no trabalho ou em casa com a família? Não desanime se não lembrar logo de cara. Você pode tirar um tempo, pegar seu caderno de memórias ou até mesmo fazer alguma pesquisa para se recordar desse momento. Adoro olhar fotos antigas nas redes sociais ou de álbuns antigos de fotografia para reavivar meus momentos "entrando no ritmo". Um bom sinal de que uma lembrança é de um tempo em que você estava no ritmo é se tiver uma reação emocional a ela. Para este exercício específico, certifique-se de que sua reação seja de alegria, satisfação, entusiasmo ou gratidão, pois esses são os sentimentos aos quais queremos nos reconectar. Assim que estiver com a lembrança em sua mente, pode passar para o primeiro passo.

1 – Sinta

Nossos sentidos são constantemente estimulados pelo mundo a nossa volta. Nem tudo o que vemos, ouvimos, sentimos o gosto e tocamos fica automaticamente gravado em nossa memória de longo prazo, mas esses sentidos *são* a chave para destrancar memórias — até mesmo as do subconsciente, que quase esquecemos. Já sentiu o sutil aroma do perfume de sua avó na brisa de um jardim ou provou um prato que o levou de volta àquelas férias que tirou dois anos atrás? Esse gatilho sensorial libera um fluxo de informação, e de repente você imagina claramente o rosto de sua avó, ouve a voz dela pela primeira vez em anos, ou reavive a conversa que teve no jantar durante as férias de tempos atrás. Esse fenômeno, especialmente quando ativado pelo seu senso de cheiro, tem um nome — o Efeito Proust —, e os cientistas acreditam que acontece, pois dentro do nosso cérebro, nosso sistema olfativo e centro de memória são basicamente vizinhos que podem ouvir a conversa um do outro através das finas paredes.[1]

Vamos usar nossos sentidos para ativar as memórias e sentimentos de quando éramos nosso eu mais real, quando estávamos no fluxo e na versão mais ajustada de nós mesmos para que possamos nos reconectar com eles, e, com isso, incorporar a versão de nós mesmos. Se seu momento no ritmo foi na faculdade, ouvindo músicas que você adorava quando criança, acendendo uma vela com perfume de lilases no jardim de seus avós. Se você teve um bolo red velvet no seu casamento, e foi quando se sentiu em seu melhor momento, então compre um pedaço de bolo em uma doceria local, dê uma mordida enquanto assiste ao vídeo da sua primeira dança. Olhe fotos antigas, leia os velhos diários ou assista a vídeos do passado.

2 – Viva

Ao visualizar o cheiro, os sons, as sensações físicas ou o gostos dessa lembrança, volte àquela ocasião em sua mente como se estivesse assistindo a um filme estrelado pelo seu Eu Verdadeiro. Entregue-se ao sentimento de gratidão por esse momento e deixe seu corpo relaxar, imerso nos detalhes da experiência. Fato curioso: quando você pega o jeito nessa parte, pode ser tão excitante e feliz quanto o momento real! Ao reviver essa época e começar a reexperimentar as emoções, tire um momento e lembre quem era aquela pessoa — caso precise de uma ajuda, é o seu Eu Verdadeiro! Explore como é viver sendo a versão mais real de você. O que o seu Eu Verdadeiro realmente deseja? Como o seu Eu Verdadeiro enxerga o mundo? O que faz seu Eu Verdadeiro feliz? Aproveite ao máximo essas emoções e se permita vivenciar a expressão mais plena de gratidão, fluxo e alegria. Permita-se sorrir, dar risada e até chorar.

3 – Incorpore

Agora é hora de trazer essas experiências e sensações para o momento presente e se permitir ser a pessoa que estava observando em sua mente. Como essa versão de você se porta? Como ela segura a cabeça? Ela sorri melhor? Você anda um pouco mais rápido e com mais energia? Assim que sentir e viver esse momento como uma visualização, quero que dê uma volta no ambiente, ou até mesmo saia para uma caminhada, incorporando essa pessoa que acabou de ver. Recomendo fortemente que, se possível, conecte isso ao passo um, ouça uma música ligada a essa experiência enquanto anda, dança, exercita-se, ou apenas se movimenta sendo essa versão de si mesmo.

4 – Navegue

Depois de praticar incorporando seu eu real, quero que comece a navegar pela sua vida com seu Eu Verdadeiro guiando o caminho, usando uma ferramenta que chamo de *Caminhadas Encantadoras.*

Quando eu atuava, só conseguia decorar as falas se estivesse andando, era uma maneira fácil de conectar meu corpo a meu cérebro. Rapidamente aprendi que poderia melhorar o processo se eu entrasse no personagem enquanto fazia essas caminhadas. Como esse personagem se movimentaria pelo mundo? Como ele se mexeria ao colocar um pé na frente do outro? Como reagiria se trombasse em alguém na rua?

Esses momentos poderosos de reflexão significam realmente aprender como seria viver sendo seu Eu Verdadeiro. Você anda diferente quando está no ritmo? Comece a andar desse jeito quando vai até o mercado. Precisa tomar uma decisão importante? Faça-o pela visão do seu Eu Verdadeiro que você vem incorporando e visualizando. Agora, tente fazer a *Caminhada Encantadora.* Saia para dar uma volta — pela rua, na floresta, no parque, na esteira da academia —, e pratique como você se movimentaria durante o tempo em que está o máximo dentro do ritmo. Como é realmente ser essa versão de si? Veja quem você quer ser, viva essa experiência, sinta como é ser essa pessoa, e fazendo essa *Caminhada Encantadora*, navegue pelo mundo como seu Eu Verdadeiro.

Você começará a ver — e ser visto como — a pessoa que quer ser em pouco tempo, pode acreditar. Quanto mais age utilizando o corpo e a energia do seu Eu Verdadeiro, mais a verá com clareza, será ela, e eventualmente, será visto como ela pelas outras pessoas.

COMECE COM O VOCÊ NO ESPELHO

Depois de ter aprendido com sucesso como ativar o S-V-I-N, provavelmente vai perceber que seu Eu Verdadeiro é um humano sensacional, com muita sabedoria, que ficou guardado por um longo tempo. Agora, vou passar um exercício para ajudá-lo a treinar você mesmo a ser essa criatura brilhante que é o seu Eu Verdadeiro. Pronto para ver a magia? Vamos lá!

Pegue um caderno, ou seu aplicativo de notas no celular, e escreva uma carta do seu Eu Verdadeiro para o seu Eu do Presente. O que seu Eu Verdadeiro diria a você? O que ele pensaria de você, seja o você do mês passado ou de vinte anos atrás? E o mais importante, o que ele gostaria que você soubesse? O que ele gostaria que você lembrasse sobre si mesmo? Qual conselho lhe daria?

Não julgue suas próprias palavras. Esteja aberto e permita que seus pensamentos fluam para a carta como um fluxo mental. Escreva tudo que tiver vontade sem se censurar. Não precisa ser perfeito, só precisa acontecer. Lembre-se, só você vai ler isso.

Se precisar de ajuda, aqui vai uma carta com espaços em branco para você completar.

> *Querido Eu do Presente,*
>
> *Parabéns! Hoje é o primeiro dia do resto de sua vida!*
>
> *Não esqueça que este dia só acontece uma vez, e quando terminar, não poderá repeti-lo. Então, vamos brilhar e fazer valer a pena!*
>
> *Estou tão orgulhoso de você por este momento. Durante esse percurso, você se tornou uma pessoa maravilhosa. Lembre-se de que seu superpoder é ______________ e foi dado especialmente a você, pois é sua responsabilidade dividi-lo com o mundo. Não se esqueça de que você está realmente no seu ritmo e que se sente feliz demais quando está ______________. Certifique-se de tirar um tempo para fazer isso hoje, ainda mais caso se sinta travado. Você é capaz, poderoso e ______________. Sua única tarefa é se sentir*

orgulhoso de si mesmo quando colocar a cabeça no travesseiro à noite. Talvez isso signifique ter um pouco de medo, se sentir desconfortável ou inseguro, mas tudo bem, porque o desconforto é temporário, e o que você terá do outro lado é crescimento, que é permanente! Nunca se esqueça de que você sempre tem o que precisa, e está exatamente onde deveria estar. Estarei aqui em seu coração torcendo por você.

Você consegue. Eu te amo.

— Eu Verdadeiro

O relacionamento mais importante que terá é aquele que criar com seu Eu Verdadeiro. Sempre que precisar se reconectar com essa parte de si mesmo para achar seu caminho de volta ao ritmo, leia essa carta. Nem sempre você acreditará nas palavras do seu Eu Verdadeiro, mas tudo bem. Autoconfiança é algo que precisa ser construído, e é o que discutiremos bastante no Capítulo 3.

Um dos meus mentores compartilhou esta citação comigo: "Quando você se amar tanto quanto se importa com o que as pessoas pensam de você, sua vida mudará." No decorrer deste livro, vamos relembrar como é realmente amar o seu Eu Verdadeiro e tudo o que vem pelo caminho. O lado bom, o lado ruim, a imperfeição perfeita que o torno o *único*. Ao se amar genuinamente, deixará essa versão de si mesmo ser vista pela sua comunidade e sua audiência. Mas tudo isso começa aqui — tudo começa assim:

Olhe no espelho. O que você vê?

MOMENTOS DE GRANDE IMPACTO

- A forma mais rápida de criar uma vida estagnada e enganosa para você é ser visto como alguém que não é.
- O segredo para se destacar na multidão e ter uma audiência de fãs entusiasmados não é ser a versão mais perfeita que você acha que todo mundo gostaria que você fosse. É alavancar seu superpoder número um: ser você mesmo!
- Esvazie sua caixa de bugigangas e abandone o senso de "deveria ter..." que o segue a todo lugar em sua vida.
- Entre no ritmo e se conecte com a versão mais verdadeira de si mesmo. Lembre-se de que o seu Eu Verdadeiro o guiará a patamares mais altos do que o Falso Você jamais o levou.
- Lembre-se da última vez que se sentiu realmente você.

UMA VITÓRIA RÁPIDA

- Ative o S-V-I-N para "entrar no ritmo" e faça *Caminhadas Encantadas*; dê uma volta pelo quarteirão como a pessoa incrível que você é.

ANOTE EM UM POST-IT

- Seja você, bebê!

C A P Í T U L O 2

MOSTRE O DEDO DO MEIO PARA O MEDO

Já passou por aqueles dias em que você abre as redes sociais para ver as fotos do novo bebezinho de seu primo ou da festa de aniversário da sua melhor amiga e, de repente, passaram-se 45 minutos e você sente a necessidade de redecorar sua casa, refazer seu site, colocar Botox, mudar seu modelo de negócio completamente, ou parar de vez de comer carboidratos? Se você usaria agora aquele emoji da mão levantada, eu te entendo! Todos os dias somos bombardeados com imagens e ideias de como a perfeição deveria ser. Rapidamente estamos comparando nossa realidade (que é perfeitamente imperfeita por natureza!) à de alguém que foi meticulosamente escolhida para as redes sociais. É muito comum de repente sentir que precisa fazer o que quer que seja para também ter sua vida vista como perfeita.

Agora vou lhe dizer a verdade nua e crua: quando começo rolar pelos conteúdos, com frequência me sinto do mesmo jeito que me senti na sala de audição do *That Metal Show*, pensando que eu precisava sair correndo e colocar alguns piercings para conseguir o emprego. Apesar de piercings no nariz e tatuagens no cóccix não estarem mais na lista de coisas que acredito fazerem diferença para mim, ainda tenho alguns momentos em que sinto que não posso postar fotos sem nenhuma edição ou que preciso comprar a roupa perfeita para cada vídeo que gravo. Se meu teste para o TMS me ensinou alguma coisa, é que a Verdadeira Jen é a resposta. Os produtores viram centenas de garotas que eram deusas do rock perfeitas, mas quando eu cheguei e mostrei a eles algo diferente, eles se renderam!

O mesmo acontece com você quando se conecta com sua audiência, seus clientes e sua comunidade. O perfeito é chato, ninguém se identifica e — sejamos honestos — é inalcançável. As pessoas o seguem, o escutam, compram algo de você ou passam o tempo delas com você porque *você* tem algo especial e diferente que nenhuma outra pessoa tem. Sua comunidade e seus clientes poderiam ouvir exatamente a mesma informação de outra pessoa, mas é com *você* que eles se identificam. Vamos falar mais sobre isso na Parte 4!

A singularidade lindamente bagunçada que o destaca na multidão é algo que só o seu Eu Verdadeiro tem. Se continuar tentando se encaixar naquilo que você acha que as pessoas precisam que você seja, sua vida, seu negócio ou sua marca ficarão sempre na fase do "quase lá". Talvez você consiga ser bem-sucedido financeiramente, claro, porém tenho certeza de que enquanto não viver autenticamente a sua vida, sempre terá aquela sensação estranha dentro de si. Sabe, aquela coisa dentro de você dizendo que *isso* não está muito certo? Que você nasceu para ser mais do que está sendo?

Se você me entende, mas a ideia de finalmente ser visto por quem realmente é enquanto cria a vida que gostaria de ter faz seu estômago se revirar, está tudo bem! Por que parece mais seguro e mais fácil filtrar nossas vidas reais e seguir o caminho que os outros querem para nós em vez de irmos atrás do que o nosso coração pede? Por que tentar realizar o sonho de outra pessoa parece muito mais fácil e menos aterrorizante do que escolhermos o que somos de fato apaixonados?

Tenho uma palavra para você: uma experiência bem real e debilitante que corre pelo nosso corpo e nossa mente quando você está prestes a entrar em um território desconhecido. Já sabe o que é? Se está pensando no nosso bom e velho amigo-inimigo *medo*, acertou!

O medo é uma força destrutiva, e se manifesta de várias formas diferentes. Medo do sucesso. Medo do desconhecido. Medo do que "os outros" vão pensar. (E quem são "os outros"?) O medo é como um ex-namorado que reaparece para atormentar toda vez que você está se reerguendo, chegando no momento mais inoportuno para lhe dizer inúmeras mentiras sobre por que você não deveria mudar ou por que você não deveria correr nenhum risco. Ele implora e roga para você continuar exatamente do mesmo jeito, pois o medo sabe que enquanto você não está se esforçando e amadurecendo, nunca alcançará seu verdadeiro norte.

A verdade é que o medo é um mentiroso desprezível, e todos aqueles sussurros maldosos em seu ouvido são direcionados para um único objetivo do medo: impedir-nos de tomar uma atitude.

Não estou pronto.

Não tenho dinheiro.

Não tenho tempo.

Já tenho muita coisa para fazer.

Muitas das mentiras do medo são sobre se estar sobrecarregado. Com frequência me pego dizendo: "Eu não tenho tempo!" Então preciso me analisar, porque tenho bastante tempo para assistir à *90 dias para casar* na TV. Estou priorizando o tempo para ficar vendo TV em vez de focar meus objetivos. Tudo bem se isso for uma escolha minha, mas não posso reclamar que não tenho tempo. Quando estamos sobrecarregados, é porque escolhemos fazer mais do que aguentamos, conscientemente ou não (na maioria do tempo não é!). Fazemos isso, pois estar sobrecarregado é uma desculpa perfeita para evitar coisas que não queremos fazer e, especialmente, coisas que nos assustam. Tenho certeza de que está lendo isso e lembrando da última vez em que disse: "Agora não posso. Estou muito ocupado!" Já deve ter percebido também que não faço cerimônias, então serei bem sincera. Às vezes, chegamos a um momento em que estamos fazendo "coisas demais", é nessa hora que precisamos rever nossas prioridades para termos mais tempo para as coisas que realmente damos importância. Gostaria que você fizesse um levantamento de como, usando as horas do seu dia, estar "muito ocupado" é só uma desculpa para não fazer o que você sabe que o alinhará aos seus objetivos. Se você escolhe não priorizar o que precisa fazer e costuma usar que está "muito sobrecarregado" como uma desculpa, o medo está ganhando. Ele está no controle! Está fazendo o trabalho dele, que é impedir você de crescer.

Veja, você vai sentir medo quando começar a ser visto como seu Verdadeiro Eu. Qualquer um que lhe diga que o medo não é real, ou que você precisa ser corajoso, é um bom candidato para ser tirado de vez da sua vida. Se acredita que não deveria sentir medo porque só pessoas fracas sentem medo, você vai se desapontar muito no futuro. Porque sinto informar que a vida humana é feita de estradas sinuosas, cheias de altos e baixos. Nós escorregamos, erramos, mas o importante é que *nos recuperamos*. E sempre que conseguimos concluir algo, ficamos mais fortes, aprendendo novas maneiras de nos recuperar mais rápido da próxima vez. Se você é humano, provavelmente vai sentir medo quando passar por esses altos e baixos, e isso é bom! Pronto, falei! Sentir medo é uma vitória gigantesca! Deixe-me explicar.

Tive a oportunidade de conversar com as pessoas mais famosas e bem-sucedidas do mundo, e uma coisa que muitas delas compartilharam comigo é que não importa o quão bem-sucedido você seja, o medo nunca vai embora. Na verdade, quanto mais você alcança todo o seu potencial, mais o medo mostrará sua cara feia. Oscar De La Hoya, um dos maiores boxeadores de todos os tempos, me disse que adora quando sente medo, pois significa que está no caminho certo, significa que ele está prestes a fazer algo que o deixará mais forte. Ele também explicou que se nunca sentimos medo, não estamos nos esforçando o suficiente para vivenciar algum amadurecimento.

Vou dividir algo com você que faz a maior diferença entre pessoas de sucesso e aqueles que nunca conseguem nada: pessoas bem-sucedidas se *entregam* a seus medos. Elas não esperam que o medo vá embora. Em vez disso, elas o enfrentam e se juntam a ele na caminhada.

Pense nisto: o papel do medo é aparecer quando entramos em um território desconhecido e "perigoso". Foi inicialmente colocado na vivência humana para nos impedir de pularmos de precipícios, colocarmos a mão em uma chama acesa, ou fazer alguma outra coisa que possa nos ferir.[1] De forma lamentável, nossa mente entende julgamento, fracasso, incerteza e até mesmo o sucesso como ameaça. Só porque estão na categoria do desconhecido, e para nossos cérebros primitivos, DESCONHECIDO = ASSUSTADOR. Nossos instintos elegem o medo para entrar em cena e nos impedir de fazer algo que possa nos machucar no caminho... mesmo que a recompensa em potencial seja algo maravilhoso.

OS SEIS SINTOMAS DO MEDO

É fácil perceber o medo quando nosso coração dispara ao vermos um filme de terror ou nosso estômago revira ao nos aproximarmos da primeira grande queda de uma montanha-russa, porém é mais difícil reconhecê-lo quando ele chega de mansinho, disfarçado de outros sentimentos que o impedem de agir.

Descobri que existem algumas maneiras pelas quais o medo gosta de se infiltrar e nos inibir de conquistar nossos objetivos. Eu os chamo de os Seis Sintomas do Medo, e uma vez que aprendemos a reconhecê-los, estamos prontos para anular o poder que têm sobre nós. Ao entender esses sintomas, lembre-se: o objetivo não é eliminar o medo, é reconhecê-lo, recebê-lo e aceitá-lo, afinal o tempo de o medo ditar as regras acabou. É hora de você colocá-lo de lado e assumir o controle.

1 – FOMO (*Fear of Missed Opportunity* — ou o Medo da Oportunidade Perdida)

Você já deve ter ouvido falar do primeiro sintoma do medo, mas em vez do "medo de se sentir de fora", eu chamo de "medo da oportunidade perdida". Quando vê um de seus colegas fazendo algo incrível — talvez um antigo amigo da faculdade está arrasando com a empresa nova, ou um concorrente está publicando um livro — você pensa: *Deveria ser EU. Eu deveria estar fazendo isso!* O FOMO vai aparecer uma hora ou outra, ainda mais quando achamos que nossos sonhos não estão progredindo como gostaríamos.

Falaremos sobre FOMO em um capítulo inteiro na Parte 4, mas, por hora, eu lhe digo: você pode deixar o FOMO arrastá-lo para um caminho sem fim de inveja e amargura, que o impeça de agir ou pode usá-lo como combustível para impulsionar o seu sucesso. Em primeiro lugar (e preste atenção, pois ouvirá isso muitas vezes), precisa reconhecer que tem

FOMO e que é só um sintoma do medo. Depois de entender o que está sentindo, pergunte a si mesmo: *O que esse medo está tentando me mostrar? Essa oportunidade que estou perdendo é algo que quero para mim mesmo? Então, como faço isso?*

Pah! De repente, o medo se transformar em um plano de ação que o guiará aos resultados e ao *momentum*. O que acha?

2 – Síndrome da Comparação

Vivemos no mundo das redes sociais em que é mais fácil ficar no "deveríamos". Já se pegou rolando o feed da sua conta pensando: *Deveria me vestir mais assim. Deveria deixar minha empresa como a deles. Deveria criar mais conteúdos assim. Eu gostaria que minha marca fosse tão lucrativa quanto a deles. Eu deveria decorar minha casa assim.* Se não nos adequarmos aos "deveríamos", esses fluxos destacados em nossa mente (um spoiler aqui, *não* o fazemos), podemos ter um sério caso de síndrome da comparação.

Enquanto se comparar com outras pessoas, você não fará nada do que quer. Vai simplesmente se lamentar entre indecisões e insegurança, ficando *travado* no lugar. Mais um ponto no placar do medo!

Há uma coisa de que precisa lembrar quando sentir a síndrome da comparação: suas jornadas *e* suas conquistas são distintas, não se comparam às de nenhuma outra pessoa no planeta. Você vive se comparando àquela pessoa por ela ter 120 mil seguidores e você só 120? Ela já esteve no seu lugar, provavelmente já fracassou, ficou estagnada e trabalhou duro sem alcançar bons resultados durante um bom tempo, antes de alcançar o sucesso. Então, não compare o seu Capítulo 1 com o Capítulo 20 de outra pessoa. Muitas vezes nos esquecemos que todo mundo (incluindo celebridades como Rihanna, Michael Jordan, Oprah e Michelle Obama) começou do zero! Você está exatamente onde deveria estar. Quanto mais achar que "deveria", quanto mais se comparar e prestar atenção na outra pessoa, mais vai demorar para chegar aonde quer.

3 – Paralisia por Análise

Você é o tipo de pessoa que precisa perguntar para pelo menos seis pessoas o que deveria fazer antes de agir? Já passou uma hora inteira no provador tentando escolher entre duas camisas e saiu da loja sem comprar nada, pois não conseguiu se decidir? Se sim, você passou pelo terceiro sintoma do medo, paralisia por análise. Estou aqui erguendo minha mão bem alto porque eu era assim (ainda sou algumas vezes!). Quando abri meu primeiro negócio, tive um grau de paralisia por análise tão ruim que levava *semanas* ou até *meses* para fazer tarefas que levariam algumas horas!

Uma das habilidades mais importantes para se desenvolver é a tomada rápida de decisão. Ficar indeciso por muito tempo é só mais uma maneira de travar no lugar. E já que o papel do medo é nos impedir de tomar uma atitude, ele aparece disfarçado o tempo todo de "não consigo me decidir". Vamos usar as redes sociais como exemplo. É muito fácil ficar obcecado com cada detalhe antes de postar algum conteúdo. *Será que uso esse filtro ou esse? Será que essa legenda é boba? Será que tenho algo a oferecer? Será que eu não deveria fazer algo parecido com o daquela pessoa?* Em pouco tempo, você estará à beira do esgotamento, o que muitas vezes leva a uma decisão definitiva: *Não vou fazer isso.*

Aqui está uma coisa muito legal para se lembrar: não existem decisões erradas. É tudo uma questão de perspectiva. Toda decisão que tomar (até aquelas horríveis) o aproximará de algo que você precisava aprender para ser a pessoa que está se tornando. Eu não estaria aqui hoje sem todas as minhas decisões "erradas" e meu passado caótico e dissimulado. Assim como você nunca chegará onde quer (acredite em mim, eu *sei* que você pode ir longe!) sem suas verdades bagunçadas e os erros que fazem parte de você. Pense em alguma experiência ou situação que aconteceu em que você achou que era o fim do mundo. Consegue reformulá-la? Tente isto: "Foi a melhor coisa que já me aconteceu. Pois se aquilo não tivesse acontecido, ___________ também não teria."

Ainda bem que não consegui aquele papel, senão eu não estaria aqui agora, escrevendo este livro.

Ainda bem que não saí com aquele cara, senão nunca teria conhecido o amor da minha vida.

Se você está sempre entrando em territórios desconhecidos para se desenvolver, o fracasso é inevitável. Contudo, pode ser uma das melhores coisas se você aceitar as lições que vêm com ele. Tome uma decisão. Pode não ter o resultado que você queria de início. Na verdade, pode ser uma tragédia, mas eu prometo, na hora certa essa tragédia vai transformar o seu medo e permitir que o sol brilhe novamente.

4 – Perfeccionismo

Essa é uma mensagem a todos os perfeccionistas (eu sei que vocês sabem quem são), melhor se sentarem, pois não vão gostar do que tenho para dizer.

Já se sentaram? Ótimo. Agora repita comigo: *Nada na vida é perfeito, e está tudo bem.*

Eu sei, eu sei, mas não vou me desculpar por isso. O perfeccionismo é outro sintoma do medo que nos bloqueia de seguir em frente. Quando você se recusa a dar sequência em algo até que esteja perfeito, nunca vai sair do lugar, porque a perfeição não existe! Algumas pessoas usam o perfeccionismo como se fosse um distintivo de mérito; considerar-se perfeccionista é só uma forma de dizer que é um procrastinador nato. Colocando esse sintoma do medo de lado, você se permite usar um dos meus mantras favoritos: *O feito é melhor que o perfeito.*

Não me leve a mal, você precisa se empenhar para fazer um ótimo trabalho, mas posso garantir que nunca verá quais são seus melhores trabalhos se não se permitir ser imperfeito enquanto descobre por si mesmo. Todos os dias, recebo mensagens dos meus seguidores dizendo o quanto se identificam com meu conteúdo sem uma superprodução As pessoas me seguem ou se inscrevem no meu canal pela autenticidade, conectam-se com esse lado mais genuíno da vida.

5 – Síndrome do Impostor

Você se sente uma fraude? Já sentiu aquele medo debilitante de alguém "descobrir" que você não merece certo cargo, emprego ou responsabilidade? Se sim, você não está sozinho. Conhecido como síndrome do impostor, 70% das pessoas já se sentiram dessa maneira em algum momento na vida, , *principalmente* pessoas de alto desempenho. Esse sintoma do medo é a inabilidade persistente de acreditar que você merece o sucesso, ou que o alcançou verdadeiramente, como resultado de seus esforços e habilidades. Quando estava no *That Metal Show*, com medo de não ser o suficiente, descobri que não era a única. Presenciei todas as estrelas do rock que entrevistamos (especialmente os mais famosos) passarem pela síndrome do impostor! Eles vinham até mim após terminarem as entrevistas e perguntavam sempre as mesmas coisas, que eu tinha praticamente decorado.

"Acha que ficou bom?"

"Conseguiu gravar o que precisava?"

"Como me saí?"

Fiquei bastante admirada com isso. Os maiores nomes do rock mundial sentiam que precisavam na *minha* aprovação. Se alguma vez você já desistiu de tentar algo novo ou achou que não era ousado porque sente aquela pontada de medo dentro de você dizendo que não é bom o bastante, escute com atenção: você é capaz.

Não acredita em mim? Continue a leitura, pois no Capítulo 4 vou lhe dar uma ferramenta que o ajudará a dizer adeus à síndrome do impostor.

6 – Compulsão por Agradar

A compulsão por agradar vem disfarçada de "boas maneiras" ou de ser uma pessoa humilde. Mas esse indício do medo dá as caras quando minimizamos nossas conquistas e dispensamos elogios, diminuindo nossa luz, pois não queremos deixar os outros desconfortáveis. Ter essa síndrome faz de você a pessoa que só que agradar aos outros. Você conhece alguém assim, que tenta fazer todo mundo feliz mesmo que isso signifique descuidar de si mesmo. Se essa pessoa é você, preste atenção, isso está travando seu caminho mais do que imagina.

O mais importante é que você não está sozinho. Uma pesquisa publicada no ano em que escrevi este livro sugeria que mais da metade dos norte-americanos adoram agradar aos outros, e 90% das pessoas entrevistadas disseram ter pelo menos um dos nove comportamentos a pessoas desse tipo.[2] (A pesquisa também descobriu que as mulheres demonstram mais esse tipo de comportamento do que os homens, portanto, mulheres, prestem atenção no que estou falando!) Talvez você não queira se gabar, ou acha que um amigo não reagirá muito bem se você contar que foi promovido. Muitas mulheres, inclusive eu mesma, já passaram por períodos debilitantes, pois somos ensinadas desde jovens que precisamos que as pessoas gostem da gente. Nós nos preocupamos que se nos destacarmos demais, aqueles à nossa volta sentirão inveja ou raiva. Mas isso vem de um medo muito mais enraizado de usarmos ao máximo nosso potencial. Permitir-nos tirar a máscara, pisar fundo, e nos destacarmos pode ser amedrontador, pois ficamos vulneráveis aos julgamentos e à rejeição. Se continuarmos com essa desculpa "válida perfeita" de não querer magoar ninguém, chegaremos a um ponto em nossas vidas em que, daqui vinte anos, estaremos arrependidos de não ter tomado uma atitude em busca de nossos objetivos.

Quando caio na tentação de agradar aos outros, forço-me a lembrar que diminuir o meu valor não traz benefício a ninguém. Quanto mais se permitir brilhar, mais incentiva outras pessoas a brilharem também. Falaremos mais sobre isso na Parte 3, mas, por enquanto, lembre-se de que as pessoas que sentem inveja ou raiva do seu sucesso é que deveriam ser silenciadas.

Com certeza você terá medo quando fizer algo significativo, contudo, é importante lembrar que quanto menos você der atenção a esses sintomas quando aparecem, mais consegue crescer. Acredite em mim, sei como é difícil superar o medo. É *muito* mais fácil desistir e ficar maratonando *Breaking Bad* pela quinta vez em vez de se arriscar naquele projeto especial, ou ter aquela conversa mais delicada com uma pessoa da sua equipe; ainda assim, a única maneira de se desenvolver é saindo da zona de conforto, vivenciando algumas dificuldades, incertezas e, claro, medo. A cada passo que você dá e avança, fica mais corajoso.

NÃO CONSIGO EVITAR

A Super Connector Media costumava organizar o evento Unfair Advantage Live (UAL), em que ensinávamos a empreendedores, coaches e especialistas a se conectarem com as mídias para se tornarem autoridades reconhecidas em seus nichos. Durante três dias, os participantes aprendiam técnicas de marketing que disparariam suas vendas, a como se apresentar aos assessores das principais mídias, e as ferramentas de mindset para sair da zona de conforto e, enfim, permitirem-se ser vistos. O mais importante é que o nosso público (a quem chamaremos carinhosamente de família UAL) saíam do evento conectados com outros empreendedores com pensamentos similares que poderiam ajudá-los a destravar seu potencial e construir negócios, marcas e modos de vida que sejam gratificantes.

É difícil, para mim, descrever a energia mágica que pairava no UAL, pessoalmente, não havia nada melhor e mais pertinente do que estar naquele palco com Chris e minha equipe. Porém (e um porém bem grande), definitivamente nem sempre foi assim. Se você fuçar meu perfil no Instagram agora e olhar as fotos dos nossos eventos recentes, verá imagens minhas dos meus melhores momentos no palco do UAL mais do que entusiasmada, no ritmo e totalmente confiante. Mas saiba que o que você verá é um capítulo recente de uma história instável e cheia de medo, que teve um começo bem tempestuoso.

Quando Chris e eu decidimos criar a Super Connector Media juntos, eu estava iniciando nesse negócio de ensinar algo às pessoas. Eu tinha todo o conhecimento de que precisava, mas por muitas vezes sentia todos os sintomas do medo. Em alguns dias era a síndrome do impostor com indícios de paralisia por análise, no dia seguinte era um perfeccionismo intenso trazendo a síndrome da comparação. Entrar nesse território desconhecido de liderar uma empresa ao lado do meu namorado poderoso, talentoso e brilhante desencadeou novas manifestações de medo que gritavam para que eu desistisse. Chris criou o UAL do zero sozinho, também sendo apresentador do evento, então todos o conheciam como o rosto da marca. Além do fato de ele ser ótimo no palco e ter muito mais experiência do que eu em falar em público, vendas, marketing, branding de redes sociais e, sejamos sinceros, negócios em geral.

No fundo, eu sabia que era capaz de estar naquele palco, também sabia que precisava ganhar meu espaço para que as pessoas me levassem a sério nessa indústria. Na época, Chris não sabia, mas eu estava apavoradíssima no primeiro evento que fizemos juntos. A síndrome do impostor tomava meus pensamentos em fúria a cada vez que eu ficava no palco perto dele. Minhas mãos suavam, eu ria de nervoso, um sorriso falso cobria meu rosto — eu tinha certeza de que todo mundo podia ver a grande farsa que eu era. Eu ficava atrás dele, um pouco afastada, deixando ele ser o centro das atenção, afinal, eu não merecia tudo aquilo.

Ele sempre sabe o que dizer. É melhor assim.

Não sou boa o bastante para estar aqui.

Olha todas essas pessoas. O que devem estar pensando de mim? Vão achar que sou apenas a namorada. Um acessório de luxo. Mais um rosto bonitinho. Assim como era no VH1.

Não sou boa o bastante para estar aqui.

Eu queria tanto provar para Chris e para todo mundo no evento que eu merecia estar ali, mas a avalanche da conversa interna negativa acumulada com o desejo desesperado de ser aceita pela equipe como uma líder se transformou em uma bola de neve de medo debilitante por causa de todos esses sintomas. Eu não conseguia nem abrir a boca para falar algo que acrescentasse ao que Chris estava dizendo. A síndrome do impostor estava no comando, me levando direto para o precipício. Chris assumiu a apresentação, e eu só assentia, parecendo um daqueles bonecos de painel de carro, que balançam a cabeça, em uma estrada esburacada, apavorada de me expor ou dizer algo errado.

O Unfair Advantage Live foi uma grande fonte de renda para a SCM. Não só pelas vendas de ingressos, mas por também termos vendido durante o evento um programa de mentoria de ticket alto. Até então, noventa por cento de nossa renda vinha desses eventos — a pressão pelo pitch perfeito para fecharmos as vendas era grande. Na minha segunda vez apresentando o UAL com Chris, a equipe concordou que eu deveria fazer o pitch. Eu aceitei. Quão difícil poderia ser?

Se me perguntassem na noite anterior, eu teria dito que seria bem tranquilo. Só *vou ler os slides*, pensei. *Vai dar tudo certo.*

Mas quando Chris abriu espaço e comecei a falar sobre o programa, explicando para a plateia porque eles deveriam investir milhares de dólares em nós, a ficha caiu. Minha nossa. Eu *não* sabia vender nada em cima de um palco. Droga, eu não sabia vender nada estando em lugar nenhum. Foi só naquele momento, em cima do palco, que pensei: *Eu devia ter praticado um pouco antes.*

Dizendo de maneira mais educada, foi tudo por água abaixo. Eu me atrapalhei com as palavras, pulei slides importantes, pois não sabia como mexer no controle de apresentação. Em um momento até tropecei no meu próprio pé. O medo sibilando para mim seu mantra venenoso o tempo todo: *Você não é boa o bastante para estar aqui.* Quando, enfim, cheguei ao fim da tortura pela qual estava fazendo os participantes e nossa equipe passar, mostrei, estranhamente, a mesa de brindes no palco.

"Certo", falei. "Quem quiser fazer a assinatura, pode vir retirar seu brinde aqui no palco!" Era o momento que todo mundo deveria correr para o palco, animados para pegar uma sacola de brindes, afirmando a participação no programa!

Silêncio profundo.

Ninguém se moveu.

Nem uma única pessoa.

Dava para perceber que estava todo mundo com vergonha por mim. Vi Chris de relance, e minhas bochechas queimaram de humilhação. Eu tinha acabado de afundar nosso negócio, eu sabia. Chris terminaria comigo, e tudo o que eu tinha começado a construir, cada pequeno sucesso e progresso que eu fazia, estava indo por água abaixo com um eco horrível reverberando dentro de mim.

Nossa diretora de publicidade subiu ao palco, implorando desesperadamente para a plateia: "Inscrevam-se", pediu ela, soando tão patética quanto eu. "Por favor."

Foi uma situação péssima. Ainda sinto arrepios só de lembrar. Saí do palco e segui para a sala verde, com o rabo entre as pernas. Minha bolsa e meu casaco esperando por mim. Eu podia simplesmente ir embora. Seria melhor para todo mundo. Chris era muito melhor que eu nisso tudo, e poderia contornar a situação se eu não estivesse lá lembrando como estraguei tudo. Peguei uma garrafa d'água com as mãos trêmulas e me apoiei na parede, encarando o nada, perdida em pensamentos.

Enfim entendi que estava certa — eu *era* uma impostora. Uma completa fraude. Eu não era boa o suficiente para estar ali. Minhas crenças limitantes se tornaram realidade, e eu tinha desapontado a todo mundo. Criei aquela convicção negativa em minha mente, e meu cérebro trabalhava o máximo que podia para realizá-la. As tantas vezes que falei para mim mesma que não era boa o suficiente, finalmente, me fizeram acreditar que era verdade.

Perceber isso me deu muita *raiva*.

Coloquei a vergonha de lado e respirei fundo. Eu só conseguia enxergar duas saídas:

1. Eu podia ir embora.
2. Eu podia continuar.

Não vou mentir, a primeira opção era tentadora demais. Se eu fosse embora, me pouparia do constrangimento de voltar àquele palco e encarar as centenas de pessoas que haviam acabado de me ver fracassar. Eu poderia evitar mais um pouco a decepção de Chris. Mas — novamente um mas gigante —, sem dúvida nenhuma, eu estaria provando a mim mesma e a todos que minha profecia repugnante estava cem por cento correta: eu não era boa o bastante.

A segunda opção também não era lá muito divertida. Eu *não* queria voltar lá e encarar aquelas pessoas. Eu me lembrei do dia em que Chris e eu nos comprometemos como parceiros de negócios. Eu tinha dito com tanta confiança que conseguiria, que não queria ficar nos bastidores; brilharia sob os holofotes mesmo se ficasse com medo. Eu não desistiria. A verdadeira Jen estava gritando debaixo daquela avalanche de negatividade em que a enterrei.

Então mudei minha energia para deixar a Verdadeira Jen surgir.

Ela era engraçada, confiante e pertencia ao palco como qualquer outra pessoa.

Certo, o que vamos fazer?, perguntei a ela.

A Verdadeira Jen respondeu com outra pergunta. *Está com medo do quê, Jenny?*

Eu queria rir e chorar ao admitir: *Estou com medo de não pertencer a este lugar. Estou com medo de não ser tão boa quanto o Chris.*

Eu podia sentir que ela estava se divertindo, então a resposta me acertou como um trem de carga. *Você nunca vai fazer parte disso se tentar querer ser como o Chris — você* não *é o Chris. Você é a Jen. Seja a Jen.* Recordei o dia da audição no *That Metal Show*, quando percebi que meu superpoder é ser eu mesma.

Minha nossa!

A Verdadeira Jen conhecia meus medos e me mostrou o que eles estavam tentando me ensinar. Ela enxugou as lágrimas com firmeza para o banco do passageiro e assumiu a direção.

A Jen Verdadeira teve uma ideia, e minha nossa, ela sabia *dirigir.*

Saí da sala verde com a cabeça erguida e o olhar brilhando de determinação. A Jen Verdadeira me disse: *Nós podemos fazer isso.* Eu precisava acreditar nela.

Vi o DJ ao fundo do auditório e ignorei seu sorriso simpático e a forma piedosa como me cumprimentou.

Disse a ele, segurando meu celular:

"Olha, quando voltarmos do almoço, quero que você toque essa música completa e bem alta."

"Hum, tá bom!?", respondeu ele aparentemente cismado.

"É sério. Coloque a música para tocar como se você quisesse colocar todo mundo para dançar em um casamento. Confia em mim."

Ele não confiou, é claro. Honestamente, não o culpava. A Jen que tinha saído daquele palco não fazia nem quinze minutos tinha umas ideias estúpidas as quais você não ouviria de jeito nenhum. Mas dei espaço para a Jen Verdadeira, que estava conseguindo ver a luz no fim do túnel, e o convenci.

A pausa para o almoço foi bem constrangedora. Ninguém quis conversar comigo, Chris estava enfurecido, tentando descobrir como salvaríamos o evento. Quando a plateia voltou aos seus lugares no auditório, dei o sinal para o DJ.

Can't Stop The Feeling, do Justin Timberlake, inundou os alto-falantes, preenchendo o ambiente. *Dane-se, não tenho mais nada a perder mesmo*, pensei, pegando o microfone.

"Certo, pessoal!" Mexi os quadris no ritmo da música, evocando todo o entusiasmo que existia dentro de mim. "Todos de pé!"

Passei pela plateia dançando, fingindo que nada tinha acontecido, instigando todos a se levantarem. Admito que por alguns segundos foi estranho. Mas em pouco tempo, aqueles profissionais de negócios estavam de pé, dançando. As pessoas estavam subindo nas mesas, fazendo passinhos que nunca os imaginei fazendo. E quanto a mim? Voltei a ser aquela garotinha dançando em frente à câmera do papai. Minha mente me libertou, eu esqueci meu constrangimento, as inseguranças e a catástrofe de grau cinco que tinha acontecido naquela manhã. Dei espaço à Jen Verdadeira e a permiti ser vista.

Nos divertimos muito dançando a música até o fim, e nossa festinha no meio do dia mudou completamente a energia do evento. Quando deixei a Jen Verdadeira assumir o controle, voltamos ao caminho certo e fizemos milhões de dólares em venda pelo resto da conferência.

Essa história revela o surgimento de uma das nossas tradições favoritas — a festinha no meio do dia, que virou um momento de honra e muito esperado por todos que participam —, até de quem assiste pelo Zoom! Porém, é mais que isso. É o que me dá permissão de eu ser eu mesma. Eu. Não Chris, nem a Jennifer Metaleira, mas a *Jen Verdadeira.*

Eu não precisava ser como Chris, pois nunca seria ele. Eu só podia ser eu mesma, a que comanda estes eventos com a diversão, conexão, energia e com o entusiasmo que nossa audiência espera ter. E só para constar, eu dominei os pitches de venda e agora ensino aos membros do nosso Super Connector Mastermind a como faturar sete dígitos com eventos ao vivo e virtuais — usando muito do que aprendi com meu imenso fracasso.

Meus fracassos, confrontos e desentendimentos com o medo sempre fizeram parte *de mim*, contudo não estou dizendo que você deva dar uma festa para centenas de pessoas a fim de se reconectar com seu verdadeiro eu e ignorar o medo. Entornar o medo tem mais a ver com se demitir do seu emprego horrível ou postar seu primeiro vídeo no TikTok. O que *estou* dizendo é que você precisa ter coragem para ser visto pelo seu verdadeiro eu para destravar as oportunidades que vão reconectar você com todo seu potencial e seu futuro mais gratificante.

COMO FALAR COM O MEDO

Você deve estar pensando: *Jen, como tomar uma atitude quando o medo me dá todas as razões do mundo para desistir?* Neste exato momento vou ensinar você a como falar com o medo. Pense em uma conversa com um cliente em potencial, ou com seu filho rebelde de dois anos em uma loja de brinquedos, precisamos ter uma conversinha com o medo e colocá-lo em seu devido lugar. É assim que se faz:

1. ***Tenha consciência do seu medo.*** Diga: "E aí, Medo? Sei que está aí, e te entendo. Você está tentando me proteger, e o amo por isso. Mas não estou realmente em perigo, a não ser pelo fato de não conseguir alcançar todo o meu potencial. Sendo bem sincero, você está me atrapalhando, então é hora de ficar quietinho."
2. ***Coloque o medo no banco do passageiro.*** No livro *Grande magia*, Elizabeth Gilbert fala sobre pegar a estrada com seu medo, e não há dúvida de que essa metáfora funciona muito bem! O medo vai acompanhá-lo você querendo ou não, porém é mais do que uma viagem especial; é um itinerário diário. O truque é se imaginar entrando no carro com o medo e dando instruções específicas a ele: "Olha aqui, Medo, nós dois vamos fazer um passeio. Sei que você precisa estar comigo, mas agora é minha vez

> de assumir a direção, então você vai de passageiro. Estas são as regras: não mexa no ar-condicionado, não toque no volante, nem mesmo cante junto quando eu tocar uma música que você ama. Você só tem que ficar quietinho aí. Eu estou no comando agora."

Você e seu medo sempre andarão juntos. Ele não vai a lugar nenhum, então você precisa se acostumar a tomar atitudes enquanto ele o acompanha. Contudo não se esqueça de que *você* está no comando. Quando conseguir manejar o medo e seus sintomas traiçoeiros, e parar de deixar essa raiva da estrada tomar conta da sua vida, perceberá que se olhar mais de perto, ele está tentando lhe dizer alguma coisa. Pois o medo é isso — uma oportunidade de crescimento! Você terá um poder inimaginável aprendendo a usar o medo como ferramenta, um poder que pode usar para controlar seu Verdadeiro Eu e aguentar firme para nunca mais se perder. Lembre-se: seu medo está sempre ali *por você*.

MOMENTOS DE GRANDE IMPACTO

- O medo é uma resposta natural a novas situações.
- O papel do medo é impedi-lo de tomar uma atitude e mantê-lo escondido em segurança em sua zona de conforto, em vez de ser visto como seu Verdadeiro Eu.
- Pode acreditar que o medo é uma oportunidade de crescimento, e se você conseguir reconhecer os sintomas dele, aprenderá a tirá-lo do poder.
- Os seis sintomas do medo:
    - FOMO;
    - Síndrome da Comparação;
    - Paralisia por Análise;
    - Perfeccionismo;
    - Síndrome do Impostor;
    - Compulsão por Agradar.

UMA VITÓRIA RÁPIDA

- Tenha consciência dos sintomas do medo que você percebe agora e tenha uma conversinha com essa belezura. Diga que se sente grato pela orientação dele, mas que você pode assumir a direção a partir de agora.

ANOTE EM UM POST-IT

- Pessoas bem-sucedidas *se apoiam* no medo. Não esperam que o medo desapareça. Em vez disso, eles o aceitam, permitindo-o seguir na jornada.

CAPÍTULO 3

PILARES DA CONFIANÇA CONTÍNUA

Quase sempre, meus clientes falam sobre seus desconfortos quando precisam se relacionar com alguém ou serem vistos nas mídias sociais, dizendo: "Você tem muita autoconfiança, não tem esse problema."

Isso sempre me surpreende, porque, deixe-me dizer uma coisa: eu sou uma das pessoas mais introvertidas que você já conheceu, de verdade. Claro, consigo falar com autoridade para uma plateia cheia de profissionais de negócios, e, sim, sou uma atriz profissional que consegue interpretar vários personagens no palco. Entretanto, preferiria estar em casa no sofá com meus cachorros, maratonando *Bake off Reino Unido: mão na massa*, sem falar com ninguém a não ser com meu marido? Sim, também! Todas essas coisas são verdadeiras ao mesmo tempo. Ser introvertido definitivamente não faz de você uma pessoa sem sorte para modelar sua autoconfiança. Perder sua confiança — não importa como — não é uma coisa definitiva. Sério, acredite em mim. Sou prova viva disso.

ANDANDO EM TERRITÓRIO INCERTO

Querido leitor, só queria te dar um aviso antes de você mergulhar na próxima seção deste capítulo. Ela fala sobre distúrbios alimentares, e sei que pode ser um assunto delicado para algumas pessoas. Por isso queria lembrá-lo de cuidar de si mesmo e tomar cuidado se sentir que a leitura possa ser um gatilho para você.

★★★

Comecei a fazer patinação artística aos 12 anos, eu já era considerada velha nessa área. Apesar de ser apaixonada pela patinação, eu não tinha nada de Tara Lipinksi. Sendo uma garota mais cheinha, os seios bem desenvolvidos e com alguns pneuzinhos, eu não tinha o típico "físico de uma patinadora", então eu usava duas meias-calças para tentar disfarçar minha barriga debaixo dos vestidos de lycra. Eu nunca me sentia confiante no rinque, por causa desse combo perfeito de me achar velha e gorda demais, ao lado das garotas mais novas, mais magras, que tinham muito mais chances de "vencer na vida" do que eu. Mesmo depois de alcançar o status competitivo, eu não recebia tanta atenção da minha distante treinadora russa, Vera, como quanto elas recebiam, então quando um dia ela me disse: "Você está tão magrinha! Você emagreceu?", a dopamina iluminou meu cérebro de 14 anos como uma árvore de Natal. "Ótimo trabalho, Jenny!"

Naquele momento, deleitando-se com a aprovação de Vera, meu cérebro fez uma conexão: ser magro = amor.

Senti como se tivesse desvendado o segredo, e estava determinada a continuar assim.

Meus pais se divorciaram alguns meses antes, e meu pai foi diagnostico com esclerose múltipla. De uma hora para a outra, eu não era mais o centro do universo dos meus pais. Eles davam o melhor que podiam, mas tinham seus próprios problemas e dramas para lidarem. Morávamos na Flórida, naquela época, e minha mãe estava namorando um cara que morava em Nova York, logo meu irmão e eu ficávamos por nossa conta quanto ela viajava para visitá-lo. Eu não percebi isso àquela altura, mas quanto menos eu me sentia vista pelos meus pais, mais minha confiança ruía. Rapidamente passei de uma garota bem extrovertida e cheia de vida para uma versão completamente reclusa de mim mesma, procurando por validação. E como qualquer outra criança de 14 anos, encontrei-a nos lugares errados.

Ser aceita pelas garotas “populares” da escola virou minha missão. Eu pensava que se elas me aceitassem, eu me sentiria melhor em relação a minha situação em casa. Quando finalmente consegui me sentar ao lado de Courtney, a “abelha-rainha” da garotada descolada, no almoço, troquei meu macacão por blusas superdecotadas e shorts curtíssimos, com o cós dobrado duas vezes para mostrar parte do bumbum. Esfumava uma sombra brilhante da Urban Decay e fazia um delineado preto grosso. Até comecei a falar de um jeito diferente. Quanto mais eu me transformava em uma espécie de “garota malvada”, mais era aceita pelo grupo. Porém, a cada camada do brilho labial marrom-escuro e a cada dia no refeitório ao lado de Courtney, eu perdia a confiança que tinha em mim mesma em ser boa o bastante. A Verdadeira Jen — confiante, divertida, simples, que não precisava se desculpar — já não existia mais.

Certo dia, as meninas descoladas decidiram fazer uma “dieta” em grupo. Pedimos saladas embaladas, pegamos alguns croutons e jogamos o molho fora. Aliás, era só isso que tinha na salada, então nosso almoço era alface sem tempero e Coca Zero. Eu *adorava* comer, mas minha vontade de me sentir parte do grupo na escola e ter o reconhecimento de Vera no rinque de patinação era tão grande que estava disposta a passar um pouco de fome. Depois de duas semanas almoçando alface e fazendo cem abdominais todas as noites antes do jantar, transformei meu corpo voluptuoso em um físico mais esbelto. Fiquei admirada com minhas calças jeans largas e meus dedos se tocando ao envolver minha coxa com as mãos. Mais ainda, estava amando toda a atenção que comecei a receber.

Apesar de as coisas estarem desabando em casa, fora de lá as pessoas só queriam conversar comigo sobre como minha aparência estava ótima. Os quase sete quilos extras de gordurinha que eliminei transformaram a menininha fofa em uma jovem surpreendentemente bonita. Os homens na rua viravam para me olhar quando eu passava. Courtney e as amigas me convidavam para todas as festas, e me incluíram nos recadinhos em formato de coração passados durante as aulas. Era oficial: ser magro = amor; eu não queria mais saber da minha antiga versão.

O mundo a minha volta estava um caos, mas eu me sentia poderosa por recusar a sobremesa ou tirar os grãozinhos de sal do pretzel que comia no lanche. Eu me sentia realizada sempre que meu estômago roncava. Quanto mais magra eu ficava, mais Vera sorria para mim durante o treino, e eu sentia que tinha controle das coisas.

Comecei a fingir que essa sensação de controle e a aprovação das outras pessoas eram ótimos substitutos da minha falta de confiança, e as consequências dessa mentira logo ficaram perigosas quando minha dieta virou uma anorexia intensa.

O coitado do meu corpo estava trabalhando mais do que devia. Eu ia para a escola e treinava na pista de gelo por horas sem comer quase nada. Até que um dia cheguei em casa atordoada. O quarto girava, minhas mãos estavam geladas, e eu nem conseguia pensar direito. Fui à cozinha para pegar meu lanche da tarde — uma Coca Zero — e notei uma caixa de cookies na bancada.

As coisas ficaram meio turvas depois disso, mas me lembro de olhar para a caixa vazia com a barriga inchada e dolorida, sentindo repulsa e um pânico avassalador. *O que eu tinha feito? Como conseguiria reverter isso?* Meu coração batia acelerado e comecei a chorar. Eu tinha fracassado na única coisa que me fazia sentir merecedora de amor e atenção. Faria qualquer coisa para apagar aquele momento.

Qualquer coisa.

A essa altura, eu já tinha perdido toda a confiança em mim mesma, minha dignidade e minha habilidade de controlar minhas ações. Quer dizer, nem consegui parar de cheirar uma caixa de cookies de chocolate! Antes desse dia, eu não entendia por que alguém desejaria provocar o próprio vômito. Eu detestava vomitar. Além de doer para caramba, é nojento. Contudo, ter o poder de reverter o pecado que eu havia cometido pareceu subir a bordo do último bote salva-vidas antes de o *Titanic* afundar no oceano gélido. Eu poderia salvar a mim mesma dessa vergonha extenuante se eu quisesse. Eu só precisava vomitar.

E assim o fiz.

Naquele dia, a Verdadeira Jen foi completamente apagada e a sua substituta tomou o lugar. Essa versão de mim era tímida, insegura, cheia de dúvidas e obcecada pela aparência. Sempre preocupada em não ser boa o bastante, magra o bastante ou com controle suficiente para ser aceita. Era o começo de um transtorno alimentar de vinte anos que impactaria a maneira como eu enxergava a comida, o controle, o amor e autoaceitação para o resto da minha vida.

Nunca contei essa história, e estou contando agora, pois quero que você saiba que se você já passou, ou está passando, por alguma dificuldade com qualquer forma de distúrbio alimentar, problemas de autoimagem ou se sentindo desmerecedor, você não está sozinho.

Vou repetir para caso você não tenha entendido: Você. Não. Está. Sozinho.

Pesquisas sugerem que mais de 30 milhões de norte-americanos vão sofrer distúrbios alimentares durante a vida[1], e mais de 50% se sentem pressionados a ter um tipo específico de corpo.[2] Eu sou uma dessas pessoas, nos dois âmbitos. E como definitivamente não sou psicóloga, terapeuta ou especialista em saúde mental, sou a prova viva de que você *pode* recriar sua confiança e redescobrir seu valor, mesmo se os tiver perdido há muito, muito tempo. Vou ensinar a você estratégias que eu mesma implementei para ser mais confiante e criar oportunidades para a minha vida, marca e negócio, que eu achava ser apenas um sonho; porém este livro *não* deve ser usado como substituto para um profissional de saúde mental. Logo, se você está tendo algum distúrbio alimentar ou seu corpo é algo que lhe incomoda, por favor, procure ajuda de um especialista, e use este livro apenas como um estímulo em sua jornada de cura. Estou aqui por você. Eu vejo você.

Levou anos para que eu recuperasse a segurança que perdi quando adolescente, porém tem algo que quero deixar muito claro: tenha sido por causa de um distúrbio alimentar, um valentão ou um comentário negativo no Instagram, você também *pode* recuperá-la, e quero que você entenda o quanto é importante que você consiga. Quando se permitir ser completamente visto, e passar por um ou mais dos seis sintomas do medo, vai precisar muito dessa confiança. E, felizmente, a confiança pode ser criada, logo não ficaremos sem sorte se sentirmos que perdemos nosso carisma.

O QUE A CONFIANÇA TEM A VER COM ISSO?

Tenho que admitir, hoje em dia sou uma pessoa *muuuito* mais confiante do que antes. Percorri um caminho longo desde aquela adolescente que não comia nada achando que tinha controle de algo, ou a parceira de negócios que ficou paralisada ao falar com uma plateia, ao lado do namorado no evento que ele tinha organizado. Aqui vai uma notícia bem legal para você: eu não fiquei mais confiante por um toque de mágica ou por um acidente. Dei um duro danado para alcançar isso, e você também pode!

Do que é feita a confiança, então, e como conseguimos alcançá-la? A minha (extraoficial e não técnica) definição é: confiança é o que torna pensamentos em ações. E como ações são o que torna pensamentos em coisas, é essencial ter um pouco de autoconfiança se você quer criar algo. Se eu lhe perguntasse quem é a "pessoa mais confiante" em sua vida, tenho certeza de que você logo pensaria naquele amigo que é sempre o primeiro a correr para a pista de dança e o último a ir embora da festa. Aquela alma radiante que facilmente desliza pelo salão como uma celebridade no tapete vermelho, dando beijinhos em bebês e tirando selfies. Se você acha que está perdido quando se trata de confiança por não conseguir ser como essa pessoa, tudo bem. Você não precisa ser a alma da festa, supersociável, megaextravertido, para usufruir do poder da autoconfiança e ter mais sucesso. Conheço muitas pessoas que têm o que gosto de chamar de "confiança silenciosa", que, na minha opinião, é bem mais poderosa do que a atitude "sempre a postos para os paparazzi".

Outra forma de enxergar a confiança é pensar nela como uma crença inabalável em si mesmo e na sua habilidade de seguir em frente, por mais incômodo ou difícil que seja algo. Sabe aquela pessoa que muda a energia de um lugar logo que chega sem dizer uma palavra? Ela tem um tino de "conhecimento". Ela *sabe* que é o tipo de pessoa que se compromete e não desiste das coisas com facilidade. Ela *sabe* que é capaz e que não precisa provar nada para ninguém. As pessoas a acompanham e querem trabalhar com ela por causa dessa energia magnética que ela tem. Esse tipo de confiança silenciosa é algo superpoderoso que com certeza vai mudar sua vida. A boa notícia é que, com a prática, podemos *criar* essa confiança (silenciosa e/ou dos famosos no tapete vermelho) ao longo do tempo, e estou muito animada para lhe ensinar como.

Não podemos esquecer que já nascemos bem confiantes. Todos nós. Mesmo se você foi uma daquelas crianças que não saía da barra da saia da mãe, preste atenção. Quando criança, ainda não éramos condicionamos a nos importar com o que os outros pensavam de nós. Não tínhamos medo de pedir pelo que queríamos. Andávamos sem roupa por aí, fazíamos birra se algo não saía do nosso jeito, vestíamos fantasias para ir ao mercado, e pedíamos carinho sempre que queríamos sem medo. Somos autoconfiantes por natureza, e não duvidamos de nossos sentimentos e desejos. Mas em algum momento aprendemos sobre rejeição, julgamento, a importância de se encaixar, e perdemos aquela confiança inabalável. Basicamente, deixamos o medo assumir a direção, pois paramos de acreditar que somos capazes de conquistar as coisas apenas sendo quem realmente somos.

Quando eu tinha 10 anos, fazia parte de um grupo itinerante de teatro infantil chamado Starmakers, e em todas as apresentações eu estava no meu paraíso particular — eufórica, orgulhosa, destemida e entusiasmada por estar no palco. Eu me lembro de estar ali, vestindo um macacão jeans deslumbrante, os holofotes iluminando meu rosto, e pensava: *Não há nada melhor que isto.*

Em certo momento da peça, nós nos apresentávamos para a plateia, dizendo o que gostaríamos de ser no futuro. Lembro-me de dar três passos à frente, estudar o peito e dizer orgulhosa: “Oi, sou Jennifer Gottlieb, e quando crescer, quero ser uma estrela da Broadway!” Eu não receava em falar qual era meu sonho, pois não tinha medo do que eles pensariam se eu fracassasse. O fracasso nem passava pela minha cabeça. Eu só queria atuar, pois era o que enchia minha alma de paixão.

Mais tarde, com a ajuda de “modelos exemplares”, como minha treinadora de patinação e as garotas populares da minha sala, comecei a ver a importância de se encaixar na sociedade para ser aceita, reconhecida e até amada. Com você pode ter acontecido mais cedo, ou não. Mas o que todos temos em comum é que, em algum momento, ficamos condicionados a agir da forma "certa" e querer o que é considerado "apropriado". Talvez para você isso tenha se apresentado como a escolha de uma carreira que era o que seus pais queriam, ou ter se casado com alguém que não tinha a ver com você, apesar de parecer perfeito em teoria. Em mim, esse desejo alucinado de se enquadrar originou um medo profundo que me afastou na garotinha corajosa no palco do Starmakers. Eu ainda queria cantar e dançar para todo mundo, mas ofusquei aquela luz por medo de não ser "boa o bastante" ou "imperfeita", e comecei a acreditar nas mentiras que o medo me contava.

EXERCITE A POTÊNCIA DA SUA CONFIANÇA

Ainda hoje, mesmo o universo tendo me dado várias experiências comprovatórias de que a Verdadeira Jen sempre é o caminho para o sucesso, tem momentos em que me esqueço disso e volto a me esconder. Serei a primeira a lhe dizer que, de vez em quando, o medo arrebata o melhor de mim. Ora, este livro está cheio de histórias em que entrei no ringue de boxe com o medo e enfrentei uma dura batalha. Porém o que importa é que se eu cair, cairei lutando. E nesses dias, em quase todas as vezes, saio vitoriosa, mesmo se me sentir surrada e machucada pela luta. Por quê? Porque eu não desisto. Eu mereço muito mais, e você também.

Repita comigo: a confiança vem com o comprometimento constante que você faz consigo — *especialmente* em situações desconfortáveis. Sempre que você diz a si mesmo que vai fazer algo e realmente faz, aumenta uma moeda na sua reserva de confiança. *Plim-plim!* Isso lhe dá mais motivação para agir na próxima vez. Contudo, esteja atento, caro amigo, o inverno também pode acontecer. Toda vez que se compromete com algo e desiste quando enfrenta uma dificuldade, tem receio, fica entediado, desconfortável ou é penoso, está dizendo ao seu inconsciente que não pode confiar em si mesmo. Você acaba de fazer uma retirada da sua conta, ou seja, não estará tão confiante na próxima vez que tentar agir para encarar o medo. Lembra aquele conhecimento do qual já conversamos? Com o tempo, desistir constantemente antes de alcançar seu objetivo enfraquece esse conhecimento. Gera dúvidas, insegurança e impotência. Como falamos no capítulo anterior, a única coisa que nos impede de manter nosso comprometimento é nosso bom e velho amigo-inimigo medo e seus seis sintomas irritantes. Confiança e medo estão intimamente conectados em uma relação tóxica. Se não nos sentirmos confiantes para assumir a direção, adivinha quem vai tomar a frente e exigir o controle?

Assim como você precisa exercitar os músculos do seu corpo para estar forte, precisa treinar constantemente a potência da sua confiança para ter uma autoconfiança resistente. Isso significa seguir até o fim repetidas vezes, mesmo que seja desconfortável. Quando faz isso, começa a ter resultados e desenvolve o sentimento maravilhoso e prazeroso que adoramos chamar de motivação!

Vamos falar um pouco sobre motivação. Já passou por alguma situação em que estava esperando "a motivação aparecer"? Estamos juntos nessa, camarada. Fiquei esperando por anos, esperando que a motivação aparecesse como mágica e mudasse a minha vida. Eu esperei... esperei... e... nada. Sinto acabar com a sua ilusão de que um dia vai acordar e ter entendido tudo, mas não existe uma "fada da motivação" que chega de repente, jogando punhados de confiança e inspiração nas pessoas. A motivação só chega se *você vencer*!

Uma de nossas clientes, a Pamela, trabalha em um nicho incrível como sexóloga. Ela começou a notar que alguns de seus concorrentes estavam crescendo muito ao conquistar audiência no TikTok. Ela sabia o que os benefícios de entrar para a plataforma poderiam fazer para sua marca, mas não se sentia motivada a gravar o primeiro vídeo. Ela dizia que "um dia", quando se "sentisse pronta", faria um TikTok, mas esse dia nunca chegou, e ela continuou a sentir FOMO, vendo o número de seguidores dos seus colegas de área crescer, fazendo novos negócios. Depois de algumas sessões com a gente e com um especialista em mídias sociais com quem trabalhamos, finalmente, ela decidiu deixar o medo de lado e gravar seu primeiro vídeo. O vídeo viralizou, chegando a centenas de milhares de visualizações! Você pode imaginar como Pamela está motivada a fazer mais vídeos para o TikTok agora, mas não é porque a "hora certa" chegou. Foi porque ela tomou uma atitude e venceu. Ela usou a motivação dessa vitória para fazer outro vídeo, que foi outro grande sucesso. Em pouco tempo, o perfil dela tinha mais de um milhão de seguidores! Aquele primeiro sucesso era o que ela precisava para se lançar em um momentum grandioso.

A ESCALA DA CONFIANÇA

Você já percebeu que a motivação chega quando você age, cria alguma coisa, e alcança o sucesso do outro lado. Essas pequenas vitórias ajudam muito, estimulando-o a continuar. Ao fazer isso, você estará criando momentum — aquela sensação gostosa e incrível de agir e continuar, como o coelhinho da Duracell — e se sentirá muito bem com isso. Durante esse ciclo, você mantém seu comprometimento e continua agindo, constantemente desenvolvendo mais confiança.

Eu chamo esse fenômeno de A Escala da Confiança. É uma das estratégias chave que uso para me manter em constante desenvolvimento de mais confiança, mas não fazendo tudo de uma vez. A Escala da Confiança tem uma estrutura própria, um "exercício" com seis passos para exercitar e reconstruir, de forma rápida e efetiva, sua confiança, para que você possa agir. Eu os denominei como os seis Cs.

1. Clareza

Uma mente confusa interrompe o momentum. Então o primeiro C do exercício da Escala da Confiança é clareza. Antes de você agir, é muito importante que saiba qual resultado quer alcançar. Seus objetivos. Sua intenção. Quando eu atuava, sempre ia para uma audição com um objetivo claro: *O que essa personagem quer? Quais são os objetivos dela na história?* Noventa por cento das vezes eu arrasava e conseguia o papel. Mas quando eu ficava confusa sobre o por quê, não me saía tão bem.

Uma das principais razões que deixam as pessoas presas no vórtice do "Não consigo ter clareza" é porque ficam muito preocupadas com o como. Você ainda não precisa saber todos os passos em *como* você vai alcançar a linha de chegada. Em vez disso, quero que foque o *quê* e o *por quê*. Qual é o objetivo final e por que você quer que isso aconteça? O "o quê" de Pamela era conseguir clientes pelo TikTok, e o "por quê" dela era desenvolver seu negócio e ajudar as pessoas a terem uma vida sexual melhor. Ela não sabia que o "como" seria com um vídeo bem específico viralizando na internet. Sabia apenas o que queria e tentou diversas formas diferentes de alcançar. Uma tentativa funcionou e se tornou a peça que faltava do quebra-cabeça! Quando você tiver clareza das suas intenções, terá muito mais confiança na hora de agir em direção ao seu objetivo.

2. Comunidade

Sejamos honestos, uma das melhores coisas da vida é ter quem você ama torcendo por você! Quando meus amigos e familiares celebram meu sucesso comigo, eu me sinto confiante para caramba! Se você está prestes a fazer uma apresentação no trabalho e recebe mensagens de seus amigos e colegas — *Você consegue! Arrasa! Depois conta como foi!* — tenho certeza de que você entrará na sala de conferência com mais energia e pronto para dominar o mundo. Por isso é importante estar rodeado pelas pessoas *certas*, este é o segredo. Vamos falar mais sobre como encontrar essas pessoas na Parte 3.

Participei de um importante mastermind recentemente, como palestrante, para um grupo de CEOs de alto escalão. Eu estava absurdamente nervosa, para dizer o mínimo. Durante todo o tempo, Chris e a filha dele, Vivienne, me mandavam mensagens de apoio.

Não deixe eles esquecerem quem você é!

Estou tão feliz por você!

Você consegue!

Você vai deixá-los perplexos!

Aquelas mensagens me incentivaram, e as vozes deles eram mais altas que a do meu medo. O apoio me deu confiança para entregar o meu melhor no palco. Quando cheguei em casa tinha um recado pendurado na porta de entrada: *Bem-vinda ao lar, melhor palestrante do mundo!* Eu me senti tão amada, e isso me deu um gás extra para a vez seguinte que precisei palestrar para um grupo como aquele, pois eu sabia que minha família me apoiava!

Quando você tem uma comunidade de pessoas em sua vida que celebram suas conquistas, a confiança que elas têm em você lhe dá um estímulo a mais para continuar, quase como um suplemento que você toma antes da aula de spinning.

3. Comprometimento

Agora que já falamos sobre comunidade, me diga: Com quem você sempre pode contar? Seu cônjuge? Um colega de trabalho? Seu melhor amigo?

Errado, errado e errado.

A pessoa com quem você sempre pode contar, não importa o que aconteça, é *você*.

Quando você se compromete com alguém, pode ser algo poderoso e motivador, mas como já falamos antes neste capítulo, cumprir as promessas que fazemos para nós mesmos é o caminho para a autoconfiança. Por quê? Pois acreditamos que não importa o quanto algo possa ser difícil ou intimidante, nós podemos superar! Trata-se de criar essa confiança dentro de si, desenvolver uma crença arraigada de que você é o tipo de pessoa que cumpre com sua palavra. Então, na próxima vez que uma oportunidade incrível aparecer, não vai ser assustador, e sim empolgante, pois lá no fundo você sabe que vai dar conta de tudo. Consegue agir mesmo sabendo que o resultado pode não sair tão perfeito. E quando construir um relacionamento com você mesmo (com seu Verdadeiro Eu!), será uma das armas mais potentes em seu arsenal.

4. Criação

Se não provar a si mesmo que é capaz de agir e criar coisas, não sentirá o prazer de ter a dopamina correndo em suas veias. Logo, precisa criar para ter confiança. Você precisa agir! Imagine que você tem pavor de aparecer em frente às câmeras, e vai fazer uma live nas redes sociais pela primeira vez. Na primeira vez que fiz uma live, fiquei meia hora sentada em frente à câmera antes de finalmente apertar o botão para gravar, depois passei 45 segundos falando sobre como eu me sentia constrangida fazendo aquela live no Facebook. Lembrando sobre esse dia, o vídeo em si foi um desastre, mas sinto muito orgulho de mim mesma, e sabe por quê? Porque ele existe. Eu agi e apertei o botão para gravar. Eu *criei* algo, e consegui finalizar.

Cada vez que criamos algo é uma vitória. Você sabe o que estou querendo dizer — aquela sensação de dever cumprido, aquela onda de dopamina e serotonina. *Eu agi e não morri. Está tudo bem.* Comece a colecionar essas pequenas vitórias e você se sentira motivado, será um impulso para continuar.

O vídeo seguinte que gravei, demorei cinco minutos para apertar o botão. (E *ainda* falei de como estava com vergonha, mas por pouco tempo!) A cada vez ficava menos intimidante, e agora, quando aperto para gravar em qualquer plataforma das redes sociais, estou confiante para caramba! Porém, para alcançar isso, precisamos de consistência, que é nosso próximo assunto!

5. Consistência

É fácil superar um desafio uma única vez, no entanto, alguns empreendedores ficam estagnados depois de um certo tempo, e notei que: eles *adoram* iniciar novos projetos, mas passam para a próxima "bola da vez" ou estratégia se os resultados não aparecem na hora. Esse é um péssimo hábito, que provavelmente vai deixá-lo sempre estagnado.

Só se desenvolve confiança com o tempo. Escalando a montanha de novo, outra vez, e assim por diante. Cada vez que você sobe, fica mais forte. Consegue confiar em si mesmo um pouco mais. A cada tentativa você aprende coisas novas que deixam o caminho mais acessível.

Quando você é consistente e continua fazendo algo difícil, algo que o tira da zona de conforto, está investindo na sua reserva de confiança. Com o tempo, a confiança cresce gradativamente. Mas lembre-se: *deixar* de lado seus compromissos vai lhe *custar* caro. Continue seguindo, sendo consistente, e logo estará cheio de confiança.

6. Celebração

Muitas vezes, a gente quer tanto algo e se esforça tanto pra conseguir, que quando a vitória chega, pensamos: *Certo, e agora? O que mais vem por aí?*

Espera aí, vá devagar! Por que essa pressa toda? Se você deixa de celebrar, perde a graça de conquistar as coisas, perde a chance de ter confiança, motivação e momentum. Celebre sua vitória. Aproveite-a. Você tem permissão para isso. Chame os amigos (aquela comunidade que você construiu!) e conte a novidade. Sinta o orgulho deles por você, e sinta orgulho de si mesmo. Presenteie-se com uma tarde em um spa ou um almoço naquele restaurante mais sofisticado. Compre uma roupa nova, chame seu cônjuge para um passeio. Relaxe e aproveite! Perceba o quanto é bom conquistar algo, transforme essa experiência em motivação para encarar novos desafios com mais confiança.

Vou te dar um desafio: toda noite, antes de dormir, escreva suas conquistas do dia, sejam elas grandes ou pequenas.

Não apertei o botão de soneca hoje.

Fui à academia.

Fiz o jantar em vez de pedir pelo aplicativo.

Dei minha opinião durante uma reunião no trabalho.

Comemorar pequenas conquistas o ajudará a valorizar seus compromissos pessoais, cultivar amor-próprio e fortalecer sua confiança. Quanto mais conquistas você alcança, mais sua autoconfiança aumenta, e você terá o impulso necessário para seguir em frente. Fazendo isso e listando suas vitórias diárias terá toda a validação de que precisa dentro de *si mesmo*, sem precisar buscar em fontes externas.

A REGRA DOS 51%

A experiência de cada um é característica, pois a Escala da Confiança nos ajuda a alcançar nossas conquistas, sejam elas substanciais ou não, mas saiba que isso às vezes leva tempo. Chris me ensinou um método maravilhoso que me libertou do medo de agir, e quero dividi-lo com você.

Você pode ouvir de muita gente que precisa acreditar 100% em si mesmo. Dar tudo de si. Que você pode alcançar tudo que quiser, basta acreditar.

Sinto lhe dizer, mas isso é uma besteira das grandes.

Se eu agisse só quando tivesse plena confiança em mim mesma, nunca teria feito nada. Nunca. Mesmo deixando o medo de lado, ele ainda está por perto, não é? Ainda está ali, tentando minar minha confiança.

A vida é muito curta para esperar pelo momento ideal.

Chris transformou minha vida quando me fez perceber que, na realidade, basta acreditarmos um pouco mais em nós mesmos do que duvidamos.

Cinquenta e um por cento.

Só precisamos disso. Esse é o ingrediente secreto que você precisa para iniciar na Escala da Confiança. Se fizer aquele mínimo esforço e der o passo inicial em direção ao seu objetivo, vai colher os frutos dessa vitória, celebrar e aumentar sua reserva de confiança. Logo estará em 52%e pronto para agir de novo. Quando menos perceber, chegou aos 60%... 65%... 75%. Um dia, pode estar no 97% e no outro volta para 80%. Entenda que está tudo bem. Enxergue o momento que está vivendo e se permita seguir em frente, transforme o conhecimento em ação, e comece agora a construir o seu futuro dos sonhos.

Mas e se você não chegou aos 51% ainda? Se estiver parado no 8% ou 5%, e não acredita em si mesmo? Este é o momento para investir em sua confiança. Comece com coisas simples, mas *comece. Agora.* Nem precisa ser algo relacionado ao seu objetivo. Por exemplo, se não consegue trabalhar no site para o seu negócio, diga a si mesmo: “Vou dar uma volta no quarteirão hoje.” Caminhar ajuda a esfriar a cabeça. E então — aqui está o segredo —, faça!

Plim-plim. Reserva de confiança.

Você pode vestir uma roupa de ginástica ou se matricular na academia. Não precisa usar os pesos ainda; coloque a roupa. Só isso. Já é uma conquista. No dia seguinte, comprometa-se a andar na esteira por cinco minutos. Um passo de cada vez, simples assim.

Quanto mais cria esse ciclo de vitórias, mais motivação e impulso terá. E assim que ultrapassar os 50%, você será imbatível.

APLICAÇÃO DE CONFIANÇA

Não importa o quanto acredita em si mesmo agora, dar o primeiro passo ainda pode ser desafiador.

As pessoas sempre me perguntam sobre como agir quando ainda estão com medo. É como se *fosse* uma faca de dois gumes, não? É preciso agir para ter confiança, mas precisa ter confiança para agir. Por sorte, tenho algumas técnicas e aplicações de confiança para ajudá-lo quando estiver com medo.

Prepare-se para a foto

Você se sente muito bem quando vai ao salão fazer o cabelo ou compra uma roupa que a deixa linda, não é? Pronta para dominar o mundo? Da próxima vez que tiver medo, arrume-se para uma foto. Faça uma maquiagem ou use aquela roupa que foi tão elogiada na semana anterior. Para mim, preparar-me para uma foto é estar com uma maquiagem e o cabelo impecáveis, mas para você pode ser usar aquele moletom confortável e uma camiseta básica. Talvez seja sua blusa da sorte, a camisa do seu time favorito, ou tirar um tempinho para cuidar dos fios rebeldes. Quando faz isso você não apenas parece diferente, você se sente diferente. Anda diferente. Porta-se diferente. Dá espaço para a versão mais confiante e poderosa de si mesma.

Aumente o volume

Já falamos sobre como a música me ajuda a encontrar a Verdadeira Jen, mas agora é a sua vez. Coloque uma música antes de fazer algo que tem receio. Toque a sua favorita ou a que a faz cantar e dançar. Deixe a música te levar, solte-se.

Durante as apresentações de *The Wedding Singer*, eu costumava me aquecer com as músicas de Lita Ford. Eu a achava tão sexy e poderosa. Para entrar na personagem, antes de cada show, colocava para tocar *Kiss Me Deadly*, era um jeito rápido de me transformar na roqueira fodástica que eu precisava ser no palco.

Encontre a sua Lita Ford e abasteça-se de confiança.

Sintonize-se com seu alter ego

Você sabia que a Beyoncé é tímida? Quando ela está no palco, dá vida a seu alter ego, Sasha Fierce.[3] Isso a ajuda a ser a Beyoncé que conhecemos e amamos. Outras celebridades, como Adele, admitem fazer o mesmo. Meu amigo Todd Herman chama isso de "efeito alter ego"[4], e os cientistas se referem como "efeito Batman".[5]

O importante é se distanciar. Estudos já comprovaram que se distanciar de si mesmo e olhar para suas ações com outra perspectiva ajuda a nos enxergarmos de forma mais neutra. Quando separamos nossas emoções de nossas ações, fica mais fácil ver o cenário racionalmente e agir nos momentos desafiadores.

Consulte sua lista de empoderadas

Essa é minha favorita e ainda vamos explorar mais este assunto no próximo capítulo. Por enquanto, vou apenas lhe contar um segredo: você é *muito* mais descolada do que imagina, e lembrar-se disso pode ser uma ferramenta poderosa para levar sua confiança às alturas. Está preparada para descobrir sua grandiosidade, liberar o poder da sua força interior e alcançar o sucesso? Então não pule o próximo capítulo.

MOMENTOS DE GRANDE IMPACTO

- Todos nós nascemos confiantes, mas em algum momento da vida passamos a diminuir nosso valor.
- Ser introvertido definitivamente não faz de você uma pessoa sem sorte para modelar sua autoconfiança.
- Siga a regra do 51% — você não precisa acreditar totalmente em si mesmo, só precisa acreditar um pouco mais do que duvida.
- A cada ação, você tem uma pequena vitória, que aumenta sua reserva de confiança, subindo os 51% para 52%, e assim por diante.

UMA VITÓRIA RÁPIDA

- Faça algo que não seja um hábito e comemore essa vitória para aumentar sua reserva de confiança!

ANOTE EM UM POST-IT

- Manter-se comprometido consigo mesmo é a melhor maneira de alcançar a confiança.

CAPÍTULO 4

ESSA SIMPLES LISTA VAI MUDAR A SUA VIDA

"Vou cancelar tudo. Não posso fazer esse lançamento."

"Como assim?", respondi para a única pessoa que eu achava ter tudo resolvido na vida. Eu estava em choque, segurando o telefone enquanto ouvia.

"Ninguém vai comprar isso, serei um fracasso total."

Essa era minha amiga, mentora e parceira para todas as horas, Tory. Nós duas trabalhamos como atrizes em Nova York e estávamos construindo nossa carreira no digital como mentoras, por isso nos conectamos logo de cara. Nos conhecemos em um dos primeiros eventos sobre desenvolvimento pessoal que participei, e desde então conversamos sobre o andamento de nossos objetivos toda semana. Ao fuçar nas redes sociais de Tory pela primeira vez, fiquei admirada pelo que ela já tinha conquistado por conta própria. Ela tinha uma marca pessoa incrível e um site que ela projetou sem a ajuda de ninguém. Ela tinha uma lista de e-mails de possíveis clientes, e sabia como se manter em contato constante com eles. Ela criou programas online, retiro para os clientes, e estava realmente lucrando! Era tudo o que eu queria fazer, eu nem acreditava que o universo a tinha colocado em meu caminho para me ensinar como alcançar isso. Nossas *calls* semanais foram fundamentais para que eu fizesse grandes progressos naquela época da minha vida. Ela me ajudou a lançar meu primeiro programa digital, e ainda fez sozinha todo o design do meu primeiro e-book! (Acho que levou umas quinhentas horas de trabalho, e paguei a ela US$500. Obrigada, Tory!)

Já deu para entender porque fiquei chocada quando minha melhor amiga, que já era brilhante e bem-sucedida, me ligou chorando, apavorada com o lançamento do seu curso. A síndrome do impostor a consumia por completo, e o medo tinha não só assumido a direção, como acelerava loucamente pela estrada. Tory era a pessoa mais fenomenal que eu conhecia, mas ela não enxergava isso. Logo um pensamento me bateu: *Certo, Jen, este é seu momento de ser uma amiga de verdade. Você precisa ajudar Tory a enxergar o quando ela é incrível, e que o medo a está enganando.* Era hora da operação SuperAmiga!

"Tory", falei com firmeza, interrompendo a lamentação dela. "Presta atenção aqui: está se esquecendo do quão incrível você é? Precisa enxergar o que eu e todas as outras pessoas vemos! Você é extraordinária."

Silêncio.

"Estou falando sério. Você é demais. Posso te dar pelo menos cinco motivos que comprovam isso agora mesmo."

Mais silêncio.

Respirei fundo, pensando que não estava dando certo. Então uma ideia surgiu. *Vou tentar de novo...*

"Faz o seguinte", falei. "Tem uma caneta por aí?"

"Tenho...", Tory respondeu confusa.

"Ótimo. Pega papel e caneta, vamos lá. Escreva todas as coisas incríveis que você já fez na vida."

"Ah, Jen, mas..."

"Não, sem mas. Vamos lá." Eu não permitiria que ela continuasse com esses pensamentos sobre si mesma. Ela era *A* melhor, e precisava enxergar isso! "Eu começo: você é incrível, pois começou seu próprio negócio sem ajuda nenhuma, e ainda está prosperando, mesmo que às vezes seja bem assustador."

Tory riu. "Acho que sim."

"O que mais?"

"Tive meu rosto estampado em um outdoor", ela falou receosa. "Acho que isso é bem incrível."

"Claro que é. É exatamente isso que quero dizer! O que mais?"

Assoando o nariz e pigarreando, ela começou a listar e anotar suas conquistas. "Eu me mudei sozinha para Nova York aos 19 anos... Apareci em um videoclipe... Corri a Maratona de Nova York..."

"Isso, isso! Eu amo tudo isso", falei. "Você é tão maravilhosa."

"Você acha mesmo?" Ela ainda não estava convencida. "Nada disso vai me ajudar com esse lançamento."

Não era possível. Eu tinha acabado de ouvi-la contar várias histórias incríveis e impressionantes — quando ela fechou o primeiro contrato de seis dígitos, quando lançou um podcast —, mas ela ainda não enxergava isso! *Se eu conseguisse fazê-la ver o que eu vejo!* Então tive outra ideia.

"Vamos mudar de tática. Olhe para essa lista e leia em voz alta, como se estivesse lendo sobre outra pessoa. Imagine que seja uma pessoa na internet com quem você está se comparando."

Conforme Tory lembrava cada momento com essa nova perspectiva, sua voz ficou mais firme. Ela não parecia estar apenas falando por falar! Ao ler a lista, imaginando ser de outra pessoa, ela se sentia mais confiante a cada item. Minha amiga confiante *estava* de volta!

Depois de deixá-la ler uns vinte itens, eu a interrompi. "Certo, agora você acha que a pessoa de quem você está falando consegue lançar e vender esse curso? Você compraria algo dela?"

"Minha nossa, Jen. Claro que sim. Você está certa!"

"Você é demais, e vai conseguir!"

Ela repetiu e eu conseguia sentir o sorriso dela do outro lado da ligação: "Eu *sou* demais, e vou conseguir!" Terminamos a ligação rindo de como soava ridículo ela duvidar de si mesma daquele jeito.

Depois disso, percebi que havíamos criado uma ferramenta para usar conta a síndrome do impostor sempre que isso atrapalhasse nossos sonhos. Tory grudou a lista na parede perto da sua escrivaninha, e a batizamos de a Lista Poderosa. Também escrevi a minha lista no bloco de notas do celular, naquela noite. Desde então, ensino milhares de pessoas a usarem a Lista Poderosa para superarem a síndrome do impostor e se sentirem seguras para serem vistas pelo mundo.

JUNTE SEUS MELHORES MOMENTOS

Nós todos temos momentos na vida em que nos sentimos os maiorais. E não adianta negar, que eu sei que sim. Lembra quando você arrasou no palco em uma apresentação ou quando ajudou um de seus clientes a enxergar a mudança de que ele precisava na carreira? Com certeza você pensou: *É exatamente por isso que faço o que faço.* Talvez não seja algo relacionado a trabalho — pode ter sido quando andou até o altar no seu casamento e viu seu cônjuge com os olhos marejados de emoção, no nascimento do seu primeiro filho, quando se assumiu para seus pais, ou quando se curou de uma doença que pensou não conseguir vencer. São nesses momentos em que você se sente imbatível, com uma percepção diferente de que você é incrivelmente poderoso. São os momentos que o fazem ligar na mesma hora para seu melhor amigo e contar que conseguiu.

Temos vários momentos como esses na vida, mas somos tão apegados a eles que até esquecemos como são ocasiões fabulosas. Como *nós* somos fabulosos. Quase sempre faço isso também, desvalorizo minhas conquistas e esqueço o quão bem me sinto ao obtê-las. "Ah, nem é tão legal. Não é tão importante", eu falo quando alguém me elogia.

Hã? *Errado!*

Não se atreva a ofuscar sua luz. Nós somos uma família agora, e estamos aqui para brilhar e nos permitir *ver* nossa excelência para que sejamos vistos pelas pessoas que ajudamos. Quero que você faça uma coisa: escreva todos os momentos que lembrar — todos eles — de quando você foi completamente fenomenal. (Se precisar de ajuda, pense nos momentos "entrando no ritmo" que descobriu nos Capítulo 1.)

Estou falando sério, pode escrever. Eu espero. *Encontre* dentro de você momentos em que você sentiu que poderia conquistar o mundo. Se precisar, peça ajuda a alguém especial em sua vida. Tenho certeza de que terão milhares de situações para compartilhar. E sempre que sentir que não tem merecimento de algo ou não é suficiente, quero que pegue essa Lista Poderosa e leia. Mas claro que você não vai apenas ler. Aqui está o segredo, leia como se estivesse lendo sobre outra pessoa — alguém que acha ser melhor que você nas redes sociais. Como se estivesse lendo a lista de melhores momentos *dessa* pessoa.

Dê-se a chance de sentir um pouco de ciúmes dela, por ela ser tão incrível. Em seguida, perceba que essa pessoa é *você*. Permita-se ver os *seus* melhores momentos.

Se você consegue fazer tudo o que está nessa lista, com certeza é capaz de enfrentar o que a está amedrontando, seja lançar seu primeiro negócio, consolidar sua marca, ou finalmente pedir o telefone daquele carinha da academia que você está a fim.

Você pode escrever a história toda de cada momento ou apenas algumas palavras-chaves e frases para despertar essa sensação de novo. Pode fazer uma lista com dois ou vinte momentos, quantos forem necessários para ativar sua memória e o sentimento de que você é incrível. Essa lista será uma de suas ferramentas mais poderosas. Eu uso minha Lista Poderosa toda vez que a insegurança bate. Antes de palestrar em algum evento, antes de começar um mastermind ou fazer uma entrevista, leio minha Lista Poderosa para me lembrar de quem sou. Como deixo ela no meu celular, consigo acessar a qualquer momento, e sempre que conquisto algo que sinto orgulho, adiciono à lista. Lembre-se, precisamos celebrar cada vitória para impulsionar o progresso!

Vou deixar aqui a minha lista para você ter uma ideia:

- Atuar na produção da Broadway dos meus sonhos, *The Wedding Singer*, e fazer o papel de Linda para uma plateia cheia pela primeira vez.
- Participar do meu primeiro evento de desenvolvimento pessoal e fazer vários novos amigos.
- Ser pedida em casamento pelo Chris no meu lugar favorito do mundo todo.
- Me mudar para *o* apartamento que estava no meu mural dos sonhos.
- Ser a primeira mulher a palestrar no 100 MME Mastermind, no Avengers Mastermind, no Power Room Mastermind e no Scale and Escape Summit.

- Publicar meu livro com a editora perfeita para mim (amo vocês, Hay House!).
- Lançar meu podcast, *I Dare You*.
- Encerrar meu negócio de treinamento pessoal que foi um grande sucesso para criar o Super Connector Media em parceria com Chris.
- O dia em que meu avô Gene disse que sentia orgulho de mim.
- Vivienne, a filha de Chris, dizendo que me ama pela primeira vez.
- O dia em que Chris e eu contamos a Vivianne que nos casaríamos e ela chorou de alegria.
- Doar a bolsa da Louis Vuitton, que Rob me deu de presente, e comprar uma eu mesma pela primeira vez.
- Minha primeira sessão de fotos com a célebre equipe editorial de Annebet Duvall e Chris Eckert, me sentindo uma estrela de cinema.
- Conseguir o emprego no *That Metal Show* e permanecer nele por quase cinco anos.
- Trabalhar como personal trainer na Reebok Sports Club e ajudar pessoas a transformarem seus corpos.
- Apoiar Brenda, em um momento de superação, a construir um negócio próspero, para ter a vida que sonhou (usando o método da Lista Poderosa!).
- Ajudar mais de 30 mil empreendedores a serem vistos e transformarem seus negócios durante a pandemia com nosso bootcamp *Be On* TV e o *Be Seen Accelerator.*
- A primeira vez que recebi um pagamento de cinco dígitos para fazer uma palestra.
- Estar na capa da revista fitness *Strong.*
- Ter meu rosto estampado em um outdoor na Times Square.
- Ser entrevistada no programa *Home & Family* do canal Hallmark.

- Ser destaque da *Forbes*.
- Ser mencionada pela Goop como uma das top 11 coaches a ajudar pessoas a encontrarem suas carreiras de sucesso.
- Ser entrevistada por vinte minutos no programa *Elvis Duran and The Morning Show* na rádio Z100.
- Superar o período em que perdi tudo e conquistar a vida dos meus sonhos.
- Poder voltar à Equinox* e pagar a anuidade, que no passado já havia quase me levado à falência.
- O dia em que adquirimos nossa agência de relações públicas.
- Quando meu pai me acompanhou ao altar no meu casamento.
- Ser nomeada uma das Top 50 Palestrantes do Mundo pela revista *Real Leaders*.
- Estar em segundo lugar do Top 10 Empreendedores e Especialistas de Negócios de 2022 pela revista *Maxim*.
- Entregar o manuscrito finalizado deste livro!

Já falei sobre alguns desses momentos, outros você lerá mais para a frente nos próximos capítulos. Este livro está cheio de momentos da minha Lista Poderosa, pois mesmo meus fracassos foram ótimos degraus para que eu desse a volta por cima. Todas essas ocasiões, mesmo as mais difíceis, me fazem sorrir quando me lembro delas, isso é importante entender. Eu me sinto realizada, forte, capaz e merecedora de tudo quando penso nelas. Momentos em que eu estava no ritmo, seguindo o fluxo e orgulhosa de mim mesma.

Não vou mentir, me senti um pouco constrangida de escrever minhas realizações aqui para você. Até cheguei a apagar tudo, achando que não deveria estar no livro, parecia muita ostentação expor minha lista de momentos incríveis. Mas refleti e lembrei a mim mesma que o motivo de eu escrever este livro é justamente me abrir e mostrar a você que eu também

* Equinox é uma rede de treinamento, spa e hotéis com unidades na América do Norte e Londres. [Nota da Tradutora]

preciso usar as ferramentas que estou ensinando para ultrapassar meus próprios sintomas do medo quando eles aparecem (e são bem constantes até!). Eu prometi que lhe ensinaria o caminho das pedras, e para isso também preciso mostrar coisas pessoais, como minha Lista Poderosa. Talvez você queira comparar a sua lista com a minha, mas preciso pará-lo antes que caia nessa armadilha. A sua Lista Poderosa vale apenas para você. Os momentos da sua lista podem parecer "pouca coisa" para outra pessoa, mas para você são significativos, e é isso que importa! Tenho ocasiões na minha lista que só eu me importaria ou ficaria impressionada, elas estão ali, pois me sinto muito orgulhosa delas. Você também deve ter em mente que sua lista estará sempre crescendo e evoluindo, com momentos que serão adicionados por toda a sua vida. Um recurso que vai ajudá-lo comemorar suas vitórias. Acredite em mim, você é incrível; e o momento em que mais precisará da sua Lista Poderosa *é quando* não acreditar nisso, pois não precisa levar o que eu falo em consideração.

Você conseguirá acreditar no que *você mesmo* escreveu.

Sempre que me questiono se mereço algo ou me comparo com as conquistas de outra pessoa, pego minha lista para me lembrar do quanto sou fabulosa.

BRENDA, A FENOMENAL

Pode parecer exagero, mas a Lista Poderosa salvou até a vida da minha cliente Brenda. Você deve ter notado o nome dela na minha lista, mostrando o quão incrível é essa história.

Em maio de 2020, Chris e eu estávamos nos preparando para realizar o nosso evento Unfair Advantage Live em Nova York. Porém a Covid-19 assolou o planeta, literalmente fechando todas as fronteiras, fomos forçados a adiar nosso evento, sem saber quando ou *se* poderíamos realizá-lo. Tivemos que achar outra solução para suprir os milhões que não receberíamos do evento, assim como outras empresas quando foram forçadas a cancelar seus eventos presenciais. Precisávamos descobrir, e rápido, como manter nossa empresa funcionando durante a pandemia. Tínhamos que pagar o salário de nossos funcionários, e mandá-los embora não era uma opção. Entendemos muito depois que sermos forçados a mudar nossa estratégia foi uma dádiva para nosso negócio, pois deu lugar ao nosso bootcamp *Be on TV*, atualmente famoso. Um desafio virtual de cinco dias que tem ajudado milhares de empresários a transformar completamente suas empresas aprendendo como direcionar, abordar e fechar negócios com segmentos televisivos. *Eeeee*, já que secretamente somos uma empresa de desenvolvimento pessoal que utiliza a mídia e a visibilidade como porta de entrada para a transformação (para ser sincera, somos péssimos em guardar segredos), o bootcamp também ajudou muitas pessoas a mudarem suas vidas e criarem marcas autênticas, em que as pessoas se conectam e são atraídas como ímã.

Brenda foi uma dessas pessoas. Acontece que no fim de cada bootcamp, escolhíamos um vencedor entre todos os participantes, e ela foi uma das escolhidas por vários motivos. Brenda era ex-militar, tinha sofrido abuso sexual e estava se divorciando. Além disso, como mulher afro-americana, a morte de George Floyd foi o estopim de sua devastação. Um dia antes de entrar para nosso bootcamp, Brenda ligou para centro de prevenção ao suicídio, segurando uma frasco de remédios, e com o coração dilacerado.

O atendente do suporte disse a ela ao telefone: "Brenda, vou pedir que você tome *um* dos comprimidos, não todos, apenas um. Deite-se para dormir, e amanhã de manhã procure algo para fazer. Não importa o que seja, apenas faça alguma coisa."

Brenda seguiu o conselho do atendente, e quando acordou no dia seguinte, viu que tinha recebido um e-mail sobre nosso bootcamp *Be on TV*. Ela não queria aparecer na televisão, mas era *alguma coisa*, como a pessoa do suporte tinha sugerido, então ela se inscreveu.

Brenda conta que ela chegou ao bootcamp e deu de cara com uma garota branca gritando feito louca para que todo mundo dançasse. (Sou eu. Ela está falando de mim.) Brenda pensou: *Essa garota é surtada. Não vim aqui para isso*. Mas ela ficou até o final, porque precisava fazer *alguma coisa*.

O primeiro dia foi sobre mindset, e ensinei a todos os participantes como funcionava a Lista Poderosa. Quando Brenda começou a escrever sua própria lista, passou a lembrar de vários momentos incríveis que teve, reconectando-se com a mulher maravilhosa que ela era. Com isso, ela se inspirou a fazer uma live no Facebook para contar sobre esses momentos; ela serviu de inspiração e foi gentil com as pessoas que a assistiram, o que a deixou realizada como não se sentia há semanas. A maior recompensa veio quando uma mulher mandou uma mensagem a Brenda contando como não conseguia nem sair da cama depois que a filha tinha cometido suicídio. Ela estava em um quadro profundo de depressão e não conseguia dar atenção aos outros filhos fazia meses. A mulher escreveu para Brenda: "Sua live no Facebook me inspirou a sair da cama hoje e ficar com meus filhos."

Brenda ficou atônita, percebendo que, compartilhando suas experiências, realmente podia fazer alguma diferença na vida das pessoas. Ela continuou participando do bootcamp e também mostrando isso para sua audiência e ao final dos cinco dias, ela ganhou o prêmio máximo.

Mas esse era só o começo para Brenda.

Ela lançou um livro. Está faturando centenas de milhares de dólares com seu negócio de coaching, The Soulutionist, ajudando pessoas a encontrarem sua própria voz. Ela apresenta um podcast e um programa online ao vivo, e faz palestras em eventos presenciais. Ela agora é uma mulher completamente diferente, e uma das nossas clientes mais bem-sucedidas, tudo isso por ter sido capaz de enxergar sua grandeza interior e permitir que as pessoas vissem isso também.

A CIÊNCIA POR TRÁS DA SUA GRANDEZA

A Lista Poderosa funciona por um motivo, e tem a ver com uma coisa que falei brevemente no Capítulo 3: autodistanciamento.[1] O autodistanciamento é o espaço que você cria entre você mesmo e as ações que toma. Por exemplo: imagine que você voltou para casa depois de um evento de networking, e não consegue esquecer um comentário constrangedor que fez a uma pessoa que queria impressionar. Fica repassando a cena em seus pensamentos, pois não tem nenhum espaço entre sua perspectiva e o evento. Com certeza as pessoas com quem conversou já nem lembram mais desse episódio, mesmo você estando obcecado por ele.

Conseguir se desligar das situações emocionais diminui a importância do que as causou, por isso que se distanciar desses momentos é uma ótima forma de lidar com a raiva e o estresse. Refletir sobre *qualquer coisa* só vai funcionar quando conseguimos dar um passo para trás e enxergar a cena como um todo. Entender nossas emoções com objetividade permite que vejamos o acontecimento com mais clareza, em vez da nossa perspectiva avassaladora de redes sociais, que modifica a situação até ficar irreconhecível. Psicólogos concordam que se distanciar é ideal para acalmar nossas emoções e lembranças traumáticas, e eu ainda incluo que também é uma maneira ótima de nos ligarmos com os sentimentos *positivos*.

É por isso que a Lista Poderosa funciona. Você consegue se afastar das emoções desagradáveis ligadas a você e suas lembranças — a insegurança, o medo e o estresse que sentiu planejando e coordenando seu último evento —, tendo a oportunidade de enxergar de outro ângulo. Os participantes do evento não viram o tanto de trabalho ou as crises emocionais que teve. Só viram o resultado fenomenal, e tiveram ótimos momentos criando conexões e aprendendo algo novo. Viram você confiante e esbanjando estilo, sem notar que você estava uma pilha de nervos antes de subir ao palco.

Se o primeiro passo para ser visto é enxergar a si mesmo, logo, a Lista Poderosa possibilita que você se veja com a mesma perspectiva das outras pessoas. Você enxerga a sua vida e suas experiências pelo ponto de vista de quem o ama e o admira, de quem acompanha suas vitórias e o incentiva a conquistar a próxima.

Veja só: se você estivesse em uma festa e tivesse a oportunidade de elogiar alguém que ama — seu cônjuge, melhor amigo, seu filho —, com certeza ficaria ali por horas e horas. Sem hesitar, você falaria o quanto essa pessoa é incrível e todas as coisas impressionantes que ela já fez. Você quer que o mundo inteiro saiba o quanto se sente orgulhoso dessa pessoa. Então por que não falamos desse jeito sobre nós mesmos?

Com a Lista Poderosa, nós podemos!

SOMOS TODOS SERES HUMANOS

No Capítulo 2 falamos sobre o medo e seus sintomas, mas será que só saber sobre eles é suficiente para passarmos toda nossa jornada de ser totalmente vistos, conseguir conviver com o medo e continuar prosperando? São coisas bem diferentes. Se não dominarmos a situação, seremos levados a uma viagem insuportável com o medo como condutor sádico. A Lista Poderosa é uma das ferramentas em nosso depósito que nos ajuda a tirar o medo do controle, mas é preciso usá-la constantemente, assim como o restante que já conversamos até agora. Todas as pessoas inteligentes e bem-sucedidas que você conhece sofrem da síndrome do impostor, não importa o quanto pareçam equilibradas.

Eu adoro esta verdade universal: todo mundo é igual.

Somos seres humanos, não há alguém em um nível mais alto que o outro. Todos nós temos nossas inseguranças. Eu, Jennifer Lopez, Serena William, Zendaya, Reese Witherspoon e a Lady Gaga, *todas* sentimos às vezes que *não somos boas o bastante para realizar uma coisa nova*. Eu com certeza sinto. Minha caminhada até aqui foi longa, e quase todo dia ainda sofro com a síndrome do impostor. Deixe-me contar um segredo: estou sofrendo demais com isso enquanto escrevo este livro. Já passei inúmeras noites revirando na cama, e remoendo o pensamento de *não me achar merecedora para escrever tudo isto. Será que alguém vai querer ler o que estou escrevendo?* O ímpeto de me comparar com as pessoas a minha volta é muito forte. E uma das coisas que faz da Lista Poderosa uma ótima ferramenta é a possibilidade de se comparar a *você mesmo*. Olhe para a sua lista. Perceba que você *já* alcançou todas essas coisas incríveis!

Enquanto eu escrevia este livro, tive a oportunidade de me reunir com quatro autoras que admiro há anos. Nós cinco estávamos trabalhando em nossos próprios livros, e decidimos lançá-los juntas na Soho House em Nova York. Era um momento muito importante na minha carreira, quase um sonho se realizando, mas eu não achava que deveria fazer parte desse grupo de autoras já estabelecidas no mercado. Marie Forleo, Amy Porterfield, Kris Carr e Gabby Bernstein agora são minhas grandes amigas, mas aquela era a primeira vez que eu as encontrava, é claro que minha síndrome do impostor atacou em cheio. Lembro-me de estar me arrumando para esse encontro, e a voz do medo alarmando mentiras sem parar na minha cabeça.

E se eu não tiver nada de valioso para oferecer a elas?

Nunca publiquei um livro, o que sei sobre isso?

Talvez elas só me convidaram porque precisavam preencher um lugar vazio.

Eu sabia que meu medo era só pela oportunidade de crescimento excepcional, mas não era fácil retomar o controle da situação. Eu precisava da ferramenta mais expressiva que tinha, então quando terminei de me arrumar, li em voz alta minha Lista Poderosa pendurada no espelho. Uma paz enorme me encheu dos pés à cabeça enquanto eu respirava fundo e me olhava no espelho. Minha postura estava melhor, os ombros para trás e um sorriso começando a se abrir. Minha jaqueta de couro, a regata branca e a calça jeans que eu vestia pareceram cair muito melhor em mim naquele momento do que há quinze minutos. Eu estava pronta, merecia aquilo, e apesar de não estar plenamente confiante, eu acreditava um pouco mais em mim mesma! Maravilhosa!

Só para você saber, o encontro com elas foi ótimo. Meus medos desapareceram logo que senti o carinho e a receptividade delas, e consegui dar e receber valores sem igual. E ainda por cima fiz amizade com essas mulheres maravilhosas e inspiradoras que admiro tanto. No fim do dia, uma delas me mandou uma mensagem dizendo que também sofria tremendamente da síndrome do impostor! Fiquei chocada — eu me sentia intimidada por achá-la tão equilibrada. Saber que ela também se sentiu insegura antes do nosso encontro foi mais um lembrete para nunca subestimar o poder do medo. O medo atinge qualquer um, não importa o quão bem-sucedido você seja. Pessoas são pessoas. (E vou dizer de novo: todo mundo é igual.)

Tivemos a oportunidade de entrevistar meu amigo Jonathan Fields, que coordena o podcast de grande audiência *The Good Life Project*, para um de nossos eventos do Super Connector Mastermind, e uma das perguntas dos participantes foi sobre o que ele achava que tornou o podcast um sucesso. A resposta de Jonathan não foi a mais atraente ou o que eles queriam ouvir, mas foi simplesmente a verdade. Ele os lembrou que o podcast existia já há alguns anos e que ninguém o conhecia no começo, ninguém conhecia o podcast. Mesmo assim, ele continuou trabalhando, apesar de parecer inútil sem ter realmente uma base de ouvintes. Depois de anos postando com frequência, seus esforços foram finalmente recompensados. Quem está começando agora, pode olhar de fora e pensar: *Meu podcast nunca vai chegar a esse nível.* Eles só esquecem que quando Jonathan começou, as coisas não eram assim, que também já esteve no mesmo lugar dessas pessoas.

Todo mundo é igual e todos começam com apenas uma ideia e um pouco de determinação. Algumas pessoas com ideias têm um pouco mais de recursos do que outras para tornar seus projetos realidade, mas todos nós compartilhamos do mesmo processo (às vezes muito longo!) de chegar do ponto A ao ponto B. É muito fácil comparar o capítulo um com o capítulo vinte de outra pessoa, mas e se não fizéssemos essa comparação? Imagine se nos aceitássemos como somos e nos enxergássemos não como falhos, mas como pessoas amadas que continuam crescendo e alcançando coisas incríveis em sua jornada.

Entende o que quero dizer, né?

Depois de ensinar sobre essa ferramenta, conheço pessoas que plastificou sua Lista Poderosa, guardando-a em suas carteiras ou bolsas. A lista é como um legado para elas, uma pequena recordação de suas vidas e grandes acontecimentos que podem mostrar aos filhos e netos. É um documento que está sempre sendo atualizado, e é uma ótima forma de celebrar a si mesmo quando usado com frequência. Falamos um pouco sobre a celebração como um dos seis Cs no trabalho da Escala da Confiança, por isso vou repetir aqui: comemorar suas conquistas, seja com a Lista Poderosa, ou de outro jeito, é muito importante, pois é isso que o impulsionará para suas futuras vitórias, quando alcançar sua visão da sua marca, vida e negócio.

MOMENTOS DE GRANDE IMPACTO

- A Lista Poderosa é uma ferramenta essencial para combater a síndrome do impostor e mandar o nervosismo embora.
- Autodistanciamento (criar um espaço entre você e suas ações) é o motivo de a Lista Poderosa ser tão eficiente. Separar-se da situação significa separar a si mesmo das emoções inoportunas ligadas a ela, permitindo que você enxergue suas ações de um ponto de vista amplo.
- Todas as pessoas inteligentes e bem-sucedidas que você conhece sofrem da síndrome do impostor, não importa o quanto pareçam equilibradas.

UMA VITÓRIA RÁPIDA

- Faça sua Lista Poderosa!

ANOTE EM UM POST-IT

- Todo mundo é igual.

PARTE 2

SEJA CRIATIVO

CAPÍTULO 5

ENXERGANDO O SEU EU FUTURO

Se você não sabe para onde está indo, qualquer caminho serve.

Ponto final.

Para brilhar e ser notado, você precisa ter clareza sobre seu *eu* futuro, *enquanto* vive com plena realização. Muitos de nós passamos muito tempo construindo um futuro que nunca desejou simplesmente porque alguém disse que deveríamos fazer isso. Se você vive em função da verdade de outra pessoa e não da sua, como quer ter confiança para ser visto? (Spoiler: *não* é possível!) Teremos sempre aquela vozinha sussurrando algo como: "Isso não está certo...".

A boa notícia é que ainda dá tempo de reescrever a história e descobrir como o futuro pode ser para *você* — não para seus pais, seu chefe, seus irmãos ou para as Kardashians. Você precisa dar atenção somente a *si mesmo* e ao que deseja para o seu futuro. Agora que já foi reapresentado ao seu Verdadeiro Eu e tem as ferramentas para estar no ritmo, superar a síndrome do impostor e jogar o medo para o escanteio, pode começar a criar uma visão alinhada com quem você nasceu para ser, não de quem as pessoas querem que você seja.

Com isso, seja bem-vindo à Parte 2: Seja Criativo. Fique à vontade, tire os sapatos, sente-se e relaxe. Esta é minha parte favorita do livro, pois você será visto por sua versão mais realizada, empoderada e bem-sucedida — a versão que gosto de chamar de "Você 2.0". Para se tornar a versão Você 2.0, sua versão verdadeira precisa encontrar o propósito e viver com determinação inabalável, entusiasmo, confiança e tranquilidade. É o seu Verdadeiro Eu melhorado, e o melhor de tudo é que não precisará criar o Você 2.0 do zero, ele já está, e sempre esteve, aí dentro de você — olhe novamente sua Lista Poderosa se não acredita em mim. A sua função agora é se permitir construir um futuro para você e sua marca em que o Você 2.0 é a estrela da vez. É hora de tomar a frente e assumir o protagonismo!

Que o foco deste livro é sobre ser visto, você já sabe. Agora falaremos mais sobre ser visto pela versão com o entusiasmo nas alturas, superconfiante e no ritmo, para dividir com o mundo os dons naturais que você tem. Ao criarmos um futuro alinhado com o seu eu mais realizado, com certeza você não ficará mais nas sombras. Vou compartilhar as estratégias mais poderosas do meu arsenal para você traçar um futuro tão brilhante que vai ser impossível o mundo (e claro, seus clientes ideais, sua audiência e seguidores) ignorar!

Essas técnicas me ajudaram a deixar os dias difíceis como atriz para trás e me tornar uma empreendedora confiante, que construiu um negócio de sete dígitos que me dá muito mais satisfação do que ver meu nome brilhar na Broadway (e olhe que nunca me imaginei dizendo isso!). Durante esta parte do livro, você aprenderá como encontrar e seguir os sinais que o levarão até o seu potencial máximo. Você aprenderá a rasgar o véu do tempo e vislumbrar o futuro, tornando-se o diretor da peça, e não apenas um mero espectador.

E tudo começa com um amiguinho que sempre esteve com você: seu subconsciente.

Sigmund Freud descreveu a mente como um iceberg.[1] A sua mente consciente é a parte visível do iceberg, mas a maior parte que está sob a superfície é a sua mente inconsciente (termo usado por Freud e que eu chamo de subconsciente). Sua mente consciente, que está visível, é a parte do seu cérebro que te faz pensar e falar; é conduzida pela lógica e seus cinco sentidos. Toque no seu nariz agora. Essa foi uma ação consciente.

A mente subconsciente é outra conversa. É onde acontece todo o trabalho de bastidores — onde guardamos nossos sentimentos, pensamentos, necessidades e sonhos que levam à mente consciente processos mentais que não estamos cientes. O subconsciente é controlado pelas emoções e pelos instintos, e mesmo estando bem escondido, controla tudo que fazemos nos bastidores. Já teve algum daqueles dias bem cansativos em que está voltando dirigindo para casa e, de repente, está na garagem sem nem lembrar de como chegou até ali? Foi seu subconsciente em ação. Não é porque ele está como coadjuvante que não podemos programá-lo para nos levar exatamente para onde queremos!

A mente subconsciente não consegue diferir uma memória real de uma inventada, então quanto mais você conseguir imaginar o que deseja e sentir isso em seu corpo, mais o subconsciente acreditará que já viveu aquela situação. Doido isso, não é? Fazer isso — reprogramar nossa mente subconsciente — é a chave para abrir tudo o que você aprenderá na Parte 2. Você conseguirá ter a base da construção do seu próprio poder, e foi o que me ajudou a conquistar alguns dos meus sonhos mais inimagináveis. Não acredita? Continue lendo.

ASSISTINDO À LINDA

"Vou interpretar esse papel um dia", falei alto para meu amigo Pat, para sobressair a multidão barulhenta. Uma lágrima solitária, tipo cena de *Jerry Maguire* em que ele fala "você me pegou no 'oi'", rolou pelo meu rosto. Eu estava arrepiada com os últimos acordes da orquestra. Pat revirou os olhos ao me ver aplaudir a apresentação como se minha vida dependesse de quantas vezes eu conseguisse fazer isso — claramente ele não tinha percebido a "revelação de Deus" como eu. Mas não me importava. Eu soube, naquele momento, no teatro da Broadway, que estava olhando para o meu futuro.

Eu larguei a faculdade aos 20 anos, pedi demissão do meu trabalho como garçonete no Hooters, e mudei para Nova York para estudar no conservatório de artes de Nova York (AMDA). Quando comecei a me imaginar morando em Nova York, parecia mais glamuroso do que realmente aconteceu quando saí do táxi. Meu novo lar era um daqueles apartamentos bem apertados, em um prédio que parece ter sido construído antes da época da guerra, a pia do banheiro ficava a menos de meio metro do beliche em que eu dormia. Eu dividia essa "cela" sem janelas nem armários com uma colega de quarto, e o chuveiro era compartilhado com todos do quinto andar. Eu estava tão animada por estar em Nova York que nem me importava que minhas roupas estavam enfiadas em uma caixa de plástico embaixo da cama, e que minha toalha de banho ficava pendurada na escadinha que minha colega usava para subir na cama dela todas as noites. Eu estava onde sempre sonhei, fazendo o que eu amava todos os dias: cantar, dançar e atuar com professores maravilhosos e colegas de classe mais do que talentosos que vinham de várias partes do mundo.

Os teatros da Broadway dão ótimos descontos para estudantes se você chegar bem cedo na bilheteria. Eles chamam de "rolê estudante", e meu amigo Pat conseguiu pegar para a gente os ingressos para uma peça nova, *The Wedding Singer*, baseada no filme icônico estrelado por Adam Sandler e Drew Barrymore (*Afinado no Amor*).

Sentamos ao fundo do teatro, onde os lanterninhas ficavam durante a apresentação, e esperamos ansiosos pelo prelúdio. Ainda me emociono quando me lembro do primeiro riff de guitarra no número de abertura. Foi uma energia que eu nunca tinha sentido na vida: uma aura mágica tomou o ambiente, e parecia me levantar no ar. A personagem Linda (interpretada pela atriz Felicia Finley) entrou no palco depois de quinze minutos, desfilando com um vestido de noiva estilo *Like a Virgin* dos anos 1980 e luvas sem dedos, cintos com tachinhas em várias camadas e botas de stripper altíssimas. Ela cantou uma música hilária que era a carta que escreveu terminando com o noivo, explicando porque ela *não* aparecia para se casar naquele dia.

Para meu querido Robbie,
Acho que precisamos de um tempinho,
Por favor, perdoe o atraso,
Três pontinhos, um sorrisinho.

Não conseguia parar de rir, quando ela terminou de cantar e desapareceu na escuridão, na névoa onírica que tomou conta do palco, a risada se transformou em lágrimas. De repente, eu não estava mais vendo Felicia, estava vendo a *mim mesma* vestindo aquele figurino, cantando, e fazendo a plateia gargalhar. Eu sentia os holofotes na minha direção, os cintos em volta da minha cintura. Podia sentir as notas e a letra da música em minha boca. Eu *tinha* que interpretar aquele papel na Broadway.

Sejamos francos, havia alguns obstáculos no caminho para esse objetivo grandioso, cabeludo e audacioso de desfilar pelo palco da Broadway usando as botas de Felicia Finley. Primeiro que eu era apenas uma estudante com nenhum contato e sem experiência. Nunca tinha feito uma audição em Nova York, quem dirá para a Broadway. Acreditar que eu poderia realizar meu sonho era praticamente o exagero do século. Mas aquele momento mágico, na área popular do Teatro Al Hirschfeld, me deu a confiança necessária para dar o primeiro passo.

O PROCESSO DE CRIAÇÃO

Alguns meses antes de me mudar para Nova York, encontrei o livro da Rhonda Byrne, *O Segredo*, que por sinal era — e ainda é — um fenômeno de vendas sobre como você pode criar qualquer coisa que desejar com base em seus pensamentos e sua energia. Naquela época, eu era bem cética sobre qualquer coisa considerada "esotérica", até que um tempo depois de assistir a *The Wedding Singer* na Broadway, vi Oprah comentando como ela usou a "lei da atração" para manifestar seu papel dos sonhos no filme *A Cor Púrpura* (1985). Fiquei tão fascinada que não consegui desviar o olhar da tela. Ao ouvir a musa Winfrey contar a história incrível de como ela realizou seu sonho com a força dos pensamentos, da energia e da intenção, meu detector de besteiras baixou alguns níveis.

Logo pensei: *Se funcionou para a Oprah, pode funcionar para mim também.*

Desliguei a TV e decidi tentar. Eu aprenderia tudo sobre a lei da atração para conquistar o meu papel dos sonhos, assim como Oprah. Eu *atrairia* para mim o papel de Linda em *The Wedding Singer.*

Antes de eu continuar, um spoiler: funcionou. Eu realmente realizei o meu sonho, com direito a máquinas de fumaça e um microfone todo enfeitado. Sinto muito se você não previu isso. Eu literalmente passei de sonhar acordada à realização do meu sonho, e foi ótimo, claro, mas o objetivo dessa história é ensinar a você *como* tornei minha visão realidade para que você possa fazer o mesmo em *sua* vida.

Quando relembro sobre o caminho que percorri até Linda e o processo que tornou o que eu visualizava mentalmente em realidade, percebi que precisou de bem mais do que apenas colar algumas fotos em um quadro de desejos e pensar e mim interpretando o papel. Resumi esse processo em cinco passos que são fáceis de repetir e ótimos para vocês que adoram sistemas muito bem planejados. Eu o chamo de Processo de Criação, e os passos são:

1. VEJA
2. ACREDITE
3. FAÇA
4. RECEBA
5. REPITA

1. Veja

O pontapé inicial do meu sonho de "estar na Broadway" foi a visualização. Todas as noites, antes de dormir, eu fechava meus olhos, deitava no meu beliche minúsculo e me imaginava cantando *A Note From Linda*, aquela música engraçadíssima que me deu arrepios quando assisti. No filme que criei em minha mente, eu podia sentir o corpete de renda roçando no meu corpo e a fivela das botas apertando as minhas pernas. Ao mergulhar nessa realidade que criei para mim, o calor das luzes esquentavam minha pele, e eu podia ouvir a plateia rindo e aplaudindo enquanto eu cantava. Todas as noites (para o desgosto de minha colega de quarto), eu cantava sozinha até dormir, e quanto mais eu via a experiência em minha mente, mais acreditava que era possível realizar. A cada noite que eu fazia isso, a visão ficava cada vez mais detalhada, o que me fez amar essa apresentação cada vez mais.

Eu não havia notado, na época, mas estava implantando uma memória de experiência em minha mente subconsciente. O Dr. Joe Dispenza explica em seu livro, *Como se tornar sobrenatural*, como o passado familiar se torna o futuro previsível. Nós entramos em uma série de rotinas e padrões que foram gravados pelo hábito e pela memória, desde o instante em que abrimos nossos olhos logo de manhã. Nosso cérebro nos diz que fazendo as coisas desse jeito encontramos emoções esperadas, em vez do eventual caos e as consequências negativas do desconhecido. Fique tranquilo, pois não vou transformar isto em um manual de psicologia básica. Só quero lembrá-lo de como é fácil e seguro ficar na zona de conforto e deixar nosso subconsciente tomar as rédeas.

Tem um porém: lembra quando falei que nossa mente subconsciente não consegue discernir entre uma memória real e uma inventada? Caso não tenha acreditado ainda, espero que acredite agora! Nosso subconsciente é motivado pelas memórias e rotinas projetadas, então, praticando a visualização dos nossos objetivos, estaremos implantando uma falsa memória em nosso cérebro, como se estivéssemos dentro do filme *A Origem*. É bem mais fácil do que você pensa.

Vemos isso o tempo todo em depoimentos de testemunhas oculares.[2] Apesar de frequentemente serem vistos como a fonte mais confiável, quando alguém presencia um crime, está sujeito a falhas de memória por diversos fatores — estresse, emoções, suas próprias crenças, tendências e experiências —, que podem bagunçar a percepção da situação que *acabou* de viver. Digamos que a Pessoa A e a Pessoa B presenciaram o mesmo assalto a uma loja de conveniência, e a Pessoa A diz à polícia que o assaltante estava usando uma camisa vermelha, automaticamente a Pessoa B enxerga a camisa vermelha em sua memória, mesmo que nem tenha notado esse detalhe. Quando fixam essa informação como verdade, com a certeza de que viram o homem com a camisa vermelha, o assaltante está perambulando pela rua, usando uma camisa verde.

Isso acontece porque nossa memória não é uma videocâmara, ela é muito mais abstrata. Ela cria histórias baseadas em nossas experiências e segue a linha de raciocínio até chegar a uma conclusão, na maioria das vezes levando em consideração pequenos sinais que recebemos das pessoas ao nosso redor, ou da crença de outra testemunha. (Percebeu o poder da confiança em ação?) Nossas lembranças podem ser assustadoramente precisas ou *im*precisas, mas em geral ficam no meio-termo. Apesar de ser um grande azar para alguém vestindo uma camisa vermelha perto de uma loja que acabou de ser roubada, é uma ótima notícia para nós.

Nosso trabalho — e isso é muito, muito importante — é sermos capazes de ver nossos sonhos tão vívidos que nosso subconsciente acredite que já é nossa realidade. O segredo é apontar setas de neon piscando para o futuro que queremos, pois elas serão as luzes que nos guiarão para *esse* futuro em vez daquele que sempre nos faz pensar "e se".

Agora é a sua vez!

Pense sobre um momento no futuro em que o Você 2.0 (a versão que você quer que seja vista pelo mundo!) está totalmente no ritmo e vivendo todo o seu potencial. O que você vê em sua mente?

O que está vestindo?

Como é o ambiente ao seu redor?

Quais emoções está sentindo?

Tem alguém com você? Quem?

Dica extra: quanto mais detalhado, melhor!

2. Acredite

Consegui dar o próximo passo por enxergar minha visão com clareza todas as noites. Você pode imaginar e pensar o que quiser, até o galo criar dentes, mas se não mudar suas crenças sobre o que é capaz de alcançar, seu desejo vai continuar a ser apenas isso: um sonho. Em seu livro *Quem pensa enriquece*, Napoleon Hill escreveu lindamente: "O que a mente pode criar e acreditar, pode conseguir."

Foi exatamente isso que aconteceu comigo, mas com um detalhe diferente. Nossas crenças determinam nossas ações, e como já falamos, quando nos concentramos na Escala da Confiança, nossas ações criam nossa realidade. Eu não acreditava plenamente que meu sonho de atuar na Broadway um dia seria realidade, mas quanto mais eu visualizava, mais palpável se tornava.

Quando fazemos nossa mente subconsciente acreditar que as coisas que queremos estão acontecendo realmente, estamos conduzindo o navio para nosso lindo paraíso tropical. Ao internalizar a realização de todos os desejos, o subconsciente remove entraves internas, permitindo que o mundo exterior se alinhe com nossos desejos.

Conseguimos isso ao forçar nosso cérebro a reconhecer diferentes padrões. Vá até a rua e diga a si mesmo: "Vou comer um pedaço de chocolate sempre que passar um carro prata." Quer apostar quanto que verá mais carros pratas do que jamais notou? (Delícia!)

Não há nenhuma conspiração com carros pratas entre seus vizinhos. O mundo ao redor continua o mesmo. É a sua percepção que muda. Isso é o Fenômeno Baader-Meinhof, ou ilusão de frequência.[3] Esse fenômeno apresenta a tendência cognitiva que surge quando você toma conhecimento de algo por mais vezes, levando-o a acreditar que essa situação está se repetindo muito mais, mesmo que não seja verdade.

Sabe quando você ouve uma música pela primeira vez na rádio, e de repente todo mundo a está usando no TikTok, ou quando uma amiga escolhe um nome lindo e diferente para seu recém-nascido, e meses depois parece que *todo mundo* escolheu esse mesmo nome para o filho? Com certeza sua amiga não lançou uma nova tendência — você que nunca percebeu o nome antes de ela falar, criando uma ligação cognitiva entre você e ele.

Precisamos criar essa mesma ligação cognitiva com o que queremos manifestar. O Fenômeno Baader-Meinhof funciona, pois nosso cérebro é carregado de informações sensoriais todos os dias. Não conseguimos absorver e reter todas elas, então o cérebro faz um filtro, descartando os detalhes que acha desnecessários e mantendo o que o subconsciente pede. Reprogramar nosso subconsciente nos permite dizer: *Não, isso é importante para mim. Guarde essa informação e aja quando a hora chegar.* Então, quando começamos a ver vários carros pratas — ou setas de neon sinalizando oportunidades —, treinamos nosso cérebro para percebê-los e segui-los com mais certeza e menos medo. É assim que você transforma uma crença limitante em combustível para seguir adiante!

Você deve estar pensando: "Jen, mas e se eu não acredito que consigo?". Vou repetir: você só precisa acreditar 51% para dar o primeiro passo, essa é a sua motivação, o que leva a mais crença.

Deixo minhas afirmações mais poderosas conectando-as a uma cena mental que me faz vibrar com a sensação de ter conquistado. No meu caso, eu me vi ligando para minha mãe e contando a ela que tinha conseguido o papel de Linda em *The Wedding Singer*. Sempre que eu passava essa experiência e comemorava com minha mãe, em minha mente, os sentimentos de gratidão e alegria floresciam, passando na frente de muitas crenças limitantes que o medo me ajudou a criar ao longo dos anos. Sem brincadeira, foi incrível poder vivenciar aquele exato momento na realidade! Um belo déjà-vu!

Agora é a sua vez!

Crie uma afirmação para fortalecer sua nova crença. Para torná-la mais poderosa, imagine-se comemorando a realização do que você imaginou no passo um.

3. Faça

Você pode visualizar e ser "agradecidinho" (como minha avó chama a prática de gratidão dela) durante o dia todo, mas no fim do dia, essas são apenas ferramentas para impulsioná-lo na realização dos seus sonhos. O passo três do Processo de Criação é um dos mais importantes, em que você realmente tem que tomar uma atitude — ou seja, "faça o que tem que fazer!".

Muitas pessoas têm grandes sonhos que nunca se concretizam, pois elas não tomam uma atitude em direção a ele. Eu não teria como escrever como consegui o papel dos meus sonhos na Broadway se não tivesse corrido atrás dele (e muitas vezes com um medo danado). Acredite em mim, mesmo eu o encorajando a sonhar alto, nada disso importa se não arregaçar as mangas e *colocar* a mão na massa!

Parece que foi ontem que meu sonho começou a se tornar realidade. Eu estava em uma banca de jornal, na esquina da West 81st com a Broadway, comprando a *Backstage*, uma revista importante que lista todas as audições que estão acontecendo em Nova York na semana. Quando abri a revista e vi aquelas palavras, meu estômago revirou:

AUDIÇÃO PARA THE WEDDING SINGER
TURNÊ NACIONAL DA BROADWAY

Essa era a minha chance! Eu ainda não tinha feito nenhuma audição em Nova York, mas por ter ensaiado esse momento em minha mente um trilhão de vezes, estava tranquila. Meu inconsciente *e* consciente estavam prontos.

No dia do teste, cheguei à agência completamente vestida de "Linda", meia arrastão, uma minissaia de couro e uma regata branca amarrada com um nó na altura do umbigo. Assinei meu nome na posição 532, na lista pendurada na porta, e sentei para aguardar, no estúdio de dança cheio de outras garotas vestidas como eu.

A espera naquela sala abarrotada de atrizes pareceu durar horas, porém, quando eu entrei, estava cheia de energia e disposição. Estava tão animada para mostrar toda minha preparação para aquele papel, e foi exatamente o que fiz. Depois houve outras rodadas de canto, dança e atuação. As horas passaram e o grupo de garotas ao meu redor diminuiu, sobrando apenas eu e uma loira alta e bonita, chamada Nika. Com voz e gingado impecáveis, ela demonstrava toda sua experiência e talento, confirmando a qualidade indiscutível de seu currículo. Ótima hora para comparação desenfreada — mas aí minha ficha caiu, nem me comparar com Nika me abalou. Todas as noites que passei visualizando e acreditando para chegar a esse momento me ajudou a substituir o nervosismo em entusiasmo e confiança. Minha mente subconsciente estava preparada e mandou muito bem, por isso sabia que quando meu consciente tomasse as rédeas, seria um arraso. Reprogramar sua mente inconsciente funciona assim. As coisas não chegam a você com um passe de mágica, mas torna o momento da ação muito mais fácil e menos assustador!

Agora é a sua vez!

Quais os três passos que você pode tomar para tornar sua visão realidade? Não precisa ser nada grandioso, você pode escrever uma página do livro que vem pensando há tempos ou marcar a data daquele evento que sempre quis apresentar. Lembre-se: basta um pequeno passo para impulsionar seu progresso.

3.5 Faça de Novo (e de novo, e de novo...)

Adicionei esse passo 3.5, pois na maioria das vezes o que você quer não vem logo de primeira (nem de segunda ou terceira). A jornada para concretizar seus sonhos costuma ser tortuosa, com paradas inesperadas, desvios e obstáculos. Passar pelo Processo de Criação é quase como criar confiança, é preciso agir constantemente, mesmo quando parece que está seguindo para um beco sem saída.

Minha história não seria interessante se eu tivesse conseguido o papel logo de cara, não é? Algumas semanas depois, descobri que a Nika tinha conseguido o papel.

Não fiquei tão abalada quanto teria ficado alguns anos antes. No instante em que soube que não tinha conseguido o papel, meu subconsciente muito bem treinado me direcionou com um pensamento simples que tem me sustentado em meio às dores:

Não é um "não", é apenas um "ainda não".

Ainda abordaremos com mais detalhes sobre como ficar confortável com a rejeição, por enquanto, entenda que apesar de não ser fácil, *é* importante. Sabe por quê? Porque você vai ouvir muitos nãos pela frente.

A frustração não tomou conta porque aquelas luzes neon legais apareceram de novo, e dessa vez elas apontavam para a uma audição do espetáculo *Footloose* (aquele mesmo do Kevin Bacon, mas um musical!). Quando vi a lista do elenco, notei que o diretor também comandaria a segunda turnê nacional de *The Wedding Singer.* Você acha que eu deixaria isso passar batido? Fiz o que qualquer garota em busca de seus sonhos faria — é claro que me enfiei na audição de *Footloose* vestida de Linda e cantei a música de *The Wedding Singer* para o diretor!

Se você não entendeu o meu sarcasmo por não estar por dentro da indústria do entretenimento, entenda que esse foi um risco *enorme*. Participar de uma audição na Broadway sem autorização pode te tirar completamente da indústria, se você não tomar cuidado. Mas algo me dizia que eu devia dar um passo considerável se quisesse tornar meu sonho realidade.

Quando entrei na área da audição, foquei meu olhar em uma pequena rachadura na parede atrás da mesa dos jurados. Eu achava que se não os encarasse, o "crime" não pareceria tão ruim. Entrei de corpo e alma na minha apresentação e *arrasei*, contudo, antes de eu finalizar a música, estava claro para todos que eu de fato não estava ali para o elenco de *Footloose*. Depois, na sala de espera, a ficha do que eu tinha acabado de fazer caiu.

Com o coração acelerado, só conseguia pensar, *Ah, Deus, será que acabei de arruinar minha carreira?*

Vários minutos depois da minha apresentação que poderia ter resultado no meu cancelamento, o diretor apareceu apontando para mim: "Você. Venha aqui."

Era a hora. O momento da verdade. Eu tinha estragado tudo, e ele me falaria para nunca mais aparecer nas audições deles.

"Pegue meu cartão", ele disse, entregando-o a mim. "Não estou escolhendo o elenco de *The Wedding Singer* agora, mas, quando precisar, vou ligar para você."

Minha nossa.

Eu tinha o bilhete premiado, e fiz questão de que ninguém esquecesse disso, principalmente o diretor. Entrei em contato com ele todas as semanas durante seis meses, nós dois sabíamos o motivo dos meus e-mails e eu não tinha muito o que escrever, então recorri a conversas triviais. Mandei a ele fotos do meu cachorro, Dexter, e atualizações da minha vida. Ele nunca me respondeu, mas fiz questão de que ele se lembrasse de mim, até que um dia, ele me chamou para uma audição para o papel de Linda.

Após mais uma rodada exaustiva de testes, finalmente recebi um e-mail com o assunto: "Oferta para a Turnê Nacional de *The Wedding Singer*."

Senti meu estômago revirar e dar cambalhotas quando cliquei para ler o e-mail:

> *Parabéns, Jen,*
> *Estamos felizes em oferecer a você um papel na turnê nacional da Broadway de* The Wedding Singer...

Meu coração quase parou, mas o e-mail continuava, então não comemorei:

> *... como membro de nosso elenco/substituta de Linda.*

Quase consegui.

Eu. Quase. Consegui.

Eu estava muito feliz, mas sabia que ainda tinha algumas ações a tomar para alcançar aquele momento que vinha visualizando há um ano. Fiz minhas malas e viajei para Fort Myers, na Flórida, para iniciar os ensaios da minha primeira turnê nacional da Broadway. Eu também interpretava outros personagens na peça, além de ser substituta no papel de Linda, e um deles tinha um figurino com enchimento e fazia a dança do clipe de "Thriller" do Michael Jackson. Durante meses fiquei na coxia vendo outra garota interpretar o papel dos meus sonhos enquanto eu suava litros vestindo roupas de plástico. Era um pequeno contratempo, nada que me impedisse de seguir em frente.

Quais três obstáculos você pode encontrar no caminho para o sucesso? Como vai ultrapassá-los?

4. Receba

Eu esperava meu momento, enquanto observava da coxia aquela garota interpretar Linda. Acho que ela me detestava, porque sabia que eu ficava ali, com meu figurino, estudando cada movimento dela, parecendo uma maníaca, esperando minha chance. Eu sabia que quando conseguisse subir naquele palco, eu arrasaria, por isso ensaiava todos os dias.

Depois de meses de ensaios e preparações, na Flórida e na Pensilvânia, saímos em turnê pelo país. Um pouco antes de isso acontecer, o diretor, Seth, ao qual mandei vários e-mails e me viu ensaiando sem parar, quis falar comigo.

"Quero que você interprete Linda quando sairmos em turnê", disse ele.

Dizem que sorte é quando a preparação encontra a oportunidade. Bem, eu nunca estive mais preparada em toda a minha vida, e bem ali, minha oportunidade finalmente tinha chegado. Na minha noite de estreia, eu estava usando o figurino com que tinha sonhado, cantando exatamente as mesmas músicas que cantei para mim mesma todas as noites antes de dormir. Parecia um déjà-vu. As mesmas cenas, os mesmos sons, sentia os mesmos sentimentos de quando visualizei este momento pela primeira vez deitada no meu quartinho minúsculo.

Foi. Mágico. Demais.

Quando saí do palco, eu estava flutuando. Eu me senti tão orgulhosa e poderosa, pois tinha descoberto uma das coisas mais importantes da minha vida: eu posso criar qualquer coisa que quiser. Tudo que preciso fazer é ver, acreditar, agir com perseverança e *receber* o que quero. Pelo amor de Deus, quando o universo der o que você deseja, saboreie cada momento. Aproveite ao máximo, pois quanto mais grato for, mais receberá. Saber que vivi de verdade o que tanto sonhei me traz uma alegria imensa, é uma memória que revisito com frequência quando preciso entrar no ritmo para ser VISTA. Receber sua criação com gratidão e orgulho vai ajudá-lo, e muito, ao longo do seu caminho.

Sua vez!

Pratique o receber! Comemore três coisas que você criou no passado parabenizando a si mesmo. Compre (ou faça) um cartão especial, ou compre um presente para si mesmo e celebre este momento. Ao ler o cartão ou abrir o presente, sinta-se de verdade orgulhoso de si mesmo e agradecido.

5. Repita

O Processo de Criação funciona. Ele nos permite alcançar o futuro que enxergamos para nós mesmos para que sejamos vistos no ápice de nosso brilho por sermos nós mesmos. Contudo, é fácil perder de vista o quão poderoso é esse processo. Você vai esquecer que tem o poder de transformar seus pensamentos em realidade, pode até inconscientemente paralisar quando as coisas começarem a ficar muito boas. Eu com certeza deixei isso acontecer. Lembra daquela crise que tive no banheiro do camarim do *That Metal Show*? Foi muito tempo depois de eu ter atuado em *The Wedding Singer*, por ter esquecido esse passo importantíssimo. Ainda falaremos mais sobre autossabotagem, por enquanto ficaremos com o passo cinco, que é: repetir. A prática leva à perfeição.

Seus objetivos podem mudar, você pode precisar ajustar sua visão do futuro de vez em quando. Usando o Processo de Criação com constância, pode criar a visão que tem para si mesmo, e se não acontecer exatamente como visualizou, em algum momento vai chegar muito melhor do que jamais imaginou.

Sua vez!

Pense em um momento em que você relaxou após alcançar os resultados desejados. O que aconteceu depois?

Agora, imagine se tivesse mantido o ritmo, aprimorando-se cada vez mais? Qual conquista recente sua precisa de uma renovada de energia para alcançar muito mais?

ESCOLHA VOCÊ (2.0)

Quando decidi que interpretaria Linda — e comecei a acreditar que já estava *fazendo* isso —, as oportunidades apareceram. A primeira audição. A segunda (arriscadíssima) audição. O diretor me entregando o cartão dele. Fazer parte do elenco. De tanto visualizar as cenas e vivenciar as emoções como se fossem verdadeiras, meu subconsciente se convenceu de que aquilo era real. Como já fazia parte da minha vida, consegui enxergar com clareza as oportunidades — mesmo quando elas pareciam estar escondidas.

Claro que a sorte bateu na minha porta algumas vezes, mas não porque o mundo se adaptou aos meus objetivos. E sim porque eu *fiz* o meu caminho. Eu tomei as atitudes que precisava e transformei todos os nãos em sim. Mudei minha perspectiva sobre o que o mundo me apresentava, e continuei seguindo mesmo quando minha crença em mim mesma estava abaixo dos 51%.

Sei que minha situação foi muito privilegiada, pela região onde morava, como fui criada e pela cor da minha pele. Não estou dizendo que privilégios não existem, ou que as minhas experiências te eximem de encontrar obstáculos, que eu nunca encontrei, no seu Processo de Criação. Entretanto, o melhor presente que recebemos como seres humanos é a opção de escolha. Podemos escolher o que queremos criar e quais ações tomar para alcançar isso. Independentemente de onde você está começando, pode enxergar o seu Eu 2.0, e começar a ser essa pessoa agora mesmo.

Seus desejos têm uma razão de existirem, e quando procurar aqueles letreiros neon apontando para a direção certa, eles podem não levá-lo para onde imagina. O que você cria pode mudar, e tudo bem! Eu não estaria aqui escrevendo este livro se meu sonho de ser uma estrela da Broadway fosse meu objetivo final. (Com certeza estaria escrevendo um livro diferente, não este!) Meus letreiros de neon me levaram à Linda, e *continuaram* me indicando outros caminhos, para o *That Metal Show*, o JLG Fitness, o Super Connector Media, até chegar aqui, neste momento, com você. Quando você concentra sua visão, seu coração e suas ações no Você 2.0, os caminhos sempre o levarão para onde deve ir.

MOMENTOS DE GRANDE IMPACTO

- Se não sabe para onde está indo, não tem como chegar lá.
- Você consegue enxergar o seu futuro e determinar seus objetivos mais autênticos quando está alinhado com o seu Verdadeiro Eu — não os objetivos que você acha que "deveria" alcançar ou que outras pessoas querem para você.
- Suas ações diárias são controladas por sua mente inconsciente, mas ela não consegue diferenciar uma memória real de uma falsa. Logo, você pode implantar seus objetivos em sua mente, para que ela pense que já é uma realidade.

UMA VITÓRIA RÁPIDA

- Descubra o seu Eu 2.0. Ative o cronômetro para quinze minutos e descreva quem encontraria se fosse apresentado à versão mais bem realizada, bem-sucedida, confiante, no ritmo e alinhada de si mesmo. Quando se imagina em seu apogeu, o que você vê?

ANOTE EM UM POST-IT

- Se o que você quer não acontecer exatamente como imaginou, em algum momento chegará algo muito melhor do que jamais imaginou.

CAPÍTULO 6

COMO VIAJAR NO TEMPO

Você já assistiu a algum filme em que achava que a vida do personagem estava às mil maravilhas, mas ainda faltava uma hora para acabar? Aí, do nada — PLOT TWIST — ele se deu muito mal.

A história ainda não havia terminado. A gente se distrai com histórias boas e significativas, pois elas não passam de um ciclo infinito de tentativa e erro, tentativa e erro, tentativa e acerto (!) e tentativa e erro de novo. Você não acha que este livro seria chato demais se as coisas tivessem acontecido muito fácil para mim? Por isso que o Passo 3.5 do Processo de Criação — faça de novo, e de novo, e de novo... — nos traz um crescimento pessoal mais profundo.

Quero dizer que minha história não acabou quando consegui o papel em *The Wedding Singer*. Eu descobri como tornar esse sonho em realidade, mas eu nem sempre seguia meus próprios conselhos. É como ter o mapa do sucesso nas mãos, e mesmo assim, perder-se no caminho. Neste capítulo, vou mostrar como todas as complicações que aparecem em nossa vida podem tanto nos derrubar como trazer ótimas mudanças, e como — se você escolher a segunda opção, claro — esses "momentos para transformação" podem deixar a sua versão 2.0 mais próxima do sucesso.

Depois que a turnê de *The Wedding Singer* terminou, voltei para minha vida em Nova York, com Rob e seus fundos de investimento, e fui escolhida como a Garota da Caixa de Bugigangas do *That Metal Show*. Já sabemos o que aconteceu quando *essa* bomba estourou, então vamos esquecer a Jennifer Metaleira encolhida no chão do camarim e seguir para o acontecimento seguinte. Rob e eu terminamos, e ele começou a namorar a garota com que ele me traiu. Se já não era desgraça o suficiente, o *That Metal Show* foi cancelado.

Em um dia, eu ganhava muito bem no meu emprego na televisão, morava em um apartamento luxuoso com o cara com quem eu pensava em me casar, e, no outro, estava solteira, desempregada, alugando um quarto minúsculo com uma vista para um muro de tijolos, compartilhado com mais seis atores.

Seria o eufemismo do século dizer que o dia em que me mudei para minha nova "casa" foi um dos piores. Minha vida toda estava empacotada em seis caixas grandes de papelão; eu quase não cabia no quarto com elas ocupando todo o espaço — o meu banheiro atual tem o tamanho daquele quarto.

O que vou fazer agora? Fiquei encarando aquela vista patética da janela. *Não tenho nada.* Eu achava que a vida tinha bolado um plano maléfico para acabar comigo.

Faço uma pausa para falar que, anos depois, estou aqui escrevendo esta seção com a luz radiante do sol ofuscando minha vista pelas janelas enormes na minha casa dos sonhos. Eu gostaria de poder voltar no tempo e mostrar a mim mesma o que *realmente* esperava por mim no futuro. Se isso fosse possível, talvez eu teria tido mais confiança e menos medo. A boa notícia é que aqui você aprenderá como manipular o tempo e vivenciar o futuro que deseja agora mesmo, evitando a situação que passei depois disso.

Fiquei completamente abalada naquele dia, magoada e com medo de não saber se me recuperaria, e só me lembro de colocar gelo em uma contusão latejante em minha testa. Aparentemente, fiquei batendo com a testa na parede.

O que está fazendo? Pensei, a dor se alastrando em minha cabeça. *Você é tão idiota. Deveria ter pensado em um jeito de ficar com Rob. Você deveria tentar reconquistá-lo. Você arruinou tudo a troco de quê?*

Eu estava apavorada em ter que passar por audições de novo, e não fazia ideia de qual caminho seguir. Eu estava em frangalhos, e isso estava óbvio para aqueles ao meu redor que me amavam. Depois de tentar por semanas falar comigo, minha mãe decidiu que era hora de cuidar de mim daquele jeito que só as mães sabem fazer, então veio à Nova York.

"Vá se vestir, Jenny", disse ela em uma tarde. "Vamos sair para jantar."

Coloquei uma calça, amarrei meu cabelo loiro descolorido e maltratado em um rabo de cavalo, e encontrei minha mãe em um restaurante italiano pequeno e agradável, na Columbus Avenue. Ela segurava o livro de Louise Hay, *Você pode curar sua vida.*

"Este livro me ajudou passar por algumas situações difíceis", disse ela sorrindo, deslizando-o sobre a mesa como se fosse um contrabando. "Espero que ajude você também."

Olhei para o livro, em seguida para a mulher que havia me colocado no mundo e me amado incondicionalmente, e a Verdadeira Jen surgiu do seu esconderijo e se rendeu, permitindo-se ser vista pela primeira vez em muito tempo. Minha mãe me deu um abraço apertado, sentadas ali à mesa naquele restaurante italiano, como costumava fazer quando eu era um bebê. Naquele instante, pude perceber o poder mágico da gratidão. Por alguns segundos, a compreensão de como eu tinha sorte por ter uma mãe que me amava tanto me tirou do turbilhão de insegurança, medo e ansiedade. Quando a gente se permite ser visto da maneira mais vulnerável, mais autêntica, e até mesmo nas piores fases, a gente se abre para a cura.

Naquela noite, de volta ao meu quartinho deplorável, notei que ela tinha deixado uma cópia de uma das afirmações do livro em uma folha solta na primeira página, pois já tinha certeza de que eu não o leria todo.

> *Na imensidão da vida, tudo ao meu redor é perfeito, completo e pleno. Abandono a crença em velhas limitações e ausências. Agora, passo a me ver como o Universo me vê — perfeita, inteira e completa. A essência do meu Ser é a perfeição, a unidade e completude. Sempre serei perfeita, inteira e completa. Escolho viver minha vida a partir dessa consciência. Estou no lugar certo, na hora certa, fazendo a coisa certa. Tudo flui perfeitamente em meu mundo.*

Grudei a frase na geladeira com fita adesiva. Eu sempre desconfiava das crenças "alternativas" da minha mãe, mas decidi *ler aquela frase uma vez ao dia. Mesmo não acreditando, leria todos os dias.*

As afirmações são eficazes porque nos inspiram a acreditar no nosso potencial, na nossa capacidade de realizar grandes feitos. Repetindo constantemente coisas positivas, mesmo que não acreditemos nelas, conseguimos assentir com o que aprendemos no Capítulo 5 sobre fazer nossa mente inconsciente acreditar que aquilo é verdade. Apenas repetir as afirmações não resolverá nossos problemas, mas elas são ótimas ferramentas para acreditarmos 51% em nós mesmos e nos permitir ser vistos.

Naquela época, a afirmação que minha mãe me entregou não pareceu nem um pouco transformadora, mas com ela, consegui sair de casa com o ímpeto para enxergar o mundo (e a mim mesma) com uma perspectiva diferente. Consegui procurar outros empregos e fazer audições, e abrir o caminho para eu mergulhar em palavras, livros e histórias de pessoas que mudaram meu ponto de vista. Em pouco tempo, eu já estava fazendo as coisas rotineiras e normais da vida. Mesmo que eu ainda não sentisse que estava no caminho certo, tive um leve impulso para seguir, e às vezes, é só isso de que precisamos para que o universo nos ajude a enxergar os sinais que secretamente nos levam para o futuro que desejamos. E foi exatamente isso que aconteceu.

UM DIA SABEREI A VERDADEIRA RAZÃO DISSO

Em uma manhã congelante com temperatura de dez graus abaixo de zero, eu atravessava Midtown carregando minha mala cheia de vestidos para audição, indo de um teste para outro, quando vi algo escrito em giz na calçada:

> "Se não está satisfeito com o caminho que está seguindo, trace um novo rumo."
>
> — Dolly Parton

Naquela hora, eu entendi que se não tomasse uma atitude e mudasse, nada na minha vida mudaria. (Obrigada, Dolly!) Sem ter para onde correr — e nenhuma outra alternativa (é sério, estava *congelando*) — entrei com a minha mala em uma Barnes & Noble e me ajeitei na seção de desenvolvimento pessoal, onde comecei a olhar todos os livros da prateleira, um de cada vez. Daquele dia em diante, passei a ter autores como Wallace D. Wattles, Gabby Bernstein, Louise Hay (valeu, mãe!), Oprah Winfrey, Brené Brown e Tony Robbins como meus mentores, lendo seus livros durante horas todos os dias.

Lendo sobre essas pessoas mais bem-sucedidas, percebi que todas elas passaram por um grande revés, que acabou se tornando um divisor de águas. Os maus momentos os levaram às oportunidades que mudaram completamente suas vidas. Como eles mesmos disseram: a tempestade precisa chegar para dar espaço ao arco-íris.

Por isso comecei a escrever todos os dias em meu diário a única frase que me dava alguma esperança: "Um dia saberei a verdadeira razão disso".

Escrevi isso dia após dia, em alguns me xingando por ter estragado a vida perfeita que eu tinha. Tive momentos de recaída, em que pensei em voltar com Rob e perdoá-lo pela traição, mas alguma coisa me segurava. Percebi que tinham sido as pessoas que eu "mentalmente chamava de amigas". Assim como as afirmações o ajudam lentamente a mudar suas crenças, cercar-se de lições positivas de pessoas que já passaram pelo caminho que você quer percorrer, ou que ultrapassara seus próprios momentos de desconforto, lhe dá outra perspectiva sobre seu futuro. Motivada pela minha recente paixão por desenvolvimento pessoal, busquei ainda mais por inspiração em podcasts — como de Lori Harder, Jonathan Fields e Lewis Howes. Ao contrário dos meus supostos amigos que me abandonaram quando Rob e eu terminamos, esses queriam o melhor para mim. Eles me ajudaram a entender que mesmo eu sentindo que não tinha nada, ainda havia *muito* pelo que ser grata! Com a ajuda dessas vozes, comecei a enxergar sinais daquele "um dia" que eu escrevia em meu diário.

Só por ler este livro você está muito à frente do que eu estava de entender que você precisa absorver aprendizados vindos de pessoas que podem lembrá-lo constantemente sobre as possibilidades da vida. Sou muito grata hoje por poder criar conteúdo, produzir um podcast e palestrar em eventos que ajudam pessoas a construírem a confiança para serem vistas, pois as pessoas que fizeram isso por mim mudaram minha vida. É um ciclo do qual o convido a fazer parte, seja daqui seis meses ou cinco anos, para que você também seja visto por pessoas que estão em seus piores momentos, como você esteve, e que precisam de sua ajuda.

No auge da depressão, não consegui enxergar o propósito do caminho que eu percorria, mas agora entendo que tudo aconteceu por um motivo. E assim como afirmei todos os dias, finalmente descobri a verdadeira razão. Pois escrevendo em meu diário sobre o que eu *tinha*, em vez do que eu não tinha, meu jeito de pensar mudou, e essa mudança está comigo até hoje.

QUANDO A MUDANÇA ACONTECE

Alguém já o chamou de pessimista? Você já parou para pensar em como seu copo parece estar sempre meio vazio? Talvez não pareça, mas eu era uma pessoa negativa. É verdade, a coisa ficou tão séria que meus colegas de palco em *The Wedding Singer* não queriam ficar no mesmo camarim que eu. Graças a Deus não sou mais assim, e agora sou um exemplo vivo de que com muita força de vontade você pode mudar como enxerga a vida. Nossa perspectiva gera nossas crenças, que determinam nossas ações. Minha vida estava tão travada porque eu só enxergava o que não tinha e em como tinha estragado tudo, em vez se grata pelo que tinha.

Depois do término com Rob, eu estava sozinha pela primeira vez, e precisava escolher entre remoer como a vida era horrível, pensando em como as coisas poderiam ficar piores, ou poderia encarar a oportunidade maravilhosa que tinha em mãos para recomeçar do zero e finalmente trazer a Verdadeira Jen para a superfície. Por mais que eu queira dizer que escolhi dramaticamente ressurgir das cinzas como uma fênix e mudar minha vida, a primeira coisa que veio na minha cabeça foi: *Que droga de vida. Não consigo mudar.*

Se você está passando exatamente pelo mesmo e não consegue enxergar um futuro brilhante à frente, este ensinamento é para você, pois como

Gabrielle Bernstein fala em seu livro *Superatração*, você pode escolher de novo! O que adoro no método Escolha Novamente de Gabrielle é que ele nos mostra que é normal ter pensamentos negativos. O importante é o que fazemos com eles, e se seguimos estes três passos importantes.

1. Perceber o pensamento;
2. Perdoar o pensamento;
3. Escolher novamente.

Eu não sabia que era possível escolher *mudar* os pensamentos negativos, mas Gabby e meus outros "amigos imaginários" me ajudaram a dar um passo de cada vez em direção à mudança de pensamento, e positivamente me tirando do piloto automático. Eu hasteei a bandeira branca, rendendo-me, e implorei para que eles me mostrassem o caminho certo.

Em pouco tempo, eu já sorria toda vez que via os raios de sol em vez de me preocupar com as nuvens no céu. Percebia as coisas boas que aconteciam sem ficar remoendo as ruins. Deixei o medo de reconstruir minha vida de lado e agradeci por Rob ter me deixado. Entendi que se isso não tivesse acontecido, eu não estaria vivendo minha vida do meu jeito. Foi a melhor coisa que me aconteceu.

Comecei a perceber o que os psicólogos (sem falar nas pessoas do mundo de desenvolvimento pessoal) já sabiam há muito tempo: a gratidão é um antidepressivo natural.[1] Ser realmente grato libera dopamina e serotonina em nosso cérebro, considerados os hormônios da felicidade. Quando treinamos a gratidão, estamos dizendo ao nosso subconsciente: "Olha, é hora de sentir o cheiro das rosas!". Assim como visualizar nosso futuro, a gratidão também nos mostra muito mais daqueles sinais piscando em neon, destacando o que estamos vivendo de melhor, e condicionando nosso subconsciente a *continuar* notando essas coisas boas, afinal, quem não gosta de se sentir bem?

As coisas começaram a ir de vento em popa; eu saía para caminhar por horas ouvindo podcasts e audiolivros, que me ajudaram a entender que eu precisava pensar sobre o que queria para mim e para a Jen 2.0. Em uma dessas caminhadas, descobri a resposta de que precisava.

GRATIDÃO FUTURA

O que você vê quando pensa no futuro dos seus sonhos? Como é a vida incrível que a sua versão 2.0 está vivendo? Conseguiu imaginar? Agora quero que pense em dividir esse sonho com alguém próximo a você. Ficou assustado, animado, com vergonha? Se você fica apavorado de dividir esse sonho com alguém, e esse medo o paralisa, é hora de se cercar de pessoas que o entenderão (mais sobre isso na Parte 3!). Eu costumava me esconder, não contando às pessoas ao meu redor o que eu realmente queria, pois tinha medo de ser julgada. Essa minha atitude enterrou tão fundo as esperanças pelo meu futuro, que eu mesma não conseguia mais encontrá-las.

Reflita sobre esses sonhos, os que você tem receio de dizer em voz alta. Escreva-o ou sussurre-o em um quarto vazio. Não terá ninguém para julgá-lo, prometo. Você já sabe o que quer para a sua versão 2.0, então não seria ótimo poder espiar o seu futuro e ver que está no caminho certo? É isso que vamos fazer agora.

Quando Rob e eu namorávamos, eu tinha um desejo secreto de trabalhar como personal trainer. Eu achava que não podia contar a ele, pois isso significaria deixar de ser a bonequinha de luxo em tempo integral dele e sua companheira de festa. E como eu suspeitava, a reação dele não foi muita boa quando contei que sonhava em começar um negócio como personal trainer.

"Por quê?", perguntou ele completamente estupefato.

A resposta deveria ser óbvia, olhei para ele e disse: "Porque amo me exercitar. Sou quase uma especialista nisso, e adoro ajudar as pessoas." Minha mente fervilhava de ideias. Eu podia fazer meus próprios horários, e ainda desenvolveria meu amor por ensinar — só teria vantagens.

A expressão amarga de Rob me jogou em um abismo de decepção. "E as audições?", perguntou ele. "Nosso futuro?"

Estava claro o futuro que ele imaginava. Eu seria a esposinha mimada de um ricaço da Wall Street. Quando se tratava de dinheiro e coisas materiais, Rob me dava tudo que eu poderia querer; eu mais parecia uma refém em cativeiro. Ficou claro que a ideia de eu ter meu próprio negócio e ter controle sobre minha vida o assustava. Ele tolerava meus sonhos de atuar, claro, mas nós dois sabíamos o futuro que me aguardava: babás, motoristas particulares, eventos beneficentes glamurosos e o cartão de crédito sem limites dele — tudo que eu deveria querer em um casamento. Bastava fingir que não percebia a infidelidade dele, o vício em cocaína e as farras noturnas. Quando vislumbrei esse futuro, a Verdadeira Jen queria dizer poucas e boas, mas ela estava tão sufocada por inseguranças, amizades superficiais e bolsas de marca, que não conseguia enfrentar a realidade.

Com o fim do relacionamento, não havia mais nada que me impedisse de ter o negócio dos meus sonhos. Um dos pensamentos do método Escolha Novamente que criei foi de que eu estava animada por finalmente seguir meu sonho de trabalhar como personal trainer, já que Rob não fazia mais parte da minha vida. Então, certo dia, depois de uma longa caminhada ouvindo um dos meus podcasts favoritos, guardei o fone de ouvido e entrei na Reebok Sports Club, uma das academias mais chiques de Nova York. Vou parecer meio fanática, mas preciso dizer, eu *amava* essa academia. Eram seis andares repletos de tudo o que a galera fitness sonha, equipamentos top de linha, uma quadra de basquete enorme, vestiário igualzinho os da rede de resorts de luxo Canyon Ranch, e frigobares com toalhas refrescantes com aroma de eucalipto ao lado de cada bebedouro de água ultrafiltrada. Como se isso já não fosse suficiente para te fazer gastar todo seu dinheiro como sócio da academia, ainda tem mais: era praticamente garantido que você estaria se exercitando ao lado de Madonna enquanto via Adam Sandler jogando basquete!

Era a academia dos ricos e famosos de Nova York, e graças a Rob, eu era associada. Depois que terminamos, eu ainda tinha um mês para utilizar os serviços da Reebok, mas eu faria qualquer coisa para continuar ali por todo tempo possível, já que tinha decidido que não seria uma treinadora *qualquer* em uma academia *qualquer*. Eu seria personal trainer *daquela* academia. Esse era o futuro que eu queria. Juntei minhas economias, pedi dinheiro para minha avó para manter a mensalidade (trezentos dólares por mês não era só um rombo na minha conta bancária, era um rombo na minha alma), e comecei a frequentar o lugar até ser conhecia por todo mundo. Membros, treinadores, gerentes — conversava e fazia amizade, perguntando como eles chegaram até ali, e às vezes dava de cara com meu ex-namorado traidor, que sempre me olhava espantado.

Os profissionais na Rebook usavam camisetas pretas apertadíssimas com gola em V com a palavra TREINADOR escrita em letras garrafais brancas na parte de trás. O design estratégico das mangas curtas, do tecido elástico e bem acinturado deixava claro que o objetivo era realçar os músculos e dar a eles um aspecto poderoso. Eu queria tanto uma camiseta daquela. Eu ficaria uma gracinha e bem profissional desfilando pela academia vestindo minha legging da Lululemon, a camiseta de treinadora e um crachá magnético *elegantérrimo*. Aquela camiseta virou minha meta enquanto eu pesquisava sobre as certificações e horas de treinamento exigidas. Eu ainda a usaria. Eu sabia que daria aula ali.

Agora eu tinha um novo objetivo em vista, e assim como fiz com o papel de Linda, comecei meu Processo de Criação. No lugar de botas até o joelho e uma chuva de aplausos, foquei a camiseta de TREINADORA e um pagamento quinzenal da Reebok Sports Clubs. Comecei a estudar feito louca para conseguir as certificações, e agora com uma arma secreta na manga, graças a minha prática de gratidão.

Manifestei meu papel como Linda, sentindo a experiência como se já tivesse vivido aquilo. Eu estava tão grata pelo figurino, pelas luzes e pela plateia antes mesmo de pisar no palco. Com o novo objetivo em mente, visualizei a mim mesma usando aquela camiseta de TREINADORA, e a primeira coisa que senti foi gratidão. Antes, eu improvisava tudo, dessa vez eu tinha o mapa nas mãos, e a ficha caiu na hora: o caminho mais rápido para sentir que já alcancei meus objetivos é ser grata por eles!

Se eu tinha conseguido ser grata pelas coisas ruins que aconteceram no passado, por que não poderia fazer o mesmo com as coisas incríveis que aconteceriam no meu futuro?

Eu escrevia todo dia em meu diário: "Sou tão grata por hoje ter sido um dia maravilhoso", antes mesmo de sair da cama. "Estou tão grata por trabalhar como personal trainer na Reebok. Sou tão grata por ter minha camiseta de treinadora. Sou grata por poder ajudar pessoas a se sentirem melhor consigo mesmas todos os dias. Sou grata por me sentir tão realizada com esse trabalho que amo tanto."

Lembre-se dos objetivos sobre os quais falamos no Capítulo 5, você se preparando para sua Versão 2.0. Quero que você veja a si mesmo sendo essa pessoa, assim como fez no Processo de Criação. Como você se sentirá quando alcançar esse objetivo? O que mais lhe dará gratidão?

Que tal viajar no tempo e sentir essa gratidão agora mesmo?

Então agora é hora de você escrever três coisas pelas quais é grato que ainda vão acontecer. Podem ser significantes ou não, de algo para o dia de hoje ainda ou para o ano que vem.

Sou grato por ter sido destaque na Forbes.

Sou grato pelo novo cliente conquistado.

Sou grato pela lançamento do meu novo curso ter sido um sucesso.

Praticar a gratidão pelas coisas futuras despertou algo em mim, como se fosse uma nova camada de gratidão dentro do processo de reprogramar meu subconsciente. Eu estava inundada de confiança, e um sentimento maravilhoso me preenchia, ajudando-me a fazer o que precisava ser feito para chegar onde meu subconsciente já estava.

Vou lhe dar mais um spoiler: consegui a camiseta, assim como o emprego.

Claro que tinha uma pegadinha no caminho. Eu precisava trabalhar muito. Como eu não tinha histórico como personal trainer, precisei cumprir um período de experiência inicial, ou seja, eu era quase uma faxineira de luxo, limpando a academia, passando pano nos equipamentos e guardando pesos. Eu também tinha que acompanhar um dos outros treinadores quando eu não estava limpando. Eu trabalhava pesado todos os dias das 6h às 20h, recebendo um salário mínimo, mas como praticamente sentia o sabor da liberdade e do sucesso que teria no final, consegui passar por esse desconforto temporário com uma perspectiva positiva. Foi durante esse período que entendi que a disciplina gera liberdade e satisfação. Eu era a faxineira mais feliz que alguém já viu! Depois de meses fazendo jus ao meu esforço, finalmente comecei a treinar meus próprios clientes e ajudando-os com seus objetivos fitness, não demorando muito para que minha gratidão futura fizesse parte do meu presente. Eu amava meu trabalho, e a camiseta de treinadora era só um bônus!

JLG FITNESS

No Capítulo 3, você aprendeu sobre o poder do estímulo na Escala da Confiança. E esse poder só tende a crescer, toda vitória fica mais fácil que a anterior, quando você juntar várias conquistas, já terá tornado o Processo de Criação um hábito ou rotina, como um programa ligado no piloto automático em seu subconsciente. Esse é o verdadeiro poder de tudo que estou lhe ensinando aqui — você não estará apenas caminhando rumo à vitória, estará criando seu *próprio* sistema que tornará muito mais fácil alcançar essas conquistas.

O estímulo que iniciei deu uma guinada incrível em minha vida, em pouco tempo consegui mudar daquele quarto minúsculo para um apartamento em um arranha-céu (ainda era pequeno, mas eu dividia o quarto com uma pessoa só, não com seis!). Fiquei feliz em dar adeus àquela janela horrível e meu quarto sem armários, e entrei com tudo na fase seguinte da minha vida. Eu adorava trabalhar como personal trainer, mas estava exausta de fazer hora extra e receber só trinta dólares por hora. Meus clientes pagavam cinco vezes mais pelos treinos, e o que me deixava perplexa era que a Reebok ficava com uma comissão enorme. No prédio novo em que eu estava morando tinha uma academia muito boa, e um dia, voltando para casa, tive uma ideia. *Eu poderia continuar recebendo 30 dólares a hora na Reebok ou poderia treinar os meus clientes ali no prédio, ganhando 150 por hora, sem precisar pagar comissão a ninguém.*

Foi então que surgiu a JLG Fitness. Comecei a conversar com os clientes da Reebok, com minha mente criativa e empreendedora a todo vapor, e levá los para a academia no meu prédio, e mais para a frente alcançando também as outras academias de Upper West Side. Alguns meses depois, eu estava ganhando mais dinheiro com o bico que fazia do que com meu emprego fixo. *Minha nossa*, pensei, *está muito fácil para ser verdade.*

Não estava.

O pessoal da Reebok descobriu que eu estava treinando os clientes deles por fora e me despediu, me banindo da academia. Em um piscar de olhos, eu não tinha mais onde buscar clientes. Depois de uma pequena crise de pânico e um ínfimo colapso, eu me forcei a entender por que aquilo estava acontecendo *para* mim e não *comigo*. Para começo de conversa, sem aquele "empurrão" eu não teria tido coragem para trabalhar em meu próprio negócio em período integral. Ao olhar para trás, essa foi a melhor "pior" coisa que me aconteceu.

Depois de um ano galgando meu caminho, dando duro para conquistar uma base leal de clientes em academias de Manhattan, eu já não dava mais conta de levar a JLG Fitness sozinha. Contratei alguns personal trainers para trabalhar para mim, e comecei a prescrever rotinas de exercícios para as maiores celebridades, bilionários e CEOs de Nova York. Eu estava abafando, e comecei a me sentir como uma verdadeira empresária, orgulhosa de estar finalmente ganhando centenas de milhares. Escrevi um e-book, lancei um programa de coaching online, e o melhor de tudo, com a ajuda da minha cliente, e mais nova amiga, Amanda, que trabalhava em relações públicas, reformulei minha marca. Adeus, Jennifer Metaleira. A Jen 2.0 era a narradora da própria história, sendo a pessoa que deveria ser.

A mudança tinha chegado, e era arrasadora.

COMO VIAJAR NO TEMPO

Mesmo com todo o amadurecimento e transformação pela qual passei, a retomada da Verdadeira Jen — e a chegada de Jen 2.0 — não estava completa até um fim de semana mágico em que entrei de cabeça na máquina do tempo.

O autor best-seller, Lewis Howes, era um dos meus apresentadores de podcast favoritos. Eu ouvia repetidamente o programa dele, *The School of Greatness* (A Escola da Grandeza, em tradução livre), e parecia que ele estava sempre falando *comigo*. Um dia, durante uma das minhas Caminhadas Encantadoras por Greenwich Village, ouvindo ao podcast, ele anunciou que faria o Summit of Greatness, um evento em Ohio para as pessoas se conectarem onde estariam presentes os melhores palestrantes motivacionais.

Eu fiquei tão animada! Essa poderia ser a minha chance de me conectar com outros empreendedores! Porém, um pavor intenso tomou conta de mim, e sem falhar, as mentiras começaram a aparecer em forma de desculpas para eu não ir.

Você não está pronta para um evento desse tipo.

Você consegue bancar essa viagem?

O que seus amigos vão pensar se você for a um evento que ouviu em um podcast?

Eu sabia que o medo estava querendo me enganar, então o coloquei de lado, pois *nós dois* iríamos a Ohio. Até convidei minha amiga Amanda para ir junto. Em pouco tempo estávamos fazendo as malas com mais roupas do que o necessário e entrando no avião.

Quando entrei no teatro soube que estava no paraíso do desenvolvimento pessoal. Os palestrantes eram incríveis, e arrisco dizer que me conectei com pessoas que eram como eu! Todos querendo ser as melhores versões de si mesmos. Eles estavam saindo de sua zona de conforto e se abrindo para o crescimento e às novas oportunidades. Estar cercada de tantas pessoas positivas era ao mesmo tempo emocionante e avassalador. E um momento específico daquele fim de semana mágico me marcou para sempre.

Um dos palestrantes disse: "Fechem os olhos e imaginem como seria o dia perfeito, se uma fada chegasse com sua varinha de condão, dizendo que você teria tudo que mais desejasse. Como seria a sua vida?".

Colocaram uma música de meditação quando fechamos os olhos, um segurando a mão do outro, sendo transportados pela máquina do tempo onde conseguíamos nos ver vivendo a vida de nossos sonhos. Eu já estava familiarizada com o poder da visualização, de quando manifestei meu sonho de interpretar Linda, então estava pronta para confiar no processo. Embalada pela crescente melodia, flutuei para um lugar onde a opinião das outras pessoas era inexistente e meus anseios mais profundos se projetavam como um filme em minha mente. Foi mágico.

"Agora, vire para a pessoa ao lado e diga a ela o que você viu", o palestrante orientou quando a música baixou.

Virei para Amanda, com um sorriso enorme, e disse: "Eu vi amor."

Foi isso que senti. O amor em várias formas. Para vocês entenderem: eu era como uma parte de um casal poderoso, como Jay-Z e Beyoncé. Estávamos loucamente apaixonados e tínhamos construído juntos um império de sucesso. Viajávamos o mundo inteiro palestrando e ajudando pessoas. Mas, claro, na minha visão, tinha acontecido do *meu* jeito, como quando Tony Robbins conheceu Britney Spears em 2003 (porque, afinal, sempre haverá uma Britney em mim!), então eu poderia dançar no palco com roupas lindíssimas enquanto motivava as pessoas a serem o melhor de si mesmas.

Essa foi a primeira vez que percebi que apesar de sempre ter achado que meu propósito era estar nos palcos da forma tradicional, meus dons foram feitos para outra coisa, mais do que apenas ler as falas em um roteiro escrito por outra pessoa. Eu deveria escolher o que falaria, inspirando as pessoas a alcançarem todo seu potencial.

A mensagem estava mais do que clara. Pela primeira vez, eu tinha a certeza de estar vendo um vislumbre do meu futuro. A Jen 2.0 daquela visão era exatamente o que eu queria ser, e agora que a enxergava, não a deixaria escapar. A melhor parte é que eu idealizei a vida que estou vivendo agora. Sério, não estou brincando!

Se você pensou que este é o momento em que peço para você mergulhar em seus desejos mais profundos, você acertou! Vamos viajar no tempo e vislumbrar (mesmo que por um segundo) a sua versão 2.0 em ação.

Fique confortável, em um ambiente silencioso, onde não será interrompido. Feche os olhos, inspire e expire.

Agora veja seu futuro.

Você está se vendo abrindo este livro daqui a cinco anos. Você é uma pessoa diferente, pois alcançou Aquele Objetivo. Você o criou e o transformou em realidade. Que objetivo? Ora, não se faça de bobo. Você sabe qual é Aquele Objetivo. Aquele grandioso, complexo e audacioso em que você pensa todos os dias. Talvez não conscientemente, mas sua mente inconsciente sabe que você nasceu para alcançar Aquele Objetivo.

E agora você alcançou.

Como está se sentindo? Pelo que está grato? Veja seus amigos com você. Estão todos aplaudindo porque *você conseguiu*. Você disse que faria e fez. Está mais confiante e destemido, pois tudo que precisa para criar o que deseja está dentro de você. Como você sabe? Pois viveu isso. Levou um, três ou cinco anos e você conseguiu.

Como você se sente com isso? Pare um momento para absorver. Respire fundo e abra os olhos. O que você criou? Escreva o que acabou de ver.

É uma sensação incrível, não é?

Por que não fazer isso agora?

Por que esperar?

MOMENTOS DE GRANDE IMPACTO

- Os momentos em que você está no fundo do poço são os que mais têm a ensinar — mesmo aqueles quartinhos do tamanho de um armário com paredes de cimento. Encontre gratidão por eles, por mais difícil que pareça. Um dia você saberá por que isso aconteceu.
- Ao se mostrar em sua essência, nos momentos mais reais e sombrios, você abre as portas para a cura.
- A gratidão é um antidepressivo natural.
- Ser grato pelas coisas que (ainda) não aconteceram é uma maneira ótima de fazer seu subconsciente o levar no caminho certo.

UMA VITÓRIA RÁPIDA

- Escreva uma "lista da gratidão futura", com pelo menos três coisas que ainda não aconteceram, registrando como se tivessem acontecido!

ANOTE EM UM POST-IT

- A gratidão conquista tudo.

C A P Í T U L O 7

APLICANDO A LEI DA AÇÃO

Quando foi a última vez que você fez algo novo que o tirou da zona de conforto? Talvez postar nas redes sociais sobre seu negócio, começar a meditar ou fazer novas aulas de ginástica. Consegue lembrar quão bom foi o estímulo?

Lembra também quando surgiu aquele pensamento tolo de que você não daria conta? É esse tipo de pensamento que o tira do caminho, não é? Cada vez que começa a fazer algo *incrível* você se sente incapaz. Nosso velho e bom amigo falsiane aparece e diz que se as coisas estão *ótimas*, podem desaparecer em um piscar de olhos. O baralho de cartas desmorona e você volta ao que o deixa mais confortável. Você para de postar nas redes sociais, para de ir a eventos onde pode se conectar com pessoas novas, ignora as oportunidades em seu e-mail. Para de agir e desacelera o seu estímulo. A questão é, somos os únicos responsáveis por ficarmos estagnados, e também os únicos capazes de nos tirar dessa situação. Nenhum vídeo do YouTube, podcast ou curso fará isso por nós. Escrever em um diário, em um quadro ou pensar "grande" também não. Só tem uma coisa que pode resgatar nosso estímulo — e falaremos sobre isso neste capítulo.

Eu estava ganhando seis dígitos com meu negócio de personal trainer, estava desenvolvendo minha nova marca com frequência nas mídias, e finalmente tinha uma comunidade de novos amigos que me apoiavam e acreditavam em meus objetivos (como Tory, a Ousada, que conheci naquele evento!).

Havia só um problema. Agora que eu tinha reconstruído minha vida completamente independente, estava apavorada de que um passo em falso me fizesse perder tudo. Eu parecia um cientista misturando componentes químicos perigosos, sabendo que o menor dos erros poderia detonar todo o laboratório. Eu não podia correr nenhum risco. E não conseguia parar de pensar que se as coisas estavam boas *assim*, alguma coisa ruim aconteceria. Estava morrendo de medo de perder tudo o que tinha construído, então parei de me esforçar e fiquei obcecada por ordem e controle. Eu comia a mesma tilápia grelhada com vegetais tostados todas as noites, e estrategicamente enchia minha agenda de trabalho para não ter tempo de fazer nada além de treinar clientes, comer, passear com meu cachorro, Dexter, e dormir. E nem pensar em namorar! Apesar de desejar muito que meu "Jay-Z" aparecesse, eu me concentrei com afinco em ficar ocupada e não notar, mesmo que ele estivesse parado na minha frente. Eu queria e rezava para que algo acontecesse, mas minhas ações me levavam para a direção totalmente oposta.

Resultado: fiquei presa no "nível bom". Nada piorava, mas nada melhorava também. As coisas eram sempre um "tá bom", que passaram a ser muito, muito solitárias. Eu havia chegado ao que agora reconheço (graças ao livro de Gay Hendrick, *The Big Leap*) como meu Limite Superior: ponto em que paramos de evoluir porque o medo do fracasso se torna maior do que a nossa confiança no que podemos alcançar. Se isso lhe parece familiar, continue lendo, estou prestes a dividir com você algumas ferramentas que eu gostaria que tivessem me oferecido.

Durante anos, mantive um aviso em papel pink grudado em meu computador com três palavras que me ajudaram a não me sabotar. Esta pequena afirmação me rendeu grandes palestras, milhões de dólares, foi um dos responsáveis pelo lançamento do meu livro e me ajudou a levantar após alguns erros tremendos. É praticamente a kriptonita para a estagnação. Está pronto?

FAÇA ALGUMA COISA!

Eu espero enquanto você pega um post-it (pode ser de qualquer cor!) e grude essa frase mágica em algum lugar onde possa ler todos os dias.

Agora, vamos ao cerne da situação, pois o que vou ensinar a você é crucial para ser visto, em vez de ficar estagnado. Como falamos na Parte 1, a *ação* leva ao estímulo. As pessoas acham que essas ações precisam ser grandiosas ou intensas, mas é exatamente o contrário! Qualquer ação leva em direção ao objetivo, seja mandar uma mensagem de texto a um amigo, criar um conteúdo na internet, escrever um e-mail ou comorar um novo diário, tudo isso pode gerar aquela vitória mínima e a dose de dopamina que você precisa para ganhar impulso.

A LEI DE AÇÃO

A Lei da Atração (LDA) nos diz que semelhante atrai semelhante. É um atalho para o que conversamos nos Capítulos 5 e 6 sobre criar sua própria realidade e ser visto pela sua melhor versão. Você já deve ter percebido que sou muito a favor da LDA. Já criei (e continuo criando) exemplos infinitos de como usei essa lei para estruturar uma vida além do que eu pudesse imaginar quando ficava encarando aquela parede de tijolos pela janela minúscula.

Contudo, vários livros que ensinam essa lei universal se esquecem de um detalhe crucial. Sem essa peça do quebra-cabeça, você será apenas um sonhador fabuloso. E apesar de eu adorar me enredar em uma boa fantasia, não acho que você tenha escolhido este livro para aprender com esperar que seus desejos aconteçam em um passe de mágica. Você pode visualizar, fazer um quadro dos desejos e aplicar a gratidão até se cansar, mas se não está fazendo nada com as oportunidades que chegam por essas visualizações e crenças, no fim do dia você terá apenas um quadro cheio de montagens fofinhas e nenhum resultado.

Não existe Lei da Atração sem a Lei da *Ação*.

Já falamos sobre isso algumas vezes, então a ficha já deve estar caindo. Para desenvolver a confiança, é preciso agir! O Processo de Criação exige ação (passo 3!). Sem ação, a gratidão futura é apenas sonhar acordado.

Para se tornar sua Versão 2.0 você precisa — adivinhe? — *agir*. Chegou a hora de intensificarmos a busca por maneiras de você agir com consistência e tornar o futuro que você almeja realidade!

Se precisar de um empurrãozinho, olhe para aquele recado e *faça alguma coisa*.

Vejamos um exemplo de como tomar uma atitude que realmente funciona. Um dia, abri meu Instagram e tinha uma mensagem privada de Dina, uma participante da Mastermind que estava arrasando em seu negócio de coaching pessoal. Imaginei que ao abrir a mensagem, eu me depararia com mais um gif de um macaquinho dançando, celebrando uma vitória, mas eu estava errada.

Oi, Jen, preciso de um daqueles seus sábios conselhos como Chefe de Mentalidade, pois estou me sabotando. Por favor, me ajude!

Por essa eu não esperava. Duas semanas antes estávamos comemorando a primeira aparição de Dina na TV, um de seus maiores objetivos. Segundos depois, ela enviou uma mensagem de áudio explicando, chorosa, que aquela conquista a tinha deixado animadíssima, mas agora estava começando a se sabotar. Depois que o programa foi ao ar, ela recebeu inúmeras mensagens de pessoas que queriam contratá-la, porém ela não os respondeu por medo de "não dar conta" de todos esses novos clientes. Também estava receosa de que eles descobririam que ela não era tão boa quanto pareceu ser na televisão, depois que falassem com ela. Um caso clássico da Síndrome do Impostor! Então liguei para Dina, lemos sua Lista Poderosa em voz alta, e em vez de um discurso inspirador, propus uma tarefa simples: que ela respondesse a *um* dos potenciais clientes. Não todos, apenas um. "Coloque seu medo e dúvidas de lado e faça", falei para ela.

Dina não precisava de uma palestra motivacional para sair do lugar, precisava apenas fazer *alguma coisa* para alcançar uma pequena vitória. E essa vitória seria o suficiente para recobrar a autoconfiança de que ela era, de fato, a pessoa incrível daquela lista. E funcionou! Ela respondeu a um dos e-mails, marcou uma ligação com ele e fez a venda. *Agora sim* o momento pedia um gif do macaquinho!

Essa simples ação deu à Dina a confiança para dar o próximo passo. Ela passou do sucesso para a autossabotagem à estagnação e de volta ao sucesso simplesmente colocando em prática a Lei da Ação. Uma semana depois, ela já tinha seis novos clientes e estava muito mais confiante em si mesma.

O ANO DA CONEXÃO

Você deve estar se perguntando como saí da inércia quando enfrentei meu momento de marasmo. Bom, eu corri para a ação.

Fico feliz da vida em levantar pesos, mas me peça para correr um quilômetro, e finjo que nem ouvi. Então como aceitei passar a virada do ano fazendo a Corrida da Meia-noite no Central Park com minha amiga Amanda? Pois sabia que se eu me mantivesse naquela mesmice, continuaria tendo os mesmos resultados. E a minha rotina certinha de "nunca mudar nada" claramente não me levaria à vida que eu queria. Eu sabia que se quisesse criar o dia perfeito que tinha visualizado para aquele evento, teria que começar a andar — ou correr — para outra direção. Então vesti minha roupa de ginástica e às 23h30 me juntei a outras centenas de nova-iorquinos determinados em uma corrida de quase cinco quilômetros no Central Park.

Cruzar a linha de chegada naquele dia foi emocionante! Saí da minha zona de conforto, fiz *algo* desafiador, e deixei o estímulo correr em minhas veias. Acordei no primeiro dia do ano me sentindo diferente. Tinha colocado uma nova moeda de ouro na minha conta da confiança, e estava pronta para começar o ano com uma estratégia de desenvolvimento pessoal que tinha ouvido em um dos meus podcasts favoritos: escolher uma palavra do ano para guiar minhas decisões, intenções e ações pelos próximos 365 dias.

Naquele primeiro de janeiro, com minhas pernas doloridas e o coração cheio de esperança, peguei meu diário. Qual seria a palavra que me desafiaria a fazer as coisas de outra maneira? Olhei em volta e me vi sozinha, apenas eu (sem contar o meu cachorro, Dexter, para efeito dessa história).

Eu estava solteira há alguns anos, e aos 33 anos só pensava no trabalho, a solidão começava a tomar conta de mim, preenchendo o espaço que deveria ser ocupado por um relacionamento significativo. Uma vida medíocre não me traria o relacionamento de poder e sucesso que eu desejava.

Naquele instante a palavra *conexão* surgiu em minha mente, tornando-se uma palavra escrita no papel. Se eu quisesse conhecer a pessoa dos meus sonhos, precisava sair e me conectar com outras pessoas.

Não vou mentir, a palavra *conexão* me deu um certo enjoo (conversaremos mais para a frente porque isso foi bom). Uma conexão verdadeira significava estar vulnerável a potenciais rejeições, ao fracasso, e o pior de tudo, ao sucesso que poderia me fazer esquecer de quem realmente sou, como aconteceu no colégio, no *That Metal Show* e com Rob. Eu estava no meu limite, mas pela primeira vez em muito tempo queria quebrar aquela barreira e continuar crescendo. Estava pronta para correr até a linha de chegada, assim como tinha feito na noite anterior. Percebi que ser a versão Jen 2.0 permitia que outras pessoas (principalmente minha futura cara-metade) me visse. E vissem de verdade.

VENDO O AMOR

Meu Ano da Conexão não começou muito bem e fico triste ao dizer isso. Minha ansiedade dava as caras a todo o momento e eu parecia desesperada. Não me orgulho em admitir isso, mas eu claramente demonstrava o que minha enteada chama de "energia do me escolha". Embora nenhum dos caras que conheci fosse o tipo de homem que eu buscava, eu me transformava para ser a garota ideal para eles, mesmo que fosse a antítese da Verdadeira Jen. Acabei saindo com esses caras narcisistas obcecados pelos Hamptons, por festas e status, mentindo que eu também amava tudo aquilo!

Mesmo com todo meu esforço, a única coisa que consegui foi ser ignorada por todos eles. Sejamos francos, o desespero pode ser percebido a quilômetros, e aquela era a melhor forma de estragar qualquer tipo de conexão.

Depois do quarto encontro de merda com um babaca que passava a noite inteira encarando meus peitos e falando sobre quais clubes eu poderia fazer parte, cheguei em casa completamente frustrada. Bati a porta com tudo, derrubando o cartaz emoldurado de *The Wedding Singer* que eu mais amava assinado por todo o elenco, que ficava pendurado na entrada de casa. Me ajoelhei para conferir se o vidro ainda estava intacto — estava, ufa! — e fiquei chocada com a descoberta, minha nossa!, o Processo de Criação! Ver aquela foto em que estava vivendo um dos meus sonhos era exatamente o que eu precisava para acordar para a realidade. Percebi que não podia alcançar um objetivo e deixar o resto ao acaso, por isso acrescentei o quinto passo, Repita, ao Processo de Criação. Precisava continuar me esforçando para criar minha realidade. A boa notícia é que eu já tinha conseguido — duas vezes! — e podia conseguir de novo. Usaria os mesmos passos que fiz para conseguir o papel de Linda e minha camiseta de treinadora para me conectar com minha alma gêmea. E como vocês podem adivinhar, funcionou!

Se você está solteiro e ser visto pelo seu futuro parceiro de vida faz parte da sua jornada, esta é a hora de pegar um marca-texto, pois vou dizer como meu Ano da Conexão me levou a conhecer e me apaixonar por Chris "o Super Connector" Winfield. Assim como fiz para *The Wedding Singer*, comecei a visualizar como seria me apaixonar loucamente pelo *meu* homem. Eu passava um filme na minha cabeça e me via com ele em tempo real, em seguida, escrevia o que tinha visto. Aqui está a lista que criei:

1. 1,80 m de altura;
2. Empresário;
3. Gosta de desenvolvimento pessoal/tem mentalidade de crescimento;
4. Mora no Upper West Side;
5. Não ingere bebida alcoólica;
6. Malha na Equinox;
7. É tatuado;
8. Saudável, mas não obcecado pela vida fitness;
9. Engraçado, com um bom senso de humor.

O homem que descrevi era o completo oposto de quem eu achava que deveria gostar. Passei anos tentando gostar do "cara de finanças", pois achava que assim impressionaria as pessoas que eu queria agradar. Me permitir enxergar o tipo de pessoa que *eu* realmente queria foi mais que libertador. Queria que alguém tivesse me dito isso antes, por isso estou aqui dizendo a você: pare de se torturar com os "deveria ter feito isso ou aquilo", pois isso só vai te deixar arrasado.

Fiquei tão animada com o homem que descrevi que até procurei uma foto para deixá-lo mais realista. Achei uma revista de viagem antiga no fundo de uma gaveta em casa e a folheei com ardor até encontrar uma foto que me chamou atenção: um cara alto, musculoso, em uma varanda com vista para um paraíso tropical, segurando um bebê. Ele poderia representar qualquer pessoa que eu quisesse! Encarei aquela foto, imaginando-me na cama branca e impecável da suíte que havíamos reservado para nossas férias de duas semanas no Havaí. O cabelo ainda molhado pelo mergulho matutino no mar, observando-o com carinho naquele momento com nosso filho, enquanto eu ligava para pedir o serviço de quarto, prestes a perguntar o que ele queria para o café da manhã. Apertei a foto contra o peito, sentindo-me completamente grata. Ao voltar lentamente para meu apartamento em Nova York, eu ainda vibrava de alegria.

Todas as manhãs, eu revivia esse sentimento. Dei um passo a mais na minha prática da gratidão futura e conversava com meu homem no meu quadro dos desejos, dizendo o quanto eu o amava e em como estava ansiosa para que nos encontrássemos. Aquilo realmente funcionou. Eu não estava mais tentando agradar os homens, pois sabia como era o *meu* homem (nos falávamos todos os dias!). Se eu não me sentia bem durante um encontro, podia ir embora sem remorso, em vez de tentar ser quem eles queriam que eu fosse. Eu não estava mais ansiosa, pois sabia que minha alma gêmea estava em algum lugar — nossos caminhos só precisavam se cruzar.

Uma das minhas coisas favoritas é poder andar pela cidade toda em minhas Caminhadas Encantadoras, como aquelas que conversamos no Capítulo 1. Durante meu Projeto Alma Gêmea, naquele verão, eu pegava o metrô para a 14th Street aos sábados, colocava meus fones de ouvido e andava todo o caminho de volta para a Upper West Side pensando no meu homem dos sonhos. Eu caminhava até a Broadway, observando a mudança de bairros, ouvindo músicas da minha playlist "entrando no ritmo" no último volume, e nos imaginando de mãos dadas, voltando de um jantar romântico. A cada passo, eu me deleitava com meus sentimentos de gratidão, alegria e amor por este ser humano imaginário. Eu devo ter feito centenas de Caminhadas Encantadoras antes do meu segundo encontro com Chris, que acabou sendo uma longa caminhada como as que eu costumava fazer sozinha. Déjà vu com esteroides!

DESAFIO DO DIA

A essa altura, eu já era uma sonhadora profissional. E como falamos no início deste capítulo, você pode sonhar o quanto quiser, mas se não *fizer* algo, seu desejos não passarão de sonhos presos à sua mente. James Altucher, autor de *Reinvent Yourself* (Reinvente-se, em tradução livre) e apresentador do premiado podcast *The James Altucher Show*, era apenas um "amigo imaginário" na época, ouvindo-o durante uma das minhas caminhadas, conheci um exercício revolucionário chamado Desafio do Dia. Assim como se define músculos, esse método visa fortalecer a confiança dos introvertidos com repetições diárias de desconforto. Todos os dias, desafie-se a fazer algo que o amedronta.

Diferente dos seus pensamentos conscientes, sua mente subconsciente atribui, e às vezes cria, seu Desafio do Dia a você, pois ela sabe o que você precisa, mesmo que não se sinta pronto. O Desafio do Dia será diferente para cada pessoa, mas precisa ser algo que o faça pensar: *Ah, não consigo fazer isso! De jeito nenhum.* Contudo, o Desafio do Dia é um pacto para fazer consigo mesmo, então, quando receber o seu, não há mais volta, precisa fazê-lo.

James comentou em seu podcast como era seu Desafio do Dia, pedindo 10% de desconto em cafeterias sem nenhum motivo aparente. Mesmo admitindo ficar muito nervoso, ele disse que a cada vez se sentia mais confiante.

Tudo bem, pensei, *eu consigo fazer isso.*

Então inclui o Desafio do Dia em meu diário todas as manhãs, além da minha lista da gratidão e as cartas para meu Homem dos Sonhos.

Eu me desafio a fazer uma live no Facebook.

Eu me desafio a conversar com três pessoas novas.

O que descobri com esse exercício se tornou uma prática diária para mim, e acabou me inspirando a criar meu próprio podcast, *I Dare You* (Eu desafio você, em tradução livre), terminando cada episódio com um desafio para a minha audiência, pois como você já deve ter entendido muito bem que se não *fizer nada*, então nada vai acontecer — e os Desafios do Dia fazem as coisas acontecerem.

Tente agora mesmo (eu o desafio!). Pelos próximos dias, preste atenção na voz interior que o desafia a sair de sua zona de conforto.

Quando você entra em um novo ambiente, o que sua voz interior o incita a fazer? Ela o desafia a falar durante uma reunião importante ou criar conteúdo para aquela plataforma que você tem enrolado? Sua voz interna fica "Faça, faça, faça!" enquanto você decide se compra ou não o ingresso para aquele evento que tem receio de ir sozinho?

É assim que você reconhece o seu Desafio do Dia.

Um detalhe importante: *não* use o Desafio do Dia como desculpa para fazer algo perigoso ou imprudente. Esse exercício é para aqueles momentos em que você briga consigo mesmo internamente. *Gostaria de ser mais corajoso para participar do encontro semanal daquele grupo de networking, e* não um desafio para você ficar nu parado no meio da rodovia durante o horário de pico.

Um grande diferencial entre uma pessoa comum e uma pessoa bem-sucedida é a frequência com que elas se travam na inércia. Pessoas de sucesso abraçam seus Desafios do Dia com coragem, pois — repita comigo — agir é o único caminho para tornar seus sonhos realidade. Já ficar o tempo todo se preocupando é como rezar pelas coisas que você não quer. Quando você atinge seu limite, para nos sinais vermelhos que estão apenas em sua cabeça. Por isso, vou lhe dar o seu primeiro Desafio do Dia. Em vez de ficar sempre esperando pelo pior, perguntando-se o que tem a perder, que tal se fazer esta simples pergunta:

Até onde isso pode me levar?

Qual a melhor coisa que poderia acontecer se você comprasse as passagens para aquela viagem que vem protelando?

O que de melhor pode acontecer se você apresentar sua história para aquele programa e eles aceitarem?

Desafie-se!

Como parte do meu compromisso com minha palavra do ano e o Projeto Alma Gêmea, eu me desafiei a conversar com alguns rapazes que sorriam para mim, em vez de desviar o olhar para o celular com vergonha ou continuar andando, secretamente desejando que eles me seguissem. (Nenhuma surpresa que eu tenha ficado solteira por tanto tempo!) Quando eu conversava com eles, meu estômago revirava, e eu sabia que estava cumprindo meu desafio do dia. A cada desafio, e a cada novo encontro (que tenha ido bem ou não), eu ficava mais confiante de que o Homem dos Meus Sonhos estava por aí. Eu só precisava encontrá-lo. E sabe o que aconteceu?

O Desafio do Dia me levou direto para ele.

QUEM É MAIS SORTUDO QUE NÓS?

"Jen, você precisa voltar àquela academia. Tem alguém que precisa conhecer."

Um aviso em neon piscou dentro da minha cabeça, ofuscando minha visão quando passei pelo prédio que era da Reebok Sports Club. Você sabe, *a* Reebok Sports Club que me despediu e me baniu de pisar na academia? O prédio era o mesmo, mas a placa acima da entrada era diferente. No lugar da logo da Reebok, a palavra *Equinox* brilhava em letras brancas gigantescas em forma de halo.

Fiz uma busca rápida no Google e descobri que a Equinox tinha comprado a Reebok, significando uma nova gerência! Naquele momento o meu estômago revirou. *Ali estava o meu Desafio do Dia.*

Eu não podia recuar, pois já tinha decidido que voltar àquela academia seria o meu desafio! Em instantes eu estava entregando meu cartão de crédito na salinha de novos clientes. Eu já era membro da Equinox, mas como essa era a academia mais luxuosa da rede, parar treinar ali era necessário um plano de assinatura especial. Não vou mentir, poder entrar naquele prédio e contratar meu próprio plano sem dificuldade foi demais (você lembra desse momento na minha Lista Poderosa no Capítulo 4?). E ficou muito melhor quando dei de cara com um dos treinadores com quem namorei quando trabalhava lá. Foi o ápice do meu dia contar ao Jose, meu ex-crush, como eu estava prosperando como empreendedora desde que saí da Reebok.

"Sabe", disse Jose ao colocar o haltere de volta no suporte. "Você deveria conhecer um cara que frequenta aqui. Ele também é empresário, com certeza, pode te ajudar." E antes de eu perguntar qualquer coisa, ele já tinha me enviado o perfil no Facebook do Chris "o Super Connector" Winfield.

O sinal neon piscou de novo, destacando a palavra *Connector* embaixo da foto dele — veja só, minha palavra do ano era *conexão*! Eu tinha que conhecê-lo. Essa conexão com Chris poderia ser boa para minha carreira e meu negócio. Talvez ele até pudesse me "superconectar" com meu Jay-Z. Meu Desafio do Dia já estava valendo a pena. Porém, eu nem imaginava que com apenas um toque eu estava fazendo a conexão mais importante da minha vida.

Depois de algumas mensagens embaraçosas (Chris não era muito bom em conversar por mensagens no celular), concordamos em nos encontrar para uma caminhada no Central Park. Achando que não seria um encontro romântico, fui sem maquiagem, vestindo uma legging preta e uma blusa de manga com zíper e "furo" para o dedão. Enquanto esperava por ele em um banco do parque, eu me deleitava no sol maravilhoso de uma rara tarde de novembro em Nova York, com 18°C. Parecia uma cena de *Mensagem Para Você*. Se ainda não viu essa clássica comédia romântica com Tom Hanks e Meg Ryan, assista e me agradeça depois.

Um pouco atrasado, Chris se aproximou do banco, usando óculos escuros descolados, e a primeira coisa que disse para mim, fazendo um gesto para o clima, foi "quem é mais sortudo que nós?". Mal sabia ele o quanto estava certo.

A caminhada durou cinco horas, e aquele sinal neon nunca mais se apagou. E finalmente, eu e meu parceiro, um empresário de 1,83 m do Upper West Side, conhecido por seu humor contagiante, ambição e crença na lei da atração, e que ostenta várias tatuagens, decidimos morar juntos. Nossa nova casa era um apartamento ensolarado de três quartos com janelas do chão ao teto no Upper West Side, e a vista era totalmente diferente daquela minúscula parede de tijolos onde eu comecei. A melhor parte de nos mudarmos para nossa casa dos sonhos é que eu conseguiria pagar metade do aluguel sem dificuldades. No dia em que nos mudamos, Chris buscou meu cachorro, Dexter, e ficou olhando pela vista da janela que eu sonhara durante anos, quando outro sinal neon piscou em cima dele, me dizendo: "Venha ver! Rápido, Jen! Venha ver!"

Não entendi na hora porque aquela cena parecia tão familiar, mas tirei uma foto com meu celular. Depois percebi: era a foto do meu quadro dos sonhos, só que mil vezes melhor. Em vez de um bebê, ele estava com meu cachorro, e em vez do Havaí, ele contemplava minha outra cidade favorita no mundo. E em vez de um modelo sem rosto e sem nome, era o Chris. Meu Homem dos Sonhos. Meu Jay-Z. Meu sonho tinha se tornado realidade.

DO ANO DA CONEXÃO PARA SUPERCONEXÃO

Quando o conheci, Chris comandava o Unfair Advantage Live, o mesmo evento onde transformei meu fracasso épico em uma festa animada. Antes de eu fazer parte da organização, Chris não alugava quartos de hotel, fachadas na Time Square, nem tinha palestrantes famosos para o evento. Tudo isso veio depois. Naquela época, com um retroprojetor em uma pequena sala, ele fazia a palestra que durava apenas um dia, sem nada para vender aos participantes no final. Certa manhã, cerca de uma semana antes do UAL, Chris digitava com um entusiasmo enorme no notebook. "Já sei o que vender no evento", disse ele, olhando para a tela com um sorriso sagaz que eu conhecia bem: era hora de agir.

Em uma hora, ele desenvolveu, em um documento no Google, um programa que outras pessoas levariam meses para elaborar. Era um programa de publicidade "feito com você" para empresários que gostariam de aparecer na mídia. Era um projeto incrível e, com certeza, a Chris Winfield Inc, que logo se tornaria Super Connector Media, deslanchou.

A essa altura, a JLG Fitness havia crescido e se tornado uma consultoria completa de transformação pessoal. Expandi meu foco para além da preparação física, e estava ajudando CEOs, celebridades e empresários de alto desempenho a dominarem sua mentalidade e desenvolverem o corpo *e* a vida de seus sonhos. Estava ganhando centenas de dólares com uma empresa completamente online, logo, podia trabalhar de qualquer lugar. Ou seja, eu poderia acompanhar e apoiar Chris em seus eventos pelo país. Eu estava no melhor momento da minha vida, além de muito orgulhosa do que tinha criado, mas parte de mim ainda se perguntava se eu continuava no caminho certo para minha visão Beyoncé/Tony Robbins ou estava apenas seguindo o fluxo.

Eu estava fazendo as coisas que amava e ainda apoiando o homem dos meus sonhos, mas algo parecia estar faltando. Eu tinha orgulho de ver Chris palestrar para milhares de pessoas, mas por ser uma artista, o desejo de estar no palco estava enraizado em mim. Sempre que sentava na primeira fileira para assisti-lo, em segredo desejava estar naquele palco também.

Um dia, correndo em uma colina em San Diego (sim, esse foi um outro Desafio do Dia!), Chris me disse: "Jen, você conseguiria encerrar a sua empresa e ser minha sócia nos negócios?".

Uma nova mudança em minha vida aconteceu, simples assim, vi aquele letreiro neon, senti meu estômago revirar, e tomei uma atitude em outro desafio. Coloquei o medo de lado, fechei a JLG Fitness de vez e assumi o cargo de cofundadora e chefe de mentalidade da Super Connector Media.

Desde então, realizei todas as coisas da minha visão de dia perfeito. Tenho o meu Homem dos Sonhos, com quem moro e trabalho todos os dias. Palestro e ajudo pessoas a crescerem e desenvolverem suas empresas, marcas e mentalidades, e ainda posso me produzir e usar looks incríveis enquanto faço isso! Criamos uma cultura incrível em nossa empresa onde todos sentem nosso apoio e amor, e agora é uma empresa premiada e multimilionária que tem mudado a vida de vários clientes.

ISTO OU ALGO MELHOR

Na época em que sonhava ser uma atriz, nunca me imaginei ensinando outras pessoas como serem vistas, mas essa é a graça de criar a sua versão 2.0. O futuro que você cria está em constante crescimento e mudança. Às vezes, seus objetivos são apenas ponto de partida para um futuro maior e melhor que você nunca ousou imaginar. Às vezes você sonha em estar casada e com um filho, na varanda de um hotel de luxo no Havaí, e recebe sua alma gêmea segurando um cachorro maltês no apartamento dos seus sonhos em Nova York — um pouco diferente, mas o resultado é muito melhor e perfeitamente condizente com a pessoa em que você está se tornando.

A verdade é que você nunca viverá o futuro que almeja se continuar só visualizando. E com certeza não vai conquistar nada se continuar impedindo a si mesmo toda vez que atinge seu limite. Você precisa agir. Então, caro amigo ou amiga, faça algo hoje que o aproximará da sua visão. Eu o desafio.

MOMENTOS DE GRANDE IMPACTO

- Atente-se ao Limite Máximo: o ponto em que paramos de agir pelo medo do fracasso ser maior do que nossa crença no que é possível.
- A Lei da Atração nos diz que semelhante atrai semelhante, mas a "atração" não existe sem a AÇÃO.
- Só existe UMA forma de voltar aos trilhos quando você atinge seu LIMITE MÁXIMO, que é *fazendo alguma coisa* para alcançar uma vitória mínima.

- Em vez de ficar sempre esperando pelo pior, pergunte a si mesmo: "Até onde isso pode me levar?"
- *Isto ou algo melhor:* entenda quando mudara para um novo capítulo em sua vida.

UMA VITÓRIA RÁPIDA

- Saia de sua zona de conforto estimulando a si mesmo com os Desafios do Dia.

ANOTE EM UM POST-IT

- "Faça alguma coisa!".

PARTE 3

SEJA CONECTADO

CAPÍTULO 8

NÃO EXISTE "COMUNIDADE" SEM NÃOS

Enquanto eu escrevia este livro, meu cachorro, Dexter, foi morar no céu. Ele foi meu melhor amigo por quatorze anos, estando ao meu lado durante os momentos mais desafiadores da minha vida (muitos dos quais você já leu aqui). Se você também tem animais de estimação, deve imaginar que dizer adeus a Dexter foi uma das coisas mais difíceis que tive que fazer.

Na manhã seguinte de sua partida, eu tinha uma live no Instagram para o meu quadro de Arrume-se Comigo: Perguntas & Respostas, agendada para às 9 horas. Responder perguntas ao vivo todas as manhãs enquanto me maquio é um dos compromissos que tenho comigo mesma e com minha comunidade. Comecei como um desafio do dia para sair da minha zona de conforto e aumentar a conexão com minha audiência, e funcionou. Fiquei surpresa ao perceber que virou um dos meus rituais favoritos. Normalmente, eu ficava muito animada para essas lives, mas quando me olhei no espelho, eu não tinha condições nenhuma de aparecer na câmera. Meu rosto estava inchado de tanto chorar, tinha uma espinha enorme no meu queixo e eu *não* queria ser vista.

Teria sido muito mais fácil cancelar a live, mas eu tinha me comprometido, e você sabe como levo isso muito a sério. Então lavei o rosto, posicionei o celular e liguei a câmera. Comecei a rotina de maquiagem falando sobre o Dexter. Sendo honesta com minha audiência, admiti o quanto estava sendo difícil gravar aquela live. Eu estava com a energia bem baixa, até que uma das minhas queridas amigas, Amy Porterfield, mandou um comentário dizendo o quanto me amava e estava feliz por eu estar fazendo conteúdo de maneira real.

A nuvem de tristeza que pairava sobre mim desde que Dexter partiu tinha começado a se dissipar. E isso transpareceu no vídeo — fiquei mais animada e, com Amy ali, falar como eu estava me sentindo para milhares de pessoas foi muito mais fácil. Eu não estava mais falando com um monte de estranhos; uma de minhas amigas mais próximas estava me vendo. Em pouco tempo eu já estava sorrindo e comentando sobre o livro de Amy e todas as formas incríveis com que ela ajudava empresários.

Eu estava me sentindo muito melhor quando terminei a live. Além de ter recebido uma mensagem carinhosíssima de Amy sobre Dexter, compartilhando a sua experiência de perder um animalzinho. Eu me senti amada e amparada, e meu vídeo foi poderoso pela conexão expressiva que tinha com alguém que me apoiava.

É isso que quero para você — que esteja rodeado de pessoas que entendam pelo que está passando. Afinal, minha vida não mudou drasticamente durante meu Ano de Conexão por acaso. Mesmo depois de se reconectar com a sua essência e viajar no tempo para encontrar a sua versão 2.0, o verdadeiro reconhecimento só acontece com a comunidade certa ao seu lado. Ficamos bem mais amedrontados em começar um negócio ou fazer mudanças que fomentam nossos valores quando as pessoas a nossa volta não apoiam quem somos de verdade. E com "amigos" como esses, não é de se espantar que você tenha medo de que Verdadeiro Eu seja visto!

Conectar-se de maneira sincera e genuína com as outras pessoas é a verdadeira vantagem desleal que acelera seu crescimento exponencialmente, seja nos negócios, em relacionamentos ou objetivos de vida, mas é preciso ter respeito e limites dos dois lados para garantir que essa relação seja saudável e duradoura. Por isso, na Parte 3, pegaremos os grandes saltos que você tem dado internamente nas Partes 1 e 2 e os traremos para o mundo externo! Você aprenderá estratégias práticas para criar uma comunidade com conexão autêntica, fazendo com que o networking tradicional, com trocas de cartões, pareça tão antiquado quanto o uso de jeans skinny e cabelo repartido de lado. Usando estratégias que resultaram em um sucesso inesperado para centenas dos meus clientes, mostrarei a você como atrair as pessoas certas para seu turbilhão de Realismo — e, fazendo isso, transformando-os em seus maiores apoiadores, parceiros de indicação, companheiros de responsabilidade, clientes e amigos.

E tudo isso começa com uma palavra importante.

CONHEÇA O SEU MAIS NOVO AMIGO

O primeiro membro da sua mais nova equipe "Seja Visto" é alguém que você, com certeza, já conhece, mas talvez não goste tanto assim dele. Contudo, esse falsiamigo será o membro mais poderoso de sua equipe.

Permita-me (re)apresentá-lo à palavra *NÃO*.

"NÃO" é a palavra que vai libertá-lo de tudo o que te impede de avançar. Dizer NÃO é o que vai lançá-lo para o seu futuro. Vou explicar por quê.

Quanto mais eu me reconecto com a Verdadeira Jen e com o que ela quer, mais percebo como eu ficava estagnada por causa do meu grupo de amigos. (Para dizer de forma sutil.) Durante minha época de Garota da Caixa de Bugigangas, se eu fizesse uma live sobre meu cachorro que acabara de morrer, enquanto me maquiava, com uma espinha latejante no queixo, meus amigos daquela época não me apoiariam, pelo contrário, provavelmente se afastariam. Se eu ficasse empolgada por algum motivo, por exemplo, aparecer na capa da revista *Strong*, esses mesmos amigos talvez teriam tentado diminuir minha conquista. Lembro-me de uma vez contar a uma amiga daquela época que eu tinha sido destaque de um blog muito famoso, e na mesma hora ela jogou um balde de água fria no meu entusiasmo, criticando o autor do texto, me fazendo questionar se ter sido mencionada por ele tinha sido realmente positivo. No dia seguinte, descobri que ela tinha ligado para o redator e se ofereceu para ser destaque no mês seguinte.

Vou confessar uma coisa: eu com certeza não era inocente nessa situação. Eu só atraía gente desse tipo porque tinha os mesmos pensamentos. Semelhante atrai semelhante, lembra? Eu aceitava essas pessoas, uma vez após outra. Durante aquela fase da minha vida, a gente se conectava por ter muito do que reclamar, nos sentindo vítimas das circunstâncias e — sejamos francos — falando mal uns dos outros. Tínhamos receio de que se uma de nós fosse bem-sucedida, tiraria a oportunidade das outras, então toda vez que almoçávamos juntas, era claro que não havia apoio entre nós. Na verdade, éramos mais como uma combinação de um episódio de reunião de *Real Housewives* com *Survivor*.

A gente se enturmava só para falar mal dos outros, choramingar por tudo de ruim que acontecia ou podia acontecer, e formando alianças às escondidas para apontar quem parecia uma ameaça contra a gente. Lembrando-me dessas coisas, sei que era apenas uma maneira inconsciente de nos sentirmos melhor com nossas inseguranças, mas na época eu achava que éramos amigas. Eu nem sabia que existia outra forma de me conectar com outras mulheres.

Quando aprendi sobre ter um mindset abundante, mergulhei em um profundo crescimento pessoal, a forma como meu grupo de amigas se comunicava passou a ser bem degradante para mim. Tentei mostrar a elas esse novo jeito de pensar, mas não deu muito certo. Eu sentia que estava fazendo algo de errado, pela falta de apoio e o completo desinteresse delas na minha jornada para abrir um negócio, fortalecer minha marca e manifestar uma nova vida. Então ocultei aquela parte de mim. Tenho vergonha de confessar que me escondi totalmente nas coxias, com medo da exposição. Não acreditava que as pessoas mais próximas estariam na plateia, incentivando-me se eu subisse naquele palco!

Você está lendo isso, balançando a cabeça em concordância, pois lhe parece familiar? Eu entendo. Não estou apenas na sua plateia, estou na primeira fila, aplaudindo-o de pé! Também estou aqui lhe dando o conselho que eu gostaria que alguém tivesse me dado há muito tempo: talvez seja hora de desapegar dessas amizades.

Amigos ***verdadeiros*** nos ajudam a crescer, não nos colocam para baixo.

Amigos ***verdadeiros*** celebram nossas conquistas, não tentam manipulá-las em seu próprio benefício.

Amigos ***verdadeiros*** torcem pelo seu sucesso, não dizem "Eu avisei" quando você falha.

Amigos ***verdadeiros*** querem que você seja visto pelo que você realmente é.

Se suas amizades não se encaixam nessas descrições, é hora renovar seu ciclo de conexão. Sei que quando temos uma amizade durante muito tempo, parece quase impossível e assustador tentar se afastar.

É mais fácil sentir que temos um débito com nossos velhos amigos, principalmente aqueles de anos. Existe um motivo psicológico para isso: sabe quando você gasta uma grana para consertar seu carro, e de repente aparece outro problema? Então você gasta mais dinheiro *neste* problema, e depois de uma semana, depois de chegar em casa, ouve um barulho estranho quando liga o ar-condicionado?

Você pensa que deveria ter vendido o carro, mas na mesma hora se corrige: *não, não posso. Já gastei muito dinheiro nele!*

Isso é a falácia do custo irrecuperável, que nos engana para ficarmos presos aos investimentos passados, pois gastamos certa quantia, tempo ou recursos neles — mesmos que já não nos sirvam para nada.[1] Mas quando se trata de nossa comunidade e nossos relacionamentos, devemos focar o futuro, não o passado. Algumas vezes precisamos falar não quando o mecânico nos diz que o escapamento deve ser trocado, e falar sim para o ferro-velho que se oferece para tirar aquela lata velha de nossas mãos. Quando um relacionamento deixa de ser bom para você e qualquer tentativa de resolvê-lo causa mais problemas, é hora de gentilmente aposentar essa conexão e dizer NÃO.

Seu novo melhor amigo NÃO tem um segredinho. Na verdade, ele usa um disfarce, no fundo ele esconde um SIM. Aprender a dizer não para uma amizade que você superou significa que você está rejeitando o investimento nesse relacionamento do passado para investir sua energia no seu futuro. Distanciando-se de relacionamentos que não são saudáveis e colocando limites emocionais para si mesmo, na verdade, você está abrindo espaço para algo novo.

Esse SIM tem sido seu *verdadeiro* melhor amigo o tempo todo.

Quando você prefere não sair com seus velhos amigos, que o provocam e o colocam para baixo, está escolhendo dar uma volta com um novo amigo que está ansioso para ouvir sobre suas grandes ideias.

Quando diz não para o convite de casamento do seu ex, está dizendo sim para uma noite desenvolvendo sua marca ou para um encontro com um possível novo parceiro.

Quando você diz não para uma amizade de trinta anos que não faz mais sentido, está dizendo sim para alguém que será sua amiga e crescerá com você nos próximos trinta.

Quando você escolhe que algo não lhe serve mais, está também escolhendo crescer e desenvolver, e além de tudo, escolhendo a si mesmo.

Quando me permiti estabelecer limites para minhas antigas amizades, comecei a ter mais tempo e mais energia, usando-os para o que realmente importava. Isso não aconteceu da noite para o dia, mas me ajudou a lentamente mudar minhas prioridades e minha nova comunidade de amigos que estavam na mesma sintonia que eu.

SENTINDO-SE CONFORTÁVEL COM A REJEIÇÃO

Enquanto aprende a dizer não, há uma outra lição bem difícil para aprender, pois lembre-se, já que é saudável para você dizer não, isso também vale para as outras pessoas. Ou seja, caro amigo, você precisa se sentir confortável ao *ouvir* o não.

Eu gostaria de dizer que o caminho para ser visto como a sua versão 2.0 será tranquilo, mas a vida não funciona assim. Somos rejeitados o tempo todo, de diversas formas. Eu me senti rejeitada quando meus pais se divorciaram, quando não consegui o papel dos meus sonhos (e as centenas de outros papéis que não consegui), quando o Rob me traiu e quando Dexter morreu. A vida me olhou e disse: "Não. Vou tirar algo de você. Sei que você queria isso, mas não terá." E isso machuca! Eu escrevi páginas e páginas no meu diário lamentando meus dias como atriz em que não conseguia o que queria.

Não posso ser rejeitada de novo. Não posso, escrevi, deprimida após um longo dia de audições ouvindo "Não, obrigado" repetidas vezes. Eu não queria continuar daquele jeito, estava cansada de ser tão rejeitada.

Agora posso me lembrar desses dias e sorrir, pois todos esses anos de rejeição me permitiram ensinar isso a você, a verdade da palavra *NÃO*.

A triste realidade é que o medo da rejeição nos impede de nos expor e de sermos vistos como nosso Verdadeiros Eu. Leia a última frase de novo, porque eu disse "medo da rejeição", não "medo de falhar". Não temos medo de falhar. Temos medo de que as pessoas vejam que falhamos e por isso nos rejeitem. Se pudéssemos falhar sem que ninguém ficasse sabendo, não teríamos problema nenhum em tentar coisas novas, mas em vez disso, evitamos nos mostrar vulneráveis para alguém que possa nos dizer que não somos bons o bastante.

Preparado para desvendar a história da origem do seu superpoder?

Dedicamos tanto esforço para alcançar nossos sonhos e realizar a visão da nossa versão 2.0, que ouvir não toda vez que nos expomos desse jeito é insuportável. Afinal, e se você se arriscar a publicar aquele post e receber vários comentários maldosos? E se você finalmente conseguir falar com a pessoa que pode te dar o contato daquele influencer que você quer muito que promova seu novo produto, e ela disser "Não, desculpe, não posso te dar o contato" ou "Não, desculpe, ele não está interessado, e nunca estará".

É a pior coisa que pode acontecer, não é?

Errado.

E se você aceitar a palavra não, pois a cada vez que ouvi-la, já terá um plano reserva para virar as coisas a seu favor e dar a volta por cima de maneira mil vezes melhor?

Isso é possível ao seguir os próximos cinco passos que ensino. Se você conseguir aprender a acolher a rejeição, nada no mundo pode pará-lo.

1. Identifique a situação

Você tentou algo novo e foi rejeitado. Agora é hora de colocar um sorriso no rosto, evitar seus sentimentos e continuar como se nada tivesse acontecido!

A-há! Pegadinha. Era só um teste.

Essa identificação é um processo de três partes. Primeira parte, o que você realmente vai fazer quando ouvir um não é avaliar as circunstâncias. Pergunte a si mesmo: o que aconteceu? Por que recebi esse não?

Permita-se um tempo para pensar nisso. Pegue um papel ou caderno e escreva sobre o assunto. Chame alguém de sua comunidade para conversar. É normal se sentir envergonhado quando se é rejeitado, mas é bem mais fácil se livrar dessa vergonha ao conversar com alguém. Sinto um alívio enorme quando ligo para minha amiga Lori ou converso com Chris depois de receber um não. Dizer isso em voz alta parece diminuir o poder que a rejeição tem sobre mim.

Reconhecer a rejeição o leva para a segunda parte, que é admitir responsabilidade. Pergunte a si mesmo: "O que eu fiz de errado?" Não se deixe levar pela mentalidade de vítima em que você não tem nada a ver com a rejeição. Se você não tem o controle, não pode fazer nada para resolver. Você prefere resolver a situação da próxima vez, não? Talvez você não tenha pesquisado melhor sobre sua audiência. Ou mandou sua proposta ou publicou o post no momento errado. Talvez tenha enviado para a pessoa errada. E talvez não tenha nada a ver com algo que você fez, também é muito importante reconhecer isso.

A questão é que você pode escolher como se mostrar. Você é um líder que assume e aceita a responsabilidade de suas ações, ou é alguém que vive culpando os outros pelos seus erros?

Quando tiver um tempo para pensar sobre isso, podemos passar para a terceira parte. Pergunte a si mesmo: "O que aprendi com isso?".

Cada fracasso, cada contratempo, pode nos ensinar alguma coisa. Então escreva, converse, analise isso e se aprofunde. Eu prometo, quanto mais fizer isso, mais confortável se sentirá.

2. Lide com os sentimentos

Por falar em sentimentos, vamos ao passo dois. Mesmo que você não se permita vivenciar essas sensações da rejeição, elas não desaparecem simplesmente. Se fizer isso, é bem possível que esses sentimentos se manifestem de outras formas, como em seus relacionamentos, no seu trabalho ou até mesmo em sua saúde. Eu costumava usar o desenvolvimento pessoal como escudo contra as emoções ruins. O que acarretava duas consequências horríveis: um, eu nunca aprendia o verdadeiro ensinamento da rejeição por não me permitir vivenciá-la por completo e dois, esses sentimentos que eu escondia lá no fundo, interferiam em outros aspectos da minha vida. Constantemente eu me sentia ressentida, deprimida e desconectada, e só descobria o porquê meses ou anos depois. Resumindo, ou eu lidava com meus sentimentos ou eles continuariam sendo um problema em algum momento.

Hoje em dia, quando sinto algo depois de uma rejeição, me dou um reservatório de sentimentos, ou seja, me permito sentir-me mal por um certo período de tempo que eu mesma defino.

"Certo, Jen", digo a mim mesma depois de receber uma negativa de um organizador de evento. "Pode ficar na fossa pelo resto do dia. Vamos para casa, colocar um moletom, sentar em frente à TV e assistir ao *Bake off*. Se sentir vontade de chorar, tudo bem, pois vamos reconhecer e aceitar esses sentimentos ruins hoje."

Parece um pouco contraintuitivo, mas vou explicar melhor. Assim como praticar aceitar responsabilidade torna exercer essa responsabilidade no futuro, praticar o sentimento de estar um desastre total ajuda, um pouco a cada vez, a diminuir o medo de vivenciar esse caos. Toda vez que me jogo no sofá e tiro um tempo em que não preciso reagir a nada, sei que o dia seguinte será bem melhor. Sei que existe uma luz no fim do túnel. Quando conseguimos confiar em nós mesmos para lidar com qualquer situação dolorosa e estarmos preparados para o que vem a seguir, estamos nos ensinando que essas emoções negativas são temporárias. E o mais importante, o que permanece é a nossa resiliência, a capacidade de colocarmos as emoções negativas e guiadas pelo medo de lado e recomeçarmos.

3. Descubra o sim escondido

Tudo de ruim que já aconteceu comigo me tornou a pessoa que sou hoje. Mesmo o que achei ser a pior coisa do mundo, aconteceu por um motivo. TODOS aqueles nãos me trouxeram inúmeros "sins" que eram mil vezes melhores, mas só com o tempo e reflexão a gente consegue ver esse tipo de conexão.

Lembra todo aquele trabalho de gratidão que fizemos na Parte 2? É hora de repeti-lo, pois será muito útil neste momento. Depois de identificar a situação e lidar com seus sentimentos, é hora de fazer uma lista. (Acho que já está bem claro que adoro criar listas!)

Agora vamos escrever uma lista de cada rejeição ou fracasso que acabou se tornando uma coisa boa, faça isso em um caderno, um aplicativo no celular ou em um pedaço de papel qualquer. Quais dos seus melhores amigos você nunca teria conhecido se tivesse conseguido aquele emprego do outro lado do país? Que oferta você teria que rejeitar se aquela empresa tivesse aceitado sua proposta? (Se não consegue pensar em algo, consulte sua Lista Poderosa, posso garantir que você lidou com algumas rejeições para alcançar cada um daqueles momentos incríveis.)

Treine seu olhar para identificar os "sins" escondidos entre os nãos que recebeu. Comece a ver todas aquelas rejeições por um olhar de extrema gratidão. Sempre há algo para ser grato, mesmo nas piores situações. Quando você entende como agir pela gratidão, aprende que não tem como ficar com raiva ou se sentir triste ao mesmo tempo que está grato, pois a gratidão supera tudo.

Já escreveu sua lista? Agora que tem algo pelo que ser grato, também tem algo para celebrar. É isso mesmo, quero que você celebre por ter sido rejeitado. Isso aí! Você tomou uma atitude. Fez alguma coisa, mesmo sentindo medo! E toda vez que você dá mais um passo para ultrapassar a sua zona de conforto, está investindo na sua reserva de confiança. E vou além, está no caminho de ter mais um momento maravilhoso em sua Lista Poderosa. Então celebre o máximo que puder o fato de ter recebido aquele não, pois significa que você se arriscou. Vou dividir um segredo: não conheço ninguém que hoje é bem-sucedido sem ter se arriscado. Você está no caminho certo, e *isso* é algo pelo que ser grato.

4. Elabore um Plano

Pegue a lista que fez no passo um, do que aprendeu com essas experiências. Agora que está com a cabeça no lugar certo, é hora de descobrir o que fazer a seguir.

Qual resultado deseja a partir daqui?

Digamos que você não conseguiu o segmento de mídia que mandou a proposta. É uma droga, com certeza. Mas sabendo o que sabe agora, e fazendo os passos de um a quatro, qual resultado diferente gostaria? Quer enviar uma proposta para um novo canal? Ou reformular o que você já mandou para a mesma empresa?

Seja qual for sua decisão, agora é hora de pensar em como tornar isso realidade.

Escreva três passos para alcançar isso. Não são cinco passos nem dezessete, nem mesmo dez. São *três passos*, pois precisa ser simples e fácil de fazer, você só precisa de três passos para dar o primeiro impulso. Você ainda vai encontrar várias táticas neste livro para manter como recursos exatamente para esse tipo de situações, continue lendo!

5. Faça alguma coisa

Lembra-se do Post-it grudado no notebook? *FAÇA ALGUMA COISA.* Você já deve ter entendido por que a Lei da Ação é tão importante, e com esses cinco passos você vai desenvolver os seus próximos passos. Agora é hora de juntar tudo e seguir seu próprio conselho. Dê o primeiro movimento em direção ao seu novo resultado.

Não precisa fazer isso logo de cara — lembre-se: é importante lidar com seus sentimentos, e às vezes isso significa tomar um banho, sair para uma caminhada ou desligar o computador e colocar seu celular no modo "não perturbe". Dar um tempo a si mesmo para pensar e rever seu plano no dia seguinte é uma ótima forma de se afastar da rejeição. O importante é agir e seguir em frente. Transformar aquele não em sim.

Você consegue.

A VERDADEIRA VANTAGEM DESLEAL

"Jen, como você fecha eventos para palestrar? Como consegue efetuar vendas? Como divulga a si mesma?" Essas são as perguntas que mais recebo na minha live diária no Instagram de Arrume-se Comigo: Perguntas & Respostas.

E eu sempre respondo que o segredo é manter relacionamentos fortes e significativos. Esses relacionamentos — nossa comunidade — não são um desejo, mas uma *necessidade*. Não fomos feitos para ficar sozinhos. Na Grécia Antiga, o exílio era reservado como punição para assassinos, e na Roma Antiga, era considerado uma alternativa para a sentença de morte.[2] Na Europa Medieval, a excomunhão da Igreja (a ligação mais importante em uma comunidade) era a punição mais forte que alguém poderia receber. As pessoas que eram excomungadas não podiam comer ou beber com qualquer outra pessoa, ou comprar e vender mercadorias para alguém na comunidade. Quando morriam, não era permitido que fossem enterrados em solo sagrado, e eram consideradas condenadas pela Igreja, não podiam nem sequer se juntar aos amigos e familiares na vida após a morte!

A Universidade de Harvard fez um estudo chamado Grant Study durante 75 anos, em que os pesquisadores faziam a seguinte pergunta: "O que faz uma vida valer a pena?".[3] Eles descobriram que os relacionamentos são o fator mais importante para uma vida bem-sucedida. De acordo com o estudo, as pessoas que têm relacionamentos mais profundos e significativos são mais felizes como também têm mais sucesso financeiro do que aqueles com poucos bons relacionamentos. Relacionamentos sólidos também são fortemente correlacionados com baixas taxas de ansiedade, mais momentos felizes e maior satisfação pela vida aos 75 anos.

Precisa de mais provas? O antropologista Robin Dunbar fez uma descoberta surpreendente sobre comunidade que culminou na teoria que conhecemos como o Número de Dunbar. Ele afirmou que os humanos prosperam melhor quando fazem parte de uma comunidade de cerca de 150 pessoas. Essa teoria é confirmada pela história: unidades militares têm sido tradicio nalmente mais bem-sucedidas com até 200 pessoas, e há histórias famosas de vilas históricas que se separaram por terem mais de 150 habitantes.[4]

O mundo mudou bastante desde então, e com o avanço das redes sociais, Dunbar elaborou sua teoria introduzindo camadas em nossas comunidades. Ele diz que os humanos fazem parte de grupos sociais com:

- 1- ou 2 amigos especiais
- 5 amigos íntimos

- 15 melhores amigos
- 50 bons amigos
- 150 "relações amigáveis"
- 500 conhecidos

Dunbar alega que nosso cérebro tem capacidade para lidar apenas com um número finito de relacionamentos por vez em nossas vidas. O dia tem horas limitadas, assim como nossa energia. Com isso em mente, é muito importante dizer não para pessoas que não se encaixam na comunidade que desejamos, para dizer sim àqueles relacionamentos que nos levarão mais perto de nossos objetivos![5]

Limpando seu jardim

Você não vai conseguir se afastar por completo de algumas pessoas, como membros da família, seu chefe ou seu vizinho xereta. Negatividade é como erva daninha, está sempre brotando, faz parte da vida! Mas mesmo se não conseguir acabar com a negatividade, pode diminuir os holofotes dela e se cercar de pessoas que lhe fazem bem. Logo terá ao seu redor pessoas que te amam e enxergam sua visão de futuro. O apoio dessas pessoas será intenso, e quem é negativo sairá tão rápido quanto um discurso de agradecimento do Oscar precisa ser.

E aquelas pessoas que você ama, que "não entendem", mas você quer *muito* que elas entendam? Você está amadurecendo e mudando, quer que o mesmo aconteça com elas, que comecem a cuidar de si mesmas ou que iniciem sua própria jornada para um novo negócio. Como pode convencê-las a mudar com você?

A dura verdade é que você não é capaz de fazer isso. Conhece aquele ditado "Quem não quer, não aprende"? O mesmo vale para as pessoas em nossas vidas.

O único jeito de instigar as pessoas pelas quais se importa a mudarem é mostrar o caminho do conhecimento e torcer para que elas estejam tão sedentas quanto você. Se forçá-las a mudar, é bem provável que se ofendam. Você precisa ser a prioridade em relação ao crescimento pessoal, e ao ser o exemplo com suas atitudes, fica mais fácil para os outros se juntarem a você, se perceberem que querem seguir o mesmo caminho. Se não, farão outra rota. É difícil aceitar, mas a escolha é delas, e no fim das contas, é o que interessa aos dois lados.

Ser o exemplo é a melhor maneira de tirar de nossas vidas as pessoas que não suportam nossa nova mentalidade, e dizer não para o que não nos serve mais, levando-nos de volta ao não e seu disfarce esperto. Construir uma nova comunidade tem menos a ver com rejeitar sua vida passada e mais com ser intencional para o que você aceita. É estar atento à sua versão 2.0 e dizer sim para aquelas oportunidades que se acendem como luzes neon. Lembre-se: você não está rejeitando as pessoas, está aceitando a si mesmo.

Acredite, as pessoas de sua vida antiga que são valiosas para sua nova vida com certeza perceberão isso. E quando enxergarem os resultados incríveis que você está tendo, correrão sedentas.

Daqui em diante, passaremos do crescimento e relacionamentos pessoais para conseguir ser visto pela sua comunidade, sua rede profissional e sua audiência. Estar em uma comunidade forte lhe dá suporte e motiva a expandir seu negócio, aumentando sua visibilidade. Porém, esses relacionamentos valiosos e gratificantes não se constroem da noite para o dia, você precisa de intenção e estratégia para construi-los. No final, sua rede de contatos é seu tesouro, e nos próximos capítulos você aprenderá como construi-la de verdade.

Diminuir o volume das pessoas que não importam é a única forma de encontrar quem importa. Você precisa criar oportunidades para conhecer essas pessoas e se conectar com elas, esforçando-se para transformar encontros casuais em conexões verdadeiras com aqueles que enxergam e celebram o seu Verdadeiro Eu — isso significa saber dizer não, ouvir não e entender oportunidades poderosas que se escondem entre esses nãos.

MOMENTOS DE GRANDE IMPACTO

- Sua rede de contatos tem o poder de mudar seu dia, positiva ou negativamente. Uma comunidade boa e solidária vai permitir que seu Verdadeiro Eu seja visto e também lhe dará o poder de ser visto em uma escala muito maior.
- Conectar-se de maneira sincera e genuína com as outras pessoas é a verdadeira vantagem desleal que acelera seu crescimento exponencialmente, seja nos negócios, em relacionamentos ou objetivos de vida.
- Comunidade não é apenas um desejo, e sim uma *necessidade*. Humanos precisam de outros humanos.
- Inúmeros estudos como o Grant Study, de Harvard, nos mostram que prosperamos mais quando estamos cercados por outras pessoas, e outros cientistas, como Dunbar, têm nos mostrado que podemos lidar com um número finito de relacionamentos próximos em nossas vidas, por isso é muito importante analisarmos muito bem quem deixamos entrar em nosso círculo de amigos.
- A palavra "não" é a sua melhor amiga (e é um sim disfarçado).
    - Ouvir um não é difícil, mas, lembre-se: é um não momentâneo, não para a vida toda.
    - Dizer não é difícil por causa da falácia do custo irrecuperável, mas dizer não a relacionamentos e oportunidades que não fazem mais sentido para você é dizer sim para novos relacionamentos e oportunidades do futuro que farão.

UMA VITÓRIA RÁPIDA

- Escolha uma situação em que foi rejeitado e trabalhe os cinco passos:
    - Identifique a situação;
    - Lide com seus sentimentos;
    - Afirme que é para você;
    - Elabore um plano;
    - FAÇA ALGUMA COISA.

ANOTE EM UM POST-IT

- Todo não é um sim disfarçado para algo a mais.

CAPÍTULO 9

COMO GOSTAR DE PEDIR AJUDA

Talvez não seja nenhuma surpresa, mas eu amo tirar fotos. Posar para uma câmera traz de volta a emoção daquela garotinha dançando *Thriller* no porão da casa dos pais. Aliás, se tivéssemos sido amigos no ensino fundamental, com certeza eu teria inventado de brincarmos fazendo uma sessão de fotos, usando as maquiagens da minha mãe, posando para fotos com todos os figurinos que eu tinha das minhas antigas apresentações de dança. Eu ainda fico extasiada quando faço uma sessão de fotos, então o que vou dizer agora pode parecer um pouco estranho ou até mesmo chocante.

Eu DE-TES-TA-VA pedir para alguém tirar fotos de mim. Pagar alguém para fazer isso, tudo bem, eu achava que tinha um valor justo nessa troca, mas mesmo de férias com uma amiga que não via há anos, linda e arrasando em frente a um ponto turístico famoso, e ela dizia: "Vamos pedir para alguém tirar nossa foto", eu congelava como estátua de museu.

Não.

Obrigada.

Eu não conseguia.

Era inconcebível para mim que alguém parasse o que estava fazendo para tirar uma foto minha. Parecia rude. Eu achava muito inconveniente, e não conseguia entender por que interromper uma pessoa para fazer algo para mim. Nunca achei que pudesse ser algo mais do que apenas uma aversão em pedir para tirar fotos, até um dia que vivenciei algo que mudou completamente meu jeito de pensar.

Alguns anos atrás, eu estava com Chris no Píer de Santa Monica, na Califórnia, no dia mais mágico de todos. Foi quase uma cena de filme com uma trilha sonora animada. Andamos na roda-gigante, comemos umas besteirinhas e brincamos nas barracas de jogos — até ganhei um tigre de pelúcia. Me senti como nas histórias de romance, estávamos apaixonados, nos divertindo muito. Queria que aquele momento durasse para sempre, mas o sol se pôs no Oceano Pacífico e voltamos para o hotel. Olhei para trás para contemplar mais uma vez o cenário do meu dia perfeito: o píer estava maravilhoso, os brinquedos com as luzes acesas e o pôr do sol ao fundo.

"Precisamos tirar uma foto", falei para Chris, meus olhos percorrendo o lugar. Eu já podia imaginar como compartilharia no meu perfil — o dia inteiro tinha sido instagramável —, mas quando tentei tirar uma selfie, não consegui pegar todo o cenário na foto.

"Vamos pedir para alguém tirar", sugeriu Chris quando percebemos que nenhum dos dois tinha braços longos o suficiente para pegar a paisagem toda. Olhei para as pessoas em volta, todas curtindo *seus* dias perfeitos e meu estômago revirou. "De jeito nenhum!"

"Ah, que isso, não tem problema nenhum em pedir ajuda!", disse ele.

"Não se trata disso", respondi.

"Não?"

Não consegui responder — eu sabia pedir por ajuda, certo? Mas antes que eu pudesse refletir sobre o assunto, Chris deu um sorriso travesso, e disse: "Ah, duvido você fazer."

Ele me conhecia bem e me encurralou. Eu não podia recusar um Desafio do Dia! Era o meu ponto fraco! Olhei para ele com um ar provocador, analisamos em volta, procurando alguém para pedir ajuda, quando avistei uma mulher passando por nós.

Aproximei-me dela e disse: "Oi, desculpe parar você, mas poderia tirar uma foto minha com meu namorado no píer, por favor? Se não puder, tudo bem." Eu até me encolhi de vergonha. Se ela estivesse com pressa? E se sentisse obrigada?

Mas ela sorriu e disse: “Claro”.

A mulher nos colocou em frente à roda-gigante e, durante dez minutos inteiros, comandou uma sessão de fotos completa para mim e Chris. Juro que foi mais detalhada do que a última vez que apareci em uma revista. Tirando fotos de vários ângulos, nos dando poses e variando o zoom da câmera para capturar closes e imagens mais amplas.

“Isso aí”, disse ela, depois de pedir para que ficássemos mais à direita e depois um pouquinho mais à esquerda. “Chris, envolva seu braço nela. Isso, agora olhem um para o outro e sorriam. Agora se beijem! Assim mesmo! Vocês são adoráveis!”

Olhei para Chris com uma expressão feliz. Aquela mulher estava se divertindo demais! Quando ela devolveu meu celular, fiquei espantada porque ela estava quase chorando. Mais surpreendente ainda foi ouvi-la *me* agradecendo antes de eu fazer o mesmo.

“Muito obrigada”, disse a mulher. “Eu era fotógrafa no Parque da Disney, o melhor emprego que já tive. Eu adorava tirar fotos das pessoas, agora não faço mais isso. Tinha quase me esquecido de como me sentia bem, tirar essas fotos de vocês deixou meu dia mais feliz. Muito obrigada por me pedir para ajudar.”

Seguimos nossos caminhos com um sorriso no rosto, e aprendi uma lição que ficou para a vida toda. Fiquei com medo de pedir ajuda a ela e, por causa da reação dela, nem consigo lembrar o motivo. Aprendi que pedir por ajuda *também ajuda* outras pessoas.

A DÁDIVA DE PEDIR

Tente lembrar quando foi a última vez que alguém querido — da sua família, um amigo ou seu colega de trabalho favorito — pediu sua ajuda. Como você se sentiu?

Tenho certeza de que você se sentiu importante, pois pôde proporcionar para essa pessoa algo que ela não conseguiria sozinha.

Aposto que se sentiu visto.

Sem dúvida, uma das maneiras mais rápidas de se sentir bem é ajudando outra pessoa. Além do mais, quando você pede ajuda a alguém, está dando a oportunidade de a pessoa se sentir incrível por ajudar você (faz sentido?). Se eu não tivesse pedido a ajuda daquela mulher, ela não teria passado por um momento que mudou o dia dela. Ela nos ofereceu algo de valor, sentindo-se muito bem fazendo algo que adorava! Mas isso vai muito além do que dias mágicos em parques de diversão. Quantas vezes você deixou de pedir ajuda para preparar uma proposta ou para conhecer alguém que poderia ajudá-lo a alcançar seus objetivos profissionais?

Quando você não pede ajuda, está privando outras pessoas de se sentirem vistas, importantes e valorizadas. Quando procura por ajuda, demonstra sua confiança de que aquela pessoa é capaz de auxiliá-lo com algo que talvez você não conseguiria fazer sozinho, e está dando a ela a chance de se sentir incrível por ajudar você.

SENDO UM MESTRE EM PEDIR

Eu sempre digo que um dos meus maiores objetivos é ser a maior oradora motivacional de todos os tempos. Sendo bem direta: quando escrevo essa declaração, a síndrome do impostor toma conta de mim de um jeito que eu ainda fico enjoada. Mas eu sei que quanto mais escrevo meu objetivo (não importa o quão paralisada eu fique pelo medo de falhar ou parecer uma tola por fazer uma declaração tão significativa), mais confortável meu subconsciente vai ficar tendo isso como realidade. E como já falamos no Capítulo 5, quanto mais seu subconsciente acredita ter alcançado seu desejo, mais claro fica o caminho para conquistá-lo. Tenha em mente também que quanto mais pessoas souberem de seu objetivo, você tem mais chances de que alguém o apresente a quem pode ajudá-lo, ou mesmo esse alguém pode ajudá-lo diretamente. A gente nunca sabe quem está ouvindo (ou lendo! Olá, organizadores de evento, estou disponível!).

Tenho colocado esse medo sem-vergonha de lado e feito todas as coisas que estou ensinando a você neste livro para criar a versão ideal que vejo para a Jen 2.0. Quando digo que estamos nesta juntos, é para valer! Uma das estratégias mais significativas que fiz para alcançar meu objetivo de ser a melhor oradora do mundo foi investir tempo e dinheiro em relacionamentos. Você deve estar pensando: “Investir dinheiro em relacionamentos? Quer dizer, comprar amigos?”. Não, prefiro chamar de pagar para estar presente.

Vou explicar. Invisto mais de centenas de milhares para participar de masterminds. Antes de você achar que se trata de um grupo de cadetes espaciais futuristas com cérebros enormes reunindo-se em uma nave espacial em uma galáxia distante (foi o que imaginei a primeira vez que ouvi a palavra mastermind), saiba que mastermind é um grupo de empresários que se reúne algumas vezes ao ano para se conectarem uns com os outros. Tony Robbins, palestrante motivacional e autor best-seller, disse lindamente que “proximidade é poder”, e os masterminds são ótimos para estar mais perto de pessoas que podem ajudá-lo a chegar aonde quer ir.

Um dos masterminds que investi teve um impacto enorme na minha empresa (e na minha vida) até agora, e custou cem mil dólares para o ano todo. Sim, eu sei. É muito dinheiro, eu também estava apavorada em gastar esse tanto de dinheiro, que demos duro na empresa para ganhar, para que eu pudesse fazer a mágica acontecer em 365 dias com esse grupo de pessoas super bem-sucedidas que eu não conhecia. Porém, quando você investe alto para fazer parte de algo, sabe que as pessoas que o acompanham — que também estão investindo bastante em si mesmas — serão de valor inestimável. Ou nas palavras da minha crença limitada daquela época, eu seria a pessoa menos bem-sucedida no encontro. E mesmo morrendo de medo, sabia que se quisesse ultrapassar meu Limite Máximo e continuar crescendo, precisava estar com pessoas que pensavam e agiam grandiosamente. O investimento financeiro seria uma responsabilidade turbinada, forçando-me a agir mesmo com o medo me dominando. Por falar em medo, eu estava tão nervosa e me sentindo tão deslocada no jantar de boas-vindas que mal consegui levantar para me apresentar. Minha síndrome do impostor estava no nível dez de dez, e comecei a achar que não tinha o direito de estar ali entre todos aqueles milionários e empresários bem-sucedidos. Que valor eu tinha para oferecer a eles? Quem eu achava que era para estar ali?

Mas eu tinha feito um investimento, e minha única opção era aparecer, mesmo se o medo estivesse ao meu lado xingando em alto e bom som. O sucesso do nosso negócio precisava gerar retorno sobre um investimento de seis dígitos, então eu não podia dar trela para o medo.

Então mostrei o dedo do meio para o medo, me conectei com a Jen 2.0 e me comprometi a me deixar ser vista por todos os participantes do mastermind. Eu sentava na primeira fileira em todas as sessões, levantava a mão e fazia perguntas, mesmo achando que elas eram completamente tolas. Conversava com os oradores e me apresentava para os membros que ainda não conhecia. Continuei participando, indo para ser notada, e agindo. E como já sabemos (graças ao Capítulo 3), agir é o primeiro passo para as pequenas vitórias que o impulsionam e fazem ganhar confiança com o passar do tempo. Quanto mais eu ia aos eventos, mais quieto o medo ficava, e aos poucos comecei a sentir que realmente pertencia àquele lugar.

Depois de um tempo, notei que todos os oradores no mastermind eram homens. Perguntei para algumas pessoas e descobri que nenhuma mulher tinha palestrado naquele palco ainda, por isso coloquei como meu Desafio do Dia ser a primeira. A única maneira de fazê-lo era pedindo, e ainda bem, eu sabia que receber uma resposta negativa não era o fim do mundo — obrigada, Capítulo 8! Com as mãos tremendo, mandei uma mensagem de texto para Dan Fleyshman, que organizava o mastermind, e perguntei se eu poderia dar uma palestra. Qual foi a resposta dele? Um sim arrebatador!

Antes de eu continuar, vamos recapitular, pois — preciso ser franca — *não* foi assim tão fácil só mandar uma mensagem de "Oi, posso palestrar no mastermind?".

Não, claro que não. Para convencer Dan de que ele deveria me ajudar, tive que mostrar que eu agregaria algum valor. Dan não deixaria qualquer pessoa subir ao palco — algumas das pessoas que já palestraram no evento foram Tony Hawk, Busta Rhymes, Cedric the Entertainer e Alex Rodriguez. Já que eu não era nenhum deles, precisava: (a) descobrir como provar a Dan que eu podia gerar valor para a audiência dele de um jeito surreal, e/ou (b) ajudar *Dan* com algo tão importante que ele ficaria receptivo ao meu pedido, por causa da Lei da Reciprocidade (falaremos sobre isso já, já). Decidi fazer as duas coisas, proporcionando todo o valor que podia a Dan. Eu engajava nos conteúdos que ele postava, indicava novos membros para o mastermind, escrevia depoimentos fabulosos sobre as experiências que ele organizava, e quando ele indicava novos clientes para a nossa agência, eu sempre os atendia da melhor forma possível. Ofereci tanto valor a Dan que quando pedi sua ajuda, ele estava animado em retribuir tudo o que eu tinha feito por ele.

Quando tive certeza de que o valor que eu ofereci era maior ou igual ao que eu estava prestes a pedir, o passo seguinte era tão importante quanto: mandar minha proposta para Dan de um jeito significativo e intencional, levando em consideração o que ele precisava: que os participantes do mastermind recebessem algo muito valoroso de um palestrante, e esses participantes precisavam aprender como estar presentes na mídia. E, olha só, essa era a minha especialidade! Eu tinha a abordagem ideal.

Quando se está tentando aparecer na mídia, em um podcast ou oferecendo seu espaço para receber o clube do livro do mês, deve pensar no que a pessoa quer. Qual o objetivo dela, e como *você* pode ajudá-la com isso?

Mal falei de mim na mensagem que mandei para Dan. Pelo contrário, direcionei meu pedido mostrando em como eu oferecia valor para os membros do mastermind, ensinando-os como aparecer na mídia. Disse a Dan que tinha uma palestra pronta, mandei um vídeo para que ele pudesse ver e, em seguida, perguntei: "Seria interessante para você?" Não falei nada sobre meus objetivos pessoais. A melhor parte? Quando Dan respondeu "Claro, com certeza!", nós dois ganharíamos com a experiência.

A propósito, eu arrasei na palestra. Não só agreguei muito valor para os membros, como também contribuí para o grande sucesso do mastermind. Além de alcançar meu objetivo de ser a primeira oradora do 100 Million Mastermind, palestrando também em outro mastermind de Dan para profissionais imobiliários. Essas duas oportunidades fizeram que outras pessoas que organizavam masterminds me conhecessem, me convidando para falar em seus eventos. Alcancei outros palcos e também milhões de dólares em receita para nossa agência. O sucesso sempre se constrói sozinho, mas só porque tive a coragem de pedir.

DÊ E RECEBA

Infelizmente, nem todo mundo estará aberto a ajudá-lo logo de cara, e tudo bem. Claro que você pode dar a sorte de encontrar uma ex-fotógrafa no Píer de Santa Monica, mas na maioria das vezes precisará construir um bom relacionamento para conseguir aquele "é claro!" bem animado que está procurando — é tipo dar e receber.

Pense nisto. Quando alguém faz algo de bom por você, com certeza você tende a retribuir o favor, não é? Se receber uma mensagem aleatória no seu Instagram de um estranho pedindo para compartilhar o perfil dele, você nem faz questão de ajudar. Mas se esse mesmo estranho estiver compartilhando seus posts, respondendo a seus stories, "remixando" seus vídeos no TikTok, indicando novos seguidores ao seu perfil, escrevendo avaliações de seus produtos, há muito mais chances de você reconhecer o nome dessa pessoa e retribuir os gestos.

Isso é a lei da reciprocidade, um conceito de psicologia social que basicamente evita que as pessoas dentro de uma comunidade sejam babacas umas com as outras o tempo todo. Nos ensinam isso desde criança ("Trate os outros como gostaria de ser tratado") e ao longo da história da humanidade, seja boa ou ruim ("Olho por olho, dente por dente"). Países literalmente entram em guerra para retribuir favores de décadas ou séculos atrás para outros países, e todo nosso sistema econômico ("Você me dá esse item e te dou esse valor em dinheiro, que vale a mesma coisa para você") é baseado em trocas de valor.

A reciprocidade é baseada em conexão, confiança e respeito mútuo. O Dr. Robert Cialdini escreveu em seu livro *Influence: The Psychology of Persuasion* (Influência: a psicologia da persuasão, em tradução livre) vários exemplos de como a reciprocidade é parte fundamental da interação humana. No tempo das cavernas, os humanos trocavam comidas, suprimentos e habilidades, criando uma forte rede de deveres uns com os outros, por perceberem que apenas uma pessoa não dava conta de tudo. Eles precisam de ajuda para fazer todas as tarefas, e para obter ajuda, tinham que retribuir com suas próprias habilidades. Ademais, a humanidade vem provando ao longo do tempo que embora pedir ajuda traga resultados melhores, quanto mais alguém gosta de você, o sentimento de retribuir um favor supera completamente todo o resto. Levando a conclusão de que agregar valor para outras pessoas ao seu redor, possivelmente, é a melhor forma de receber ajuda.

Sei o que você está pensando. Oferecer ajuda só para conseguir algo em troca pode parecer forçado; e um aviso: as pessoas sentem isso de longe. Você já recebeu uma mensagem privada no Instagram supereducada de alguém que não fala com você há anos? Quando vê aquele "oi, tudo bem? :)", você já pressente algo no ar. Não demora muito para essa pessoa tentar te vender algo.

Lembre-se disso quando inverter os papéis. Quando você genuinamente ajuda alguém, terá o retorno lá na frente — pode não ser do jeito que você acha, o mais importante é não esperar por resultados específicos. Na verdade, é importante não esperar por resultado *nenhum*. Agregar valor deve ser um ato de serviço, não de expectativa. O que você faz ao outro precisa ser de coração e assim, só assim, você construirá um relacionamento autêntico e poderoso — algo que gere valor no longo prazo para todas as partes.

No jogo da reciprocidade, você precisa mudar seu modo de pensar de "dar, dar, dar, dar, esperar" por "dar, dar, dar, dar, pedir".

Vamos falar sobre pedir.

AS 20 MELHORES FERRAMENTAS

Você acreditaria se eu dissesse que tenho um exercício poderosíssimo para ajudá-lo a conseguir tudo o que quiser em vinte dias, ou menos, ao mesmo tempo em que te ajuda a construir relacionamentos significativos de longo prazo? Chris, meu marido, elaborou esse sistema que eu — e milhares de nossos clientes — temos usado para fechar participações em palestras incríveis, alcançar podcasts importantes, aparecer como destaque em revistas superfamosas e até conhecer o parceiro ideal!

Vamos praticar essa ferramenta agora mesmo, então pegue papel e caneta.

Comece acreditando nisto: você pode alcançar AQUILO que deseja, aquele objetivo grandioso e audacioso, com apenas uma conexão a mais. Em sua rede de relacionamentos há alguém que pode levá-lo até lá. Escreva esse objetivo na primeira linha. Vou dar um exemplo:

Objetivo: Ser destaque na **Forbes**

Depois, faça quatro colunas no papel para descrever da seguinte forma:

PESSOAS	INFLUÊNCIA	AJUDA	TOTAL
1.			
2.			
3.			
4.			
5.			
6.			
7.			
8.			
9.			
10.			
11.			
12.			
13.			
14.			
15.			
16.			
17.			
18.			
19.			
20.			

A primeira coluna será de Pessoas, e você vai listar 20 pessoas na sua vida que têm conexão com o seu objetivo. Não se limite apenas às pessoas no seu Instagram ou da rede de trabalho, olhe para as conexões da sua vida como um *todo*, qualquer pessoa que você tenha conhecido que tenha qualquer conexão com seu objetivo — no nosso exemplo, a mídia, mais especificamente, *Forbes*. Tios, tias, primos, a irmão do seu ex-namorado. Pode ser uma ligação fraca ou tênue, ou uma pessoa com quem você não conversa há anos. Não se preocupe com os detalhes ainda, foque apenas as pessoas. Procure nos contatos em seu celular, conexões nas redes sociais e colegas de escola se precisar.

Completou as 20 pessoas? Ótimo, agora vamos para a próxima coluna, a de influência. Em uma escala de 1 a 10, classifique cada pessoa da lista de acordo com a influência delas. Quantos seguidores elas têm no Twitter (atual X)? Qual o poder de persuasão delas para colocar você como destaque na *Forbes*? Digamos que a irmã do seu ex-namorado seja redatora na *Forbes*, pode colocá-lo em uma escala 10. Sua melhora amiga tem 100 mil seguidores no Instagram, mas a audiência dela é totalmente diferente da sua — a classificação dela estaria mais para 4.

Na coluna de Ajuda, pense em seu relacionamento com cada uma dessas pessoas. Também as classifique na escala de 1 a 10 levando em consideração: *Qual a chance de essa pessoa me ajudar?* Pense no relacionamento entre vocês e qual valor você já agregou na vida delas. A irmã de seu ex? Talvez 1 ou 2, ainda mais se você não tem falado com ele desde que terminaram (precisa levar em consideração se foi um término conturbado, quem dos dois quis acabar o relacionamento...), mas sua melhor amiga será um 10 (ainda bem). Da mesma forma, é bem provável que um colega de trabalho que você conheceu só há uma semana tenha uma nota menor do que um contato profissional que você tem ajudado a crescer nos últimos anos.

Na última coluna, some as pontuações das duas do meio, e coloque essa classificação em ordem do maior para o menor.

Parabéns! Você acaba de criar a ferramenta de contatos mais poderosa que já usou.

As pessoas no topo da lista, com notas de 18 a 20, são seus gansos de ouro. São pessoas que têm influência e estão mais dispostas a ajudá-lo com seu objetivo, você só precisa procurá-las — agora mesmo, se quiser! Como você já deve estar trabalhando a lei da reciprocidade e agregando valor profissional ou pessoal a elas, é bem provável que digam: "Claro, adoro o seu trabalho, e nossos leitores ficarão encantados de conhecê-lo". Pode deixar, vou conversar com meu editor na *Forbes*!

Já as pessoas com nota baixa na lista, principalmente na coluna de "ajuda", não estão bem-posicionadas para ajudá-lo. Por isso sugiro que encontre uma forma de agregar valor a elas. Alguma delas está lançando um livro? Compre-o e poste uma foto nos stories. Alguém com podcast? Faça uma avaliação de cinco estrela, e mande um print da tela para ele. Vão se casar? Mande um presente ou um cartão parabenizando. Seja o que for, o importante é gerar algum valor que as ajude a alcançar os objetivos *delas*. Você precisa descobrir o quê. Perguntar às pessoas como pode ajudá-las transforma a ajuda em atribuição para elas. Por isso considere como *sua* tarefa. Aos poucos, comece a fazer coisas que serão de grande valor para elas, e faça com constância — *não* é coisa de uma vez só. Com o tempo, a nota na coluna de Ajuda vai aumentar.

Usando a ferramenta dos 20 Melhores como guia, você pode ajudar *e* ser ajudado, aumentando a pontuação até ter uma rede de conexão forte e poderosa, que além de ser capaz, vai praticamente implorar para ajudá-lo rumo ao seu objetivo.

Por ser infinita, nossa rede de conexão é um dos recursos mais poderosos que temos. As pessoas com que nos conectamos têm suas próprias conexões; é como o jogo *Six Degrees of Kevin Bacon* (Seis Níveis de Kevin Bacon, em tradução livre), só que nesse caso "Kevin Bacon" é o seu objetivo. Você precisa pedir ajuda a sua rede de conexão, e se valer dela para alcançar o que deseja, mas essas pessoas não o ajudarão se não o enxergarem como uma parte crucial da rede *delas*. Ser visto é estar conectado. Você não pode criar uma conexão (uma necessidade humana, lembre-se disso!) se não está sendo visto, as pessoas não conseguem ajudá-lo ou encontrá-lo se você está se escondendo. Pare de se esconder, pois no próximo capítulo você aprenderá como reconhecer e construir conexões valiosas para ser o centro das atenções quando estiver com elas.

MOMENTOS DE GRANDE IMPACTO

- Pedir ajuda, *ajuda* as pessoas.
- Nos sentimos vistos quando alguém pede a nossa ajuda, por isso pedir a ajuda de outras pessoas faz com que *elas* se sintam vistas.
- Antes de pedir ajuda, você precisa:
    - Mostrar como você pode agregar valor.
    - Pedir com estratégia e sensatez.
- Qual é o objetivo da outra pessoa? Como você pode ajudá-la com isso?
- A Lei da Reciprocidade é um princípio fundamental da natureza humana e o alicerce da nossa sociedade interpessoal. É também o que você usa para pedir ajuda — importante lembrar, porém, que os resultados que você pode receber talvez não sejam os que você esperava.
- Dar e agregar valor deve ser um ato de serviço, não um ato de espera.
- Quanto mais alguém gosta e aprecia você, o sentimento de retribuir um favor supera completamente todo o resto, cabe a você construir relacionamentos significativos com pessoas que podem levá-lo até seus objetivos.

UMA VITÓRIA RÁPIDA

- Faça sua lista dos 20 Melhores!
- Agregue valor para as pessoas da lista para aumentar suas notas.
- Peça ajuda a eles quando precisar (com estratégia e sensatez).

ANOTE EM UM POST-IT

- Quando você não pede ajuda, está privando outras pessoas de se sentirem vistas, importantes e valorizadas.

CAPÍTULO 10

TORNANDO-SE UM NINJA DAS CONEXÕES

Muita gente acha "desconfortável" dizer ou ouvir não de alguém e pedir por ajuda, mas fazer isso é muito importante para construir uma comunidade valiosa que colocará sua versão 2.0 nos holofotes. E já que aqui na Parte 3 estamos falando sobre fazer coisas desconfortáveis para poder crescer, podemos também falar de quando fazemos algo do jeito certo, as oportunidades aparecerão em enxurradas, mudando a sua vida, ajudando-o a criar a comunidade incrível que você está conhecendo. O fato é que, para muitas pessoas (inclusive para mim), isso é mais angustiante e doloroso do que ir ao dentista.

Networking.

Não há nada que eu acha mais desgastante do que conversa-fiada. Só em pensar em ter que fazer isso me dá vontade de parar de escrever agora mesmo e tirar uma soneca. Vou ser sincera, não ligo para como você se sente por que hoje é segunda-feira ou como o tempo está mais úmido hoje do que ontem, e definitivamente não quero ver um vídeo de seu filho jogando futebol. O networking serve para construir sua comunidade, mas se você está balançando a cabeça concordando comigo enquanto lê isto ou ainda dizendo "Penso igualzinho, Jane!", então hoje é seu dia de sorte. Todos nós já mentimos quando fazemos networking, e está na hora de mudar a abordagem que tem aprendido a fazer.

Detesto fazer networking.

Tenho muita dificuldade em fazer amigos.

Sempre me sinto deslocado, sem saber o que dizer.

Se você já teve um desses pensamentos, vai querer marcar este capítulo. Vou te ensinar a calar a sua síndrome do impostor, mostrando que networking pode ser muito mais do que aquele papinho furado sobre o trânsito. Não importa o tamanho do seu medo ou o quanto você detesta conversa-fiada, você pode, sim, criar relacionamentos poderosos que beneficiam os dois lados, superando suas tendências introvertidas para alcançar seus objetivos, construindo uma rede influente de uma maneira que você realmente aprecie. Sim, acabei de usar as palavras *apreciar* e *networking* na mesma frase — e estou falando sério!

A maioria das pessoas não percebe quando me conhecem, mas eu sou introvertida demais. Isso não quer dizer que não sou boa em desenvolver conexões, falar em público ou fazer as pessoas se sentirem vistas quando interajo com elas. Aliás, vou aproveitar este momento para me gabar um pouco e dizer que se você me encontrar pessoalmente, vai achar que sou a pessoa mais extrovertida de todas. Meu segredo? Aprendi a usar muito bem as ferramentas que vou ensinar a seguir.

Ser introvertida significa que o convívio social é muito cansativo pra mim, prefiro mil vezes moletom e um coque bagunçado no cabelo do que vestido, maquiagem e salto. Estar em uma festa ou evento para mim é como um celular com todos os aplicativos abertos ao mesmo tempo. Minha energia se esgota rapidamente e preciso voltar para casa, ficar em silêncio, relaxar e recarregar as energias.

Então, sim, não gosto de networking — mas adoro a mágica que resulta dele. Como muitas outras coisas que acho desconfortáveis, eu acabo fazendo, e fica mais fácil a cada vez. Sempre me lembro que, por mais que eu deteste ir, *sempre* fico feliz por ter ido.

DERRUBANDO O PEDESTAL

Aprendi uma lição muito importante ao produzir e palestrar em eventos cheios de influencers, celebridades e altos executivos de mídia: quando você coloca alguém em um pedestal, abre espaço para ele olhá-lo com superioridade. Quando você conhece alguém, seja uma celebridade ou um romance de aplicativo, *sua* confiança e autoestima vão ditar como pessoa o enxergará.

Vou dar um exemplo: eu não tinha percebido na época, mas meu pouco conhecimento sobre heavy metal quando eu trabalhava no VH1 me ajudou a criar ótimos relacionamentos com várias estrelas do rock. Já que eu não fazia ideia de quem a maioria deles era, nunca os tratei de forma especial. Para mim, eram pessoas como outras qualquer fazendo um trabalho. Eu não ficava nervosa em conversar com eles, e com certeza ninguém que entrou nos bastidores usando uma jaqueta de couro irada e coturnos ganhou tratamento de rei comigo. Por isso esses artistas se sentiam à vontade comigo e conversavam muito mais do que em qualquer outra entrevista. Por não tietar aqueles músicos, consegui enxergá-los como pessoas por trás da celebridade e — de bônus! — essa experiência me proporcionou um aprendizado inestimável para minhas futuras empreitadas de networking. Isso é um lembrete constante de que somos todos humanos, e aqueles que parecem estar em pedestal só chegaram lá porque nós os elevamos a esse patamar.

Então quando tiver a oportunidade de conhecer alguém que seja um pouco mais bem-sucedido que você, lembre-se de que apesar das roupas de grife, dos seguidores no Instagram e as férias luxuosas, eles são pessoas como você que também precisam de ajuda em algo, e provavelmente também se sentem desconfortáveis em fazer networking. Mantenha isso em mente e trate-os como iguais, rapidinho você passará de apenas um fã para um amigo em potencial.

Outro exemplo revelador disso é o fenômeno que acontece toda vez que Chris e eu organizávamos nosso Media Mixers durante o Unfair Advantage Live. Reuníamos alguns dos mais influentes profissionais de mídia para bater um papo, confraternizar e, o mais importante, fazer *networking* com os membros e participantes do nosso mastermind. Estou falando de produtores dos maiores programas de TV da rede nacional, editores das revistas mais famosas e alguns dos maiores influencers do mundo. E estavam todos no mesmo evento, prontos para descobrir e conhecer o próximo convidado especialista para seus programas e artigos.

Suas mãos ficam suadas só de pensar em estar nesse ambiente? Tudo bem, as minhas também, isso porque eu era quem organizava os eventos!

No segundo dia de cada evento, nós preparávamos os participantes com as habilidades de que eles precisavam para causar a melhor primeira impressão possível para essas estrelas da mídia. O mais chocante era que esses convidados sempre estavam tão (senão mais) nervosos e desconfortáveis em conhecer os participantes! É a típica cena "a grama do vizinho é mais verde", e isso se resume a: nós todos ficamos nervosos ao conhecer pessoas novas! Nunca subestime a insegurança de alguém, mesmo quando sentir que a sua própria está fora de controle. Ao mesmo tempo que você possa estar desesperado para ter a ajuda de alguém como uma oportunidade de ser visto, essa mesma pessoa pode estar desesperada pela ajuda que só *você* pode oferecer! Encontrar essa pessoa e se conectar com ela é como você cria uma relação benéfica para os dois lados.

Vou dar o exemplo de Paige. Ela estava muito nervosa em participar de um dos Media Mixers em nosso UAL, e também ansiosa para testar algumas das táticas que ensinamos. No bar, ela viu um homem que se identificou como responsável pela agenda do *Good Morning America* em seu crachá, então, seguindo o bom e velho Desafio do Dia, Paige tomou coragem para falar com ele. Eles começaram a conversar e Paige perguntou a ele uma coisa que Chris e eu referimos como a pergunta mágica: "Em que você precisa de ajuda neste momento?".

Ele respondeu que estava com dificuldades de encontrar um convidado para o segmento que estava trabalhando para o GMA com Barbara Corcoran e Robert Herjavec do *Shark Tank*. "Estou enlouquecendo", disse ele. "Preciso encontrar alguém cujo filho esteja entrando no mercado de trabalho. Se essa pessoa tiver um negócio próprio ou for empresário, melhor ainda."

Mal sabia ele que Paige se encaixava perfeitamente naquela descrição. Ela jogou o medo de lado e disse a ele: "Acho que sou exatamente essa pessoa. Eu tenho um negócio e meu filho vai se formar na faculdade esta semana."

No dia seguinte, Paige e o filho estavam no *Good Morning America* com Barbara Corcoran e Robert Herjavec. Além de agregar valor ao programa, ela teve a oportunidade de divulgar seu negócio em rede nacional na televisão. No evento de networking, ela conheceu a pessoa ideal para estabelecer uma parceria vantajosa para ambos, e conseguiu isso por ter superado a síndrome do impostor e falado com o responsável pela agenda do GMA, sem colocar ele em um pedestal.

QUATRO TÁTICAS PARA SE DESTACAR EM QUALQUER AMBIENTE

A história de Paige parece muito boa para ser verdade, mas ela não chegou a essa oportunidade incrível por acaso. Ela usou estas quatro táticas sólidas e incríveis que vou dividir com você, para ajudá-lo a superar o desconforto do networking em qualquer evento. Chegou a hora de você parar de se esconder enquanto fica sentado no sofá de casa e começar a estabelecer as conexões de que precisa para ser visto.

1. Lide com os elefantes

Nesta primeira tática, você vai usar a vulnerabilidade e aproveitar momentos óbvios e constrangedores para construir conexões. Quase sempre, falar sobre "o elefante na sala" parece muito com dizer o que as pessoas estão pensando.

"Sou o único enferrujado em relação ao networking?"

"Ah, aí está o silêncio constrangedor que todos temiam!"

"Mais alguém está *morrendo* de fome?"

Algumas vezes, mas nem sempre, lidar com "o elefante na sala" pode arrancar boas risadas. Em algumas você dirá para todos no ambiente, em outras apenas para uma pessoa (e possivelmente fará um novo melhor amigo pelo resto do evento). Estar vulnerável ajuda a quebrar o gelo e fazer a outra pessoa pensar, *Ah, ainda bem, achei que era só eu!*

Descobri essa tática por acidente, e tudo graças a um par de tênis fofíssimo. Vou explicar.

Para mim, subir ao palco é sinônimo de glamour! Fazer uma produção caprichada, que na maioria das vezes inclui salto alto, me ajuda a construir a confiança necessária para ser vista como a melhor combinação da

Verdadeira Jen e da Jen 2.0, nesses grandes palcos. *Maaas* você já sabe que sempre prefiro moletons e sapatos baixos a saias e scarpins. Assim que saio do palco, tiro o salto, e meu look de saia e blusinha com tênis de academia vira o assunto do dia.

Algo que ouço sempre é: "Como você aguenta ficar naqueles sapatos?", "Eu nunca conseguiria usar salto estando no palco!".

E sabe como eu respondo?

Eu digo: "Meus pés estão me matando! Consigo usar os saltos por meia hora, no máximo uma hora, quando estou no palco, mas tiro eles logo em seguida."

Isso sempre faz as pessoas rirem, ainda mais se estou com alguém que sabe o que é usar saltos altos, por terem algo em comum. (Duvido você encontrar alguém que realmente *adore* usar salto alto por muito tempo!) Uma conexão começa simples assim. A interação me aproxima de quem estou conversando. Eu saio de cima do palco para o nível deles — onde é meu lugar —, porque, lembre-se: somos todos pessoas. Somos *reais*. Quando você leva a atenção para essa realidade e sua vulnerabilidade — nesse caso, os coitados dos meus dedos dos pés doloridos —, está deixando todo mundo no mesmo nível. Você está descendo do pedestal ou tirando o outro de lá para que vocês dois possam estar frente a frente.

Lembra na Parte 1, quando falamos sobre ser seu Verdadeiro Eu? Isso também é importante quando se está tentando criar conexões. Ninguém quer sua versão falsa e perfeita. Essa pessoa é intocável e inacessível, e todos percebem de longe. Eles querem ver a versão de você que usa tênis com vestido de marca. Seja você introvertido, extrovertido, novato experiente em networking, mostrar-se vulnerável é uma tática incrível para acelerar uma nova conexão, liberte-se da ansiedade e supere a conversa-fiada constrangedora em qualquer novo evento social.

2. Seja a pessoa mais interessada da sala

A melhor forma de terminar uma conversa e deixar a pessoa pensando *Eu adoro ela, foi uma das melhores conversas que já tive*, é simplesmente perguntar a ela sobre o que ela mais gosta de falar. Não estou falando da decoração do evento, da série da vez para maratonar ou do petisco que você acabou de pegar na bandeja do garçom. Mesmo que não saibam, a coisa que as pessoas mais gostam de falar é sobre si mesmas!

A neuroimagem tem mostrado que nossos cérebros se iluminam como uma árvore de Natal quando ouvimos nosso próprio nome ser mencionado.[1] Um estudo de Harvard descobriu que quando falamos sobre nossas conquistas estimulamos o sistema dopaminérgico mesolímbico — a mesma área do cérebro que é ativada quando temos relações sexuais, comemos uma comida deliciosa ou participamos de algo que achamos muito agradável.[2] Essas partes do cérebro também são associadas com motivação e recompensa, então faz sentido querer ativar essa motivação na pessoa com quem quer se conectar, não faz?

Por ser introvertida, eu adoro essa tática. Ser a pessoa mais *interessada*, em vez de tentar ser a mais *interessante* no ambiente, é uma bênção para a sua energia social. Quando você faz perguntas e deixa a outra pessoa falar, não precisa pensar em algo para dizer. Você só precisa se mostrar interessado no que ela tem a dizer e pedir que fale sobre si mesma. Eu já participei de tantas conferências, jantares e coquetéis em que não falei quase nada e depois as pessoas me diziam: "Adoro você, Jen. Você é a melhor companhia para conversar". Isso sem falar nada! Apenas fiz várias perguntas, e elas amaram. Assim como pedir ajuda, fazer perguntas dá a outra pessoa a oportunidade de se sentir vista.

Quando Paige conversou com o agente do GMA, ela conseguiu o que precisava, primeiramente, mostrando-se interessada no trabalho dele. Ela perguntou no que ele estava trabalhando e usou suas habilidades de detetive para acompanhar com perguntas significativas, até entender como poderia agregar valor a ele.

O maior erro que se pode cometer ao participar de um evento, em uma entrevista de emprego ou até mesmo durante um primeiro encontro, é se esforçar demais para impressionar alguém. Sabe com quantos caras com quem já saí que só falavam sobre si mesmos nos encontros? É um erro que muitos comentem. Sentimos a pressão de causar a melhor impressão, e falar sobre nossas conquistas parece nos valorizar ainda mais. Mas se concentrar demais no que *você* vai dizer, esquecendo de ouvir a outra pessoa, é o maior erro de networking que existe.

Ninguém gosta de se sentir invisível e ignorado. Mas se você deixar de se preocupar com o que é interessante sobre si mesmo (talvez mostrando seu lado vulnerável?) e entrar em uma conversa pensando em quais perguntas pode fazer à pessoa e realmente ouvir as respostas dela, terá mais chances de vivenciar um bate-papo memorável, fundamental para uma conexão poderosa.

Se quiser, pode ir mais além, principalmente se você é um introvertido ansioso. Antes de um evento, ou até mesmo antes da conversa, pesquise sobre a pessoa com quem você quer se conectar, assim ela vai se sentir bem mais especial. (Recomendo seguir esta regra: se eles já falaram sobre algo nas redes sociais, é assunto válido para conversar. Senão, você pode ultrapassar os limites, e não queremos que isso aconteça.) Essa pessoa compartilhou algo sobre a qual está muito feliz, recentemente postou que vai se casar ou está esperando um bebê, ou que fez uma viagem à Grécia? Encontre algo que conecte vocês dois. Sempre que descubro que a pessoa tem um maltês, falo de Dexter, e se ela postou uma foto de algum lugar que quero conhecer, uso isso para iniciar a conversa! Posso perguntar sobre a viagem que ela fez. Se tenho um jantar com alguém e vejo nas redes sociais que a empresa dele foi comprada recentemente, posso dizer com toda a confiança: "Parabéns pela sua empresa! Você deve estar nas alturas! Conte mais sobre isso!".

Tenho certeza de que essa pessoa ficará impressionada que você dedicou seu tempo para saber mais sobre ela. Eu ficaria! As pessoas sempre me surpreendem quando, em um evento, me perguntam sobre uma entrevista recente no podcast ou sobre uma das minhas palestras. Sempre me lembro delas, e quando vejo o nome delas nas mensagens do Instagram ou no meu e-mail, fico muito animada em conversar com elas. É como eu sempre digo: seja proativo.

3. Vá com objetivo

Sempre que vou a eventos de networking, entrevistas, palestras e até mesmo festas, gosto de praticar uma técnica. Quando preciso socializar com alguém, escolho um objetivo para focar. Pode ser algo como:

- Anotar o perfil no Instagram de cinco pessoas e, mais tarde, mandar uma mensagem para elas.
- Tirar três selfies com pessoas diferentes.
- Encontrar a pessoa mais bem-sucedida no evento e conversar com ela.

Eu alterno os objetivos de acordo com o evento, às vezes são bem vagos, mas com eles garanto pelo menos uma conexão incrível antes de voltar para casa. Você já entendeu que acumular conquistas lhe dá o impulso necessário, e espero que esteja praticando a Escala da Confiança para vê-la em ação. Com essa tática, você terá a mesma sensação de vitória, pois ao alcançar seu objetivo no evento de networking está desenvolvendo sua habilidade da autoconfiança para os próximos.

Ao ter um objetivo para um evento específico, ou encontro, você traça um plano de ação com um propósito claro, tendo em mente que ao alcançá-lo poderá ir embora. Poderá ir para casa, vestir um moletom sabendo que fez pelo menos um novo amigo. Parabéns!

Sou mestre em sair de fininho de uma festa quando cumpro meu objetivo. Caso esteja pensando: *Espere, preciso me despedir das pessoas!*, é compreensível. Mas saiba que se quiser dar só um "tchauzinho", vai acabar ficando por mais uma hora, invalidando totalmente a recompensa de ir embora ao alcançar seu objetivo. Pode acreditar, ninguém nunca se importou ou ficou chateado por eu ter saído de fininho de algum evento lotado. Deixar um ambiente sem me despedir também me permite dar continuidade (follow-up) na conversa em outro momento (falaremos disso logo mais).

Tendo uma abordagem objetiva quando se trata de networking, você terá um propósito focado. Isso pode ser difícil se você se sentir deslocado em um evento onde não conhece ninguém ou se a síndrome do impostor começa a tomar conta. Você desenvolve a autoconfiança e a habilidade de ir ao evento, fazer o que precisa ser feito, alcançar seu objetivo e partir. Depois (quando estiver em casa, deitado no sofá), lembrará de como se saiu, pensando: "Não foi tão ruim assim. Posso repetir a dose." Mais uma conquista no cofre da confiança!

4. Dê continuidade agregando valor

Prepare-se para uma declaração impactante! Aposto que 99% das pessoas estão retomando o contato incorretamente. E sendo bem honesta, fico muito irritada com isso. Quero gritar toda vez que vejo um e-mail "só para te lembrar" ou "te atualizar" de algo...

Afff. Calma, Jen.

Olha, gosto quando alguém retoma o contato, e se você está fazendo desse jeito com suas novas conexões, você não estragou suas chances de ter uma conexão significativa, mas poderia continuar essa conversa de uma maneira bem mais inteligente. Para meus clientes relacionados à mídia, digo que 20% do valor está relacionado ao segmento em si, e 80% é o que você faz depois. Por isso é muito importante você dar continuidade na conversa agregando tanto valor que a outra pessoa não deixará passar despercebido.

Como você pode agregar um valor personalizado em seu follow-up para que a pessoa se lembre de você? Adoro fazer isso com fotos. Sempre que tiro uma selfie com alguém durante um evento, mando para ela via mensagem depois. Quando Chris e eu organizamos os eventos, contratamos um fotógrafo profissional para mandarmos fotos lindas e de alta qualidade para nossos convidados. Isso aumenta a confiança deles (quem não adora receber uma boa foto de si mesmo?), além de ser uma oportunidade para mim *e* para a outra pessoa postarmos a foto em nossas redes e marcarmos um ao outro, e os seguidores dos dois lados nos conhecerão. Nós dois ganhamos.

Contextualizando: se você vai a um evento esperando se conectar com alguém que pode ajudar no lançamento do seu novo produto. Tudo vai bem durante o evento, e você atinge seu objetivo de tirar uma selfie com aquela pessoa, trocando os perfis no Instagram (redes sociais como novo cartão de visitas? Discordo totalmente). Você chama um Uber para casa, e no caminho faz algumas anotações sobre a pessoa com quem se conectou, incluindo a recomendação de restaurante que ela fez quando ambos comentaram como adoram sushi. No dia seguinte, pode mandar uma mensagem assim:

Olá!
Estou mandando essa mensagem para continuarmos a conversa de ontem.
Se ainda estiver interessado em promover meu novo produto, me avise!

Ou pode dizer:

Oi, (fulano),

Adorei nossa conversa ontem, no evento. Quero te mandar a foto que tiramos juntos, acho que você vai adorar — ficou ótima! Estou enviando também o link do podcast que participei mês passado, falando sobre a síndrome do impostor. Você mencionou ontem que estava com dificuldades sobre isso, acho que seria algo bacana para ouvir enquanto se exercita! Me diz depois se foi útil para você, ou se precisar de alguma sugestão.

A propósito, ainda estou pensando naquele restaurante japonês que você comentou. (O omakase deles parece delicioso!) Eu adoraria almoçar lá um dia desses e continuar nossa conversa sobre trabalharmos juntos. Qual dia da semana fica melhor para você?

Essa última opção nos dá algumas coisas:

1. Faz a pessoa lembrar quem você é e sobre o que conversaram.
2. Vocês dois podem compartilhar a foto que tiraram juntos em suas redes sociais.
3. Reafirma a credibilidade em seus conhecimentos e em como você pode ser útil sobre a dificuldade dele (pode ser com um podcast, um artigo, post no blog ou qualquer outro recurso).
4. Cria a oportunidade para uma conexão futura.

No fim das contas, você está agregando valor à outra pessoa e dando visibilidade a ela, com certeza ela lembrará de você por isso.

Você não precisa alcançar *tudo* isso em cada follow-up, pode dar continuidade nos contatos de outras formas. Alguns dos follow-ups mais memoráveis que já recebi foram presentes criativos e amáveis de pessoas que realmente ouviram tudo o que falei quando me conheceram. Presentes ruins são piores do que nenhum follow-up, por isso, cuidado! Uma vez recebi uma caixa de cookies personalizados depois de um evento, que eram veganos e sem glúten, a pessoa que mandou claramente sabia sobre minhas restrições alimentares, eu me senti muito visível. Por outro lado, já recebi flores e vinho, o que eu acabo sempre jogando fora ou dando para alguém, pois Chris é alérgico a flores e nós dois não bebemos. A pessoa não se deu muito trabalho em pesquisar ou pensar quando escolheu esses presentes genéricos, mesmo que sejam coisas que muita gente já sabe sobre nós. Percebeu a diferença?

Da mesma forma como quando você pede ajuda, retomar o contato com alguém é sobre saber o que ela quer, precisa e aprecia. Um bom follow-up sempre será bem-sucedido, pois fortalecerá a conexão entre vocês. Por outro lado, se você não intensificar essa relação, não valerá de nada ter conhecido essa pessoa. Retomar o contato é a peça mais importante do quebra-cabeça, e a maneira como você faz isso é crucial.

VOCÊ SEMPRE FICARÁ FELIZ POR TER IDO

Confissão de uma introvertida: secretamente, sempre espero que meus amigos cancelem os planos que fizemos para eu poder ficar em casa vendo documentários na Netflix. E quando preciso ligar para alguém que conheci recentemente, sempre fica aquela voz na minha cabeça torcendo, *Não atenda, não atenda, não atenda.* Quando tenho que participar de algum evento de networking é a mesma coisa (multiplique por um milhão!), e tenho certeza de que você, se você também for introvertido, sente-se assim também. Não há alívio melhor do que, de repente, ter a tarde todinha livre para você poder vestir aquela roupa confortável e não ter que se entrosar ou prestar contas a ninguém.

Mas veja bem — e vou falar porque sei *muito bem* como se sentir assim é ótimo —, você vai se sentir muito melhor se fizer essas coisas. Mesmo quando estou cansada ou nem um pouco a fim, sempre fico feliz por ter ido. Em todo evento de networking acontece alguma coisa boa. Mesmo que você volte para casa pensando que tenha sido a pior noite da sua vida, agora pode usá-la como um "elefante na sala" épico para iniciar conversas! Talvez tenha aprendido algo, por mais simples que seja, como: *Nunca vou conversar com aquela pessoa de novo* ou *Essa é a última vez que uso roupa branca em uma festa*. Para mim, parece muito uma vitória, transforma qualquer noite horrível em um presente.

Se você ama fazer networking, melhor ainda. Admito estar com inveja. Mas agora sei que nunca vou realmente me sentir à vontade com isso, e se você sente o mesmo, está tudo bem! Nem sempre você vai querer ir, e nem sempre vai se sentir confortável estando lá. Mas lembre-se sempre deste mantra: *Ficarei feliz por ter ido.*

Vai ter valido a pena, por algum motivo, mesmo que tenha sido a pior noite, e melhor ainda se foi a melhor. No mínimo, você cumpriu a promessa que fez a si mesmo. Você superou o desconforto e aumentou sua reserva de confiança. Com a prática, verá um retorno muito maior sobre o seu esforço, cultivando boas relações no seu meio, você potencializa o seu tempo.

De fato, é isso que importa — potencializar o seu tempo.

Chris e eu sempre brincamos que trabalho muito para facilitar a nossa vida. Para continuar tendo o impulso de que preciso, constantemente tenho que me cercar de lembretes para não perder o ritmo nem me esconder ou me autossabotar. Ainda preciso dedicar muito tempo e esforço para manter minha autoconfiança, usando as estratégias de mindset que venho ensinando neste livro e garantindo que estou no caminho certo para me transformar e ser vista com a Jen 2.0. Devo isso a mim mesma, pois o momento presente é todo tempo que tenho.

Choque de realidade: o trabalho não acaba só porque você alcançou certo grau de sucesso. (Você sabe tão bem quanto eu que chegar ao seu limite só significa que precisamos continuar colocando a mão na massa.) Mesmo se você parar, o *tempo* não fará o mesmo. Na verdade, sei que preciso sempre investir mais na minha reserva de autoconfiança, não importa quão bem-sucedida eu esteja. Como falamos mais a fundo no Capítulo 3, isso quer dizer enfrentar o desconforto constantemente. Por isso que minha única, e minúscula, tatuagem é a palavra *Tempo*, escrita no meu pulso em letras pretas finas.

A palavra *tempo* me salvou em vários momentos que me senti arduamente desconfortável e constrangida. Me ajudou a superar momentos de extrema vergonha, dores físicas e até tédio absoluto, como esperar pelo atendimento no Detran ou assistir a dez episódios consecutivos de *Dora, a aventureira* com minha enteada quando ela tinha 8 anos. Só sei que esse desconforto é temporário. O tempo não para, não importa quão difícil ou dolorosa seja uma situação, ela sempre passa. Você se sentirá mais forte, mais inteligente e mais preparado *por causa* das experiências que teve.

Eu estava pensando em toda vez que olho para a tatuagem no meu pulso. O. Tempo. Não. Para. Você precisará ficar nesse evento de networking apenas algumas horas da sua vida, antes que perceba já terá acabado, e sua ansiedade social e a síndrome do impostor terão ido embora. E as coisas *boas* também, como estar cercado de pessoas que poderiam fomentar sua marca, dar um upgrade em seu negócio ou até se tornar seu novo melhor amigo. Acredite, você não quer perder isso.

Ao lembrar a si mesmo que o desconforto é temporário e que você só terá aquelas horas, vai se permitir desfrutar do momento presente, tirar várias fotos, ter conversar significativas, e absorver cada minuto da experiência. Cabe a você fazer todo o possível para acordar na manhã seguinte sabendo que aproveitou bem o seu tempo.

Os contatos que fizer são fundamentais, pois, no fim das contas, é quase impossível construir influência e visibilidade por conta própria. Para ser visto e ter influência com seu público-alvo, você precisa potencializar a audiência de outras pessoas — e não é qualquer um que vai deixá-lo fazer isso. São suas conexões poderosas e relacionamentos mutuamente benéficos que o ajudarão a alcançar o próximo nível. As relações que estabeleceu quando aproveitou seu tempo e fez o que precisou ser feito é o que impulsionam seus sonhos. E como você aprendeu diversas vezes neste livro, quanto mais você pratica, mais fácil ficará.

MOMENTOS DE GRANDE IMPACTO

- O tempo nunca para. O desconforto é temporário, mas o crescimento que você obterá é permanente.
- Todo mundo fica esgotado com conversas superficiais. Tratar as pessoas como iguais — mesmo as mais bem-sucedidas — ajuda a superar o desconforto e ter uma conexão verdadeira.
- Quando você coloca alguém em um pedestal, abre espaço para ele se olhar com superioridade. Todo mundo, e *todo mundo* mesmo, fica tenso ao precisar se conectar com alguém.
- As pessoas adoram falar sobre si mesmas, então preste atenção e escute!
- 20% do valor está na interação original, 80% dele é sobre como você aproveita esse valor.
- Você sempre ficará feliz por ter ido.

UMA VITÓRIA RÁPIDA

- Vá a um evento e pratique ser a pessoa mais interessada no ambiente!

ANOTE EM UM POST-IT

- Você sempre ficará feliz por ter ido.

PARTE 4

SEJA VISÍVEL

CAPÍTULO 11

O SIMPLES SEGREDO PARA FAZER SUA HISTÓRIA BRILHAR

"Tô *nertvosa* pra caramba, acho que *cvou* vomitar!"

Ainda bem que existe corretor automático, pensei ao mandar a mensagem para Amanda. Como sempre, ela era a pessoa que mais torcia por mim, e foi alguém essencial para que eu chegasse a este momento: ansiosa, andando de um lado para o outro do camarim do *Life & Living com Joanna Gagis*. Um programa de TV da PBS que destacava pessoas e empresas de Nova York que faziam a diferença, e Amanda tinha conseguido que eu fosse uma das entrevistadas.

Nessa época, a agenda da JLG Fitness estava lotada e com lista de espera de novos clientes. A empresa ia de vento em popa, e eu estava pronta alavancar as coisas aparecendo, pela primeira vez, na TV, em rede nacional. Mas eu achava que tinha um pequeno (tudo bem, *enorme*) problema, que estava me deixando agoniada.

Minha marca estava em todos os lugares.

Publicamente, nem todo mundo sabia que eu tinha mudado de "Garota da Caixa de Bugigangas" para "treinadora fitness das celebridades". Ao menos que pesquisassem no Google ou passassem a maior parte do tempo ouvindo Black Sabbath, nenhum dos meus clientes da academia sabia sobre meu passado de calças de couro — e preferia que não soubessem.

Se soubessem que eu não trabalhara a minha vida toda como personal trainer, eles ainda treinariam comigo? Pior ainda, se soubesse que minha carreira anterior era *tão* diferente da atual, eles achariam que eu poderia mudar suas vidas e me levariam a sério?

Apesar de todo o caminho que tinha percorrido até ali, eu não estava totalmente segura de ser eu mesma. Eu era alguém no mundo do heavy metal. Mas na área do condicionamento físico, para a audiência que eu *realmente estava tentando alcançar*, eu não era ninguém. Já que meus seguidores atuais ainda estavam interessados nos braceletes cravejados e nos decotes, mandando mensagem para saber onde comprar o par de meias ou a camiseta customizada que eu tinha usado no episódio 26, eu sabia que precisava oficialmente separar minha marca da "metaleira sexy" para uma motivadora positiva e forte, que poderia fazer as pessoas alcançarem seu potencial máximo. Estava mais do que claro — e era extremamente crucial — que eu começasse a construir uma nova audiência que refletisse minha nova imagem.

Parece familiar? Se sim, bem-vindo à Parte 4, Seja Visível. Aqui aproveitaremos tudo o que aprendeu nos últimos dez capítulos para que você possa subir no palco — ou aparecer em frente às câmeras — e ficar sob os holofotes para ser visto pela audiência que precisa de você. Nesta parte do livro, você vai aprender como se apresentar para a mídia e contar sua história para fazer sua audiência querer saber mais. Não vou mentir e dizer que é fácil, mas, acredite, é possível. Você pode construir sua marca do zero. Pode mudar a visão da marca quando não fizer mais sentido para a sua versão 2.0; mas não tem como fazer isso se o seu Verdadeiro Eu não estiver em destaque, mesmo que pareça caótico.

Foi o que aprendi na marra enquanto estava no camarim da PBS. Eu estava presa em um confronto eterno comigo mesma. As competidoras eram a Verdadeira Jen e — no outro canto do ringue — o melhor amigo falsiane dela, o medo. A luta nem havia começado, mas meu oponente já estava dando um show. O medo é um mestre em me provocar, e tinha me convencido de que eu não merecia o futuro que tinha criado. Ele sussurrava em meu ouvido que ninguém me aceitaria se eu assumisse meu passado publicamente, então escondi a Garota da Caixa de Bugigangas com suas luvas, cintos de corrente e camisetas de bandas em uma caixa debaixo da cama. Tentei apagá-la do meu currículo e das minhas lembranças. *Aquilo é passado, isto aqui é o agora*, disse a mim mesma. *Ninguém precisa saber.*

O que há de errado comigo?, mandei outra mensagem à Amanda, completamente em pânico. Eu tinha trabalhado em um programa de TV por mais de quatro anos! Isto deveria ser fácil para mim, mas não era o que parecia. Eu não podia me esconder atrás das camadas de maquiagem nem do penteado volumoso. Era apenas eu, em minha calça legging e meu tênis amarelo neon, prestes a aparecer na TV como a Verdadeira Jen.

Fiz parte do showbiz por muito tempo para saber que o passado nem sempre fica no passado. No fundo, uma parte de mim estava desesperada, pois sabia que toda aquela conversa de "sou e sempre fui uma treinadora de celebridades" cairia por terra assim que eu pisasse no set do programa. Só não enxerguei como aceitar minha história e usar a verdade para ser finalmente vista seria a melhor coisa que eu poderia ter feito.

ABRINDO MINHA CAIXA DE BUGIGANGAS

Apresentei a Joanna Gagis o tópico sobre o qual eu falaria: "Passos simples para começar a perder peso". Meu plano era falar um pouco sobre escolhas saudáveis de alimentos que os espectadores poderiam fazer e mostrar para Joanna como fazer agachamentos, flexões usando a cadeira e, claro, lunge frontal. A cena estava bem clara em minha mente. Seria épico!

Então você consegue imaginar como fiquei aturdida quando a vi usando um vestido branco lindíssimo. Esse não seria um momento mais descontraído, e percebi que *não* poderíamos fazer os exercícios juntas, como imaginei. O orgulho da minha roupa esportiva se dissolveu e quis arrancá-la na mesma hora de tanta vergonha. E ficou pior quando a primeira coisa que Joanna falou foi: "Estou animada para falar sobre o *That Metal Show*!"

O quê? Meu estômago revirou.

Eu deveria falar sobre separar o molho da salada e fazer polichinelos, em vez disso ela desenterrou justamente a história da minha vida que eu queria esconder. *Ah, não!* Ainda bem que essa mesma história tinha me preparado muito bem para este momento. Por dentro, eu estava quase surtando — meus pensamentos estavam acelerados, minhas mãos tremiam e o medo tinha assumido o controle —, mesmo assim, por fora mantive a pose (obrigada, aulas de atuação!).

"Estou muito feliz de estar aqui!", falei, como se tudo estivesse indo como planejado.

Nossa conversa me fez repensar completamente sobre como me relacionar com a mídia. A entrevista que ela tinha preparado era "Como Jennifer Gottlieb foi de atriz da Broadway para assistente de palco do *That Metal Show* e então treinadora fitness das celebridades". Eu sei — *bem* mais interessante que molhos de salada e agachamentos! Obrigada, Joanna! Ela perguntou como minha carreira de atriz começou e como consegui meu papel dos sonhos em *The Wedding Singer.* Sem hesitar, também perguntou sobre o *That Metal Show.*

Por estar em frangalhos enquanto esperava no camarim, era de se esperar que isso me tirasse totalmente do rumo, mas, surpreendentemente, quando me sentei naquela cadeira, meu medo desapareceu por completo. Puf! Não estava mais nervosa para falar sobre esses assuntos! Logo fiquei empolgada em falar sobre como eu não sabia muito sobre rock and roll até começar a ouvir as músicas da Lita Ford, uma artista incrível no cenário do rock, para me preparar para o papel em *The Wedding Singer.* E no final tudo se conectou quando minha primeira entrevistada no *That Metal Show* foi exatamente Lita.

A história fluiu como se eu estivesse contando para meus melhores amigos, e você precisa entender que eu nunca tinha contado essas coisas para alguém! Pela primeira vez, eu estava me abrindo e sendo honesta sobre a minha história que mantinha em segredo há quatro anos: eu não era uma "metaleira" de verdade. Quanto mais eu contava, mais entendia como a "Garota da Caixa de Bugigangas" tinha relação com a Verdadeira Jen. A jornada pela qual passei para chegar do VH1 até aquele exato momento *era* o que me diferenciava das outras pessoas. Sentada naquela cadeira em frente à Joanna, aprendi como contar a história que me renderia centenas de dólares e inúmeras aparições na TV.

O que eu achava ser o desastre da minha vida, era realmente minha mensagem.

INCLINE-SE COM TUDO

Nem todos têm a sorte de ter seus momentos marcantes registrados em celulares ou no computador, mas como a minha vida já foi exposta publicamente, vou revelar uma coisa a você. Quando reassisti à minha entrevista com Joanna, percebi algo extremamente importante. Ao silenciar o medo e compartilhar minha história, fiquei à vontade e meu tom de voz ficou mais animado. Mas o meu comportamento não foi o único a mudar! Sentada à frente, *Joanna* também ficou empolgada. Ela assentia com a cabeça, ria comigo, seus olhos brilhavam sempre que eu dizia algo de que ela gostava. Ao ficar cada vez mais interessada, Joanna *se inclinava* para mais perto de mim. Ela se interessava tanto pela história que eu tinha vergonha de contar, que ela fisicamente se inclinava na minha direção por querer saber mais do que eu tinha para dizer! Essa descoberta me deu uma ferramenta poderosa que agora ensino para que meus clientes possam se conectar bem mais com a mídia e com a audiência deles. Chamo essa ferramenta de *história para se inclinar.* Aposto que você está se inclinando para a frente para saber como funciona.

Quando comecei a desenvolver minha audiência como treinadora fitness, não estava conseguindo o retorno que queria quando mandava propostas ou criava conteúdo. Se você também está passando por isso, talvez esteja fazendo o que o pessoal da mídia chama de "esconder a manchete". Quer dizer que você não começou sua história com a parte mais interessante para as *outras pessoas*. Pelo contrário, está escondendo-a embaixo de algo que, por alguma razão, *você* acha que é mais interessante, apropriado ou lisonjeiro. Não quero ser estraga-prazeres, mas para atrair a audiência ideal, você não pode levar em conta as suas prioridades, mas, sim, o que as pessoas acham interessante!

Tudo bem se estiver refletindo sobre como deixou passar esse detalhe tão óbvio. Você não está sozinho. A maioria de nós esconde a manchete, pois não entendemos como nossas histórias são preciosas. Estamos próximos demais para enxergar pelo ponto de vista de outra pessoa que não passou pelo que passamos. No fim, menosprezamos e subestimamos nossas histórias mais incríveis.

Vamos usar minha entrevista com Joanna como exemplo. Fui para a entrevista pensando em minha audiência e o que deveria fazer para agradá-los. Achei que os espectadores do *Life and Living* queriam ouvir como começar a se exercitar e se alimentar de maneira saudável. Com certeza era uma ótima mensagem, mas que todo mundo já sabia de cor. Falar sobre vegetais e agachamentos não é mais novidade! Diferentemente de outros profissionais da área fitness, o que me destacou foi ter sido atriz na Broadway e apresentadora de TV. As pessoas querem saber mais sobre *isso*, sem trocar de canal. Essa era a minha história que faria as pessoas se inclinarem para ouvir, não o disco arranhado de "como perder peso" que eu tinha preparado. O que eu mais queria esconder era o *motivo* de eles terem me colocado no programa!

Quando ensino aos meus clientes sobre escrever apresentações poderosas que farão a mídia fechar com eles, sempre reforço que a perfeição é tediosa e ninguém se identifica com ela. Pense nisto: você gostaria de ver um filme ou ler um livro que não tivesse nenhum conflito, que os personagens não tivesse nenhum defeito que você se identificasse ou se envolvesse, que não amadurecessem ou mudassem durante o enredo? Para se conectar com sua audiência, compartilhe uma história que os ajude a enxergá-lo como um ser humano. Caso não tenha notado, ninguém é perfeito. (Se *não* percebeu mesmo, por favor, releia este capítulo!) Não importa o quanto alguém tente ser perfeito nas redes sociais, por trás de todo esse filtro somos lindamente caóticos — e ainda bem! As pessoas se identificam com nossas falhas.

As pessoas usam histórias completamente insípidas quando estão criando conteúdo, pois é o que veem os outros fazendo. Suponha que você é especialista em saúde intestinal e gostaria de compartilhar algumas dicas. Pode pesquisar quantos artigos e conteúdos no TikTok há sobre "Três Formas de Melhorar sua Flora Intestinal" ou "Saúde Intestinal para Iniciantes"? Parece que hoje está chovendo especialistas em intestinos, não é?

Para se destacar dos demais, você precisa encontrar o que há de diferente na sua história, algo que faça o seu cliente dos sonhos trabalhar com você e não com esses outros especialistas por aí. Descubra uma história memorável, de preferência uma bem embaraçosa. Talvez sua flora intestinal tenha sido tão desarranjada que você quase fez nas calças alguma vez, e teve que sair correndo do palco onde estava palestrando atrás de um banheiro. Imagina a vergonha! Por que você contaria essa história em público, ainda mais em uma entrevista?

Coloque-se no lugar do seu público e pense em como você se sentiria se tivesse com problemas intestinais e ouvisse uma história como essa. Eu pensaria, *Minha nossa, ela é tão real. Já passei por isso, achei que fosse a única!* Então mandaria uma mensagem para essa pessoa agradecendo por ter compartilhado sua história, perguntando como ela resolveu o problema — talvez possa me dar algumas dicas. E, aqui vai o melhor: *sempre* me lembrarei da pessoa e da história! Pois foi a única, entre todos os outros especialistas em intestino, que compartilhou algo mais vulnerável e intimador, e as pessoas se identificam com isso. Ela se destacou por causa da história.

Lembre-se, você não precisa ter passado por algo físico exatamente (apesar de borrar as calças realmente se destacar!). Sua História para se Inclinar pode ser algo mais ameno e simples, talvez como você chegou onde está hoje em sua profissão.

De todos esses anos representando alguns dos empreendedores mais bem-sucedidos e líderes inovadores ao redor do mundo, as pessoas se identificam mais com as marcas e empresários que aceitam suas histórias vergonhosas e peculiares. Identificação é a base para a conexão. É quase a mesma coisa que reconhecer "o elefante" quando está fazendo networking. O importante é mostrar às pessoas que você também é humano.

As pessoas querem sentir que você entende pelo que elas estão passando. Que você já passou por aquilo e por isso pode ajudá-las! Agora há algo que você não pode esquecer de jeito nenhum: sempre haverá alguém que faz a mesma coisa que você. Se não compartilhar nada sobre si mesmo, vai ser só mais um na multidão. Mas posso garantir que só há um de *você* — ninguém tem a sua história, a sua voz e seu ponto de vista. Então, se você quiser se destacar e ser o profissional que as pessoas procuram, o melhor caminho é contar mais histórias que só *você* pode contar — do jeito que só você pode contar aos outros.

A BIBLIOTECA DE HISTÓRIAS PARA SE INCLINAR

Como você descobre qual a sua História para se Inclinar? É mais fácil do que imagina: Fale. Com. As. Pessoas.

Eu sei, parece simples demais, mas pense nisto: quando foi a última vez que você parou para pensar nas histórias que conta? Muitos de nós não faz isso. Mas se você realmente prestar atenção em sua "audiência", nas suas conversas diárias, histórias diferentes têm um poder de comunicação único. Por exemplo, já notou o "radar social", quando está conversando com alguém e essa pessoa fica olhando em volta procurando alguém mais interessante para conversar? Essa deve doer! Se isso já aconteceu com você, pelo amor de Deus, não conte mais essa história! Mas se a pessoa se inclina para você, levanta as sobrancelhas e dedica toda a atenção a você, *essa* é a história que precisa focar. Depois que descobrir sua história, desenvolva-a e ajuste-a para ficar cada vez mais poderosa e fascinante como você!

Veja a história do meu cliente da SCM, Todd Herman. Estávamos trabalhando no lançamento do livro dele, *The alter ego effect (O efeito alter ego,* em tradução livre*)*, que fala sobre criar "identidades secretas" para ajudá-lo a destravar seu lado heroico e transformar sua vida. (Recomendo *muito* a leitura!) Minha equipe queria que ele falasse no *Today Show*, mas não encontrávamos uma História para se Inclinar para apresentar.

Virei para Todd e falei: "Todd, converse com a gente. Conte-nos suas histórias favoritas em que usou seu alter ego."

Ele começou a falar e, por algum tempo, apenas ouvimos. Todd contou como usar um alter ego mudou sua empresa e como ele criou oportunidades incríveis. Continuávamos ouvindo e acenando, mas nada se destacava, até ele contar sobre seus três filhos adoráveis. Uma vez, a filha de Todd fez pra ele uma pulseira de miçangas, e ele deixa a pulseira pendurada do lado de fora da porta. Sempre que chega em casa, ele coloca a pulseira e puxa-a contra o pulso. Pá, ele passa de "Todd do Trabalho" para o alter ego "Todd Papai". Ele deixa de lado uma versão de si mesmo e entra sendo a versão que a família precisa que ele seja usando uma tática simples.

"Bem, *essa* é a história mais fofa de todos os tempos", falei para ele. A equipe toda estava quase caindo de se inclinar! Usamos essa história para apresentá-lo ao *Today Show* e adivinhe... ele conseguiu a entrevista. E tem mais. Jenna Bush Hager adorou tanto a história dele que também fez um bracelete para seu próprio alter ego e até o usou em alguns episódios depois disso. Além de mostrar seu livro no *Today Show*, um tempo depois, Todd podia falar sobre como Jenna estava usando o bracelete do alter ego. Isso, sim, foi um baita gancho que enriqueceu a narrativa de sua História para se Inclinar!

Seu dever de casa hoje é começar sua biblioteca de histórias interessantes. Você terá um arquivo cada vez maior com suas melhores histórias. Histórias que você entendeu serem interessantes para *outras pessoas*, não apenas para você! Ligue para um amigo, faça uma chamada de vídeo ou o convide para um café, e preste atenção à linguagem corporal dele enquanto você fala. Se ele está se inclinando e fazendo perguntas sobre sua história, coloque-a na sua biblioteca! Se ele ficar olhando para o celular, se distrair ou olhar em volta, deixe essa história de lado.

Não existe receita de bolo para uma boa história de conexão, mas imagino que você já tenha algumas ideias. Aqui vai uma dica: comece com histórias autênticas e pessoais. As que te deixam vulnerável, exposto e até envergonhado. As que mostram como você era *antes* da sua transformação e como chegou até onde está hoje.

Vamos falar sobre a participação de Jessica no nosso evento. Quando subiu ao palco para um papo aberto com Chris, ela não sabia qual história de conexão deveria contar. Ela era coach pessoal que ajudava as pessoas a aumentarem suas vendas com práticas espirituais, mas ela não sabia o que era mais interessante sobre si mesma ou sua história.

Chris perguntou: "Como você começou nesse negócio? Imagino que não tenha sido sempre coach pessoal."

Jessica sorriu e contou que ela era professora de uma escola na periferia. Ela ensina ioga e meditação aos alunos para ajudá-los com matemática. Muito legal, né? Chris e todos os outros presentes acharam o mesmo. Ali na frente de todo mundo, Jessica descobriu sua História para se Inclinar: como ela se transformou de professora de matemática da periferia para coach espiritual de vendas. Era autêntica, única e completamente pessoal para Jessica. Depois de se aprofundar em sua história, o sucesso dela foi às alturas. Jessica foi destaque na *Forbes* e, quem diria, a manchete era: "Como esta Professora Deixou a Sala de Aula e Começou um Negócio de Coaching Milionário!"

As Histórias para se Inclinar de Todd e Jessica permitiram que eles focassem o que os fazia especiais. Não foi exatamente as conquistas ou o trabalho — por mais incrível e único que fosse para os dois —, mas, sim, a jornada pessoal fascinante que os levou até o sucesso.

A ESTRUTURA SIMPLES PARA HISTÓRIAS

Agora que está juntando suas histórias para a biblioteca, não pare por aí! Como você pode aproveitar ao máximo essas narrativas incríveis para prender a atenção de seus potenciais clientes e maravilhá-los? Basta seguir a Estrutura Simples para Histórias. A habilidade mais importante que você precisa dominar é saber fazer uma introdução memorável, esteja você mandando uma proposta para um entrevista na mídia, em uma ligação com um cliente em potencial ou apenas conhecendo uma pessoa nova.

Ao conhecer alguém pela primeira vez, seja pessoal ou virtualmente, por conteúdo escrito ou em vídeo, pesquisas descobriram que temos em torno de 27 segundos para a pessoa decidir se vai "rolar a tela" ou continuar se conectando. Por isso, você deve ser sucinto em explicar quem você é e o que faz de modo que essa pessoa queira continuar dedicando a atenção dela a você. Basicamente, você quer conquistá-los só com um "oi", estilo *Jerry Maguire.*

Talvez ache que essa partida está ganha se adora falar sobre si mesmo (tudo bem admitir isso!), mas se você for como eu era, vai precisar melhorar sua objetividade. Quando alguém perguntava o que fazia quando comecei, eu passava vinte minutos tagarelando, deixando de fora detalhes importantes e contando a história fora de ordem. Minha história não era breve, agradável e cativante. Agora, se você detesta falar de si mesmo, estas técnicas vão ajudá-lo a relaxar. Tendo a estrutura certinha de sua história, não sentirá mais seu estômago revirar toda vez que alguém lhe perguntar: "Com o que você trabalha?".

A boa notícia é que a técnica da estrutura simples vai envolver suas "Histórias para se Inclinar que você não precisará mais dizer: "Ah, é difícil explicar!" A Estrutura Simples para Histórias é baseada em três componentes:

- Conflito;
- Resolução;
- Como você se encaixa.

O ***Conflito*** é o momento em que sua história de conexão mostra uma mudança. Normalmente é uma situação crítica em sua vida ou um "colapso" pessoal que o levou a uma grande descoberta para começar seu negócio ou entendendo por qual caminho desenvolver sua marca. Use até três parágrafos sucintos.

A ***Resolução*** é como você encontrou a solução para o conflito mencionado, e qual foi o resultado. Lembre-se de ser breve e sucinto, entre um ou dois parágrafos.

Como Você se Encaixa é uma explicação concisa de como sua vida atual se encaixa, moldada pelo conflito que você resolveu e as lições que aprendeu.

A ESTRUTURA SIMPLES PARA HISTÓRIAS EM AÇÃO

Vou pegar a história de Anna como exemplo. Anna é uma cliente que fazia parte de um culto com uma política extremamente restrita em usar apenas vestidos cinzas e pretos. Ela não podia se expressar com suas roupas e aparência. Anna seguia as regras do culto até receber um diagnóstico de câncer terminal. Como não tinha mais nada a perder, Anna deixou o culto e começou a usar roupas coloridas, libertando-se de anos de restrição. Na consulta seguinte, ela descobriu que o câncer tinha, magicamente, ido embora! Até hoje, ninguém consegue explicar, mas desde então Anna se dedica a ajudar mulheres a exteriorizarem sua beleza e vitalidade interior por meio das roupas.

A história de Anna é simples, sucinta e profundamente pessoal. Muitos de nós conhece alguém que teve câncer, e posso apostar que todos nós nos sentimos oprimidos em expressar nosso verdadeiro eu (ainda bem que poucos possam se identificar com a parte do culto!). A história dela se destaca pelo passado único, e mesmo assim toca os corações de todos. Por todos nós termos superado diferentes conflitos durante a vida, independentemente de qual tenha sido, a estrutura simples para histórias toca o coração e a razão. As pessoas adoram ouvir sobre mudanças e transformações, e somos naturalmente atraídos por histórias que retratam a jornada emocionante de superar um desafio e encontrar uma solução que faz a diferença.

Vamos analisar como Anna pode contar sua história no próximo evento:

Conflito: *"Passei a maior parte dos anos 1980 fazendo parte de um culto com regras restritas para vestimentas, mas tudo mudou quando recebi um diagnóstico de câncer terminal em 2013."*

Resolução: *"Deixei o culto e aproveitei meu tempo restante para me reinventar, transformando meu guarda-roupa, minha aparência e, por fim, minha vida. Misteriosamente, meu câncer desapareceu, e até hoje os médicos não entendem o que aconteceu."*

Como ela se encaixa: *"Agora, ajudo outras mulheres com mais de 50 anos a transformarem suas vidas por meio das roupas!"*

Voilà! Não sei você, mas eu com certeza estou me inclinando! Vamos para mais um exemplo. Amy, uma de nossas clientes, tinha uma tradição de fazer pizza com seus filhos às noites de sextas. Ao ser diagnosticada com lúpus, recebeu uma lista imensa de restrições alimentares; uma delas era o glúten. *Droga*, Amy e os filhos não poderiam mais comer pizza às sextas. Amy não estava disposta a aceitar essa situação, e encontrou uma forma de fazer massa de pizza com couve-flor, deixando-a sem glúten e mais saudável, fazendo essa receita para a família semanalmente. Em pouco tempo, decidiu que poderia vender essa massa de pizza para outras famílias como a dela. A criatividade de Amy a levou a comandar uma empresa multimilionária, escrever um livro de receitas renomado e ter sua própria marca — Cali'flour Foods — que pode ser encontrada nos supermercados por todos os Estados Unidos. Ela está vivendo um sonho!

A história de Amy tem uma vantagem, pois pode ser utilizada de duas formas. A primeira, com a estrutura simples para a história pessoal de Amy:

Conflito: *"Meu diagnóstico de lúpus me impedia de curtir minha tradição favorita de pizza às noites de sexta-feira com meus filhos."*

Resolução: *"Depois de meses testando receitas, criei uma forma de fazer pizza com couve-flor que se encaixava em minha dieta alimentar, e ainda por cima era muito gostosa."*

Como ela se encaixa: *"Continuo tendo tempo de qualidade com meus filhos — e minha empresa, Cali'flour Foods, ajuda famílias ao redor do mundo a terem noites da pizza mais saudáveis com meus produtos, receitas e meu livro de receita mais vendido."*

A história de Amy tem um lado empresarial também. Lembre-se: Amy percebeu as necessidades da própria família, aplicou-as em uma indústria completa, levando-a ao caminho do sucesso. Vejamos a história dela novamente, com a perspectiva de negócios:

Conflito: *"Todo mundo ama pizza, porém ela tem muitos carboidratos, e se você tem uma dieta alimentar restrita, como intolerância a glúten, pode causar sérios problemas em seu organismo."*

Resolução: *"Testando receitas com a minha família, descobri que usar couve-flor para fazer a massa da pizza é ótimo* *para pessoas com restrições alimentares ou que querem uma vida mais saudável."*

Como Ela se Encaixa: *"Agora, minha empresa multimilionária, Cali'flour Foods, vende alternativas saudáveis sem glúten que satisfazem seu desejo por comer pizza, e são uma delícia. Você pode manter um estilo de vida saudável sem abandonar seus prazeres favoritos!"*

Dependendo do público-alvo, Amy pode usar sua Estrutura Simples para Histórias *pessoal* ou *de negócios* para se conectar com a audiência. A história em si é a mesma, porém, ao mudar o foco e mostrar detalhes diferentes, pode funcionar de maneiras distintas. A história pessoal de Amy foca como ela abriu a empresa, e pode ser interessante para pessoas comuns que a conhecem por uma entrevista na TV. Já a história empresarial será apropriada quando ela quiser apresentar a Cali'flour Foods para um investidor ou vendedor em potencial. O foco dessa história está no porquê os produtos dela são valiosos e vendáveis, em vez de mostrar suas emoções ou desejo de comer de maneira saudável.

Agora é sua vez! Escolha uma de suas histórias de conexão em sua biblioteca e transforme-a com a Estrutura Simples de História preenchendo as três partes a seguir. Darei o início da frase para ajudar, mas você pode escrever a sua também.

Conflito: *Quando eu...*
Resolução: *Então eu...*
Como você se encaixa: *Agora eu...*

Depois que escrever sua história, é hora de praticar. Pode parecer estranho pedir para que você treine contar sua própria história, mas se lembre de que tem apenas 27 segundos para causar uma boa primeira impressão. No mundo dos negócios chamamos isso de discurso de elevador, para ser usado quando se deparar em um elevador com um produtor de cinema, e você quer falar sobre suas ideias antes que as portas se abram e cada um siga seu rumo. Não importa quão cativante seja sua história, se não contá-la de forma objetiva e concisa, rapidamente perderá a atenção da pessoa. Além disso, quando se tornar algo natural, vai se apresentar com fluidez sem engasgar sobre quem você é o que tem a oferecer. Você sempre passará uma boa primeira impressão.

Comece falando sua Estrutura Simples para Histórias em frente ao espelho, gravando-se no celular ou pedindo a ajuda de um amigo ou familiar. Não tenha medo de ousar durante esse processo: experimente diferentes detalhes, inicie e finalize a história de maneiras variadas e lembre-se: *como* você a conta importa — qual entonação vai usar? Quais os momentos de pausa? Ao refinar a técnica de narrativa, você vai encontrar a combinação certa e sua história vai fluir com naturalidade pelas três partes da estrutura. Quando tiver um modelo de história para se conectar, faça o mesmo processo com outra história de sua biblioteca. Quando já tiver algumas delas, teste contar para algumas pessoas. Na próxima vez que sair para tomar café com alguém, em um jantar ou quando buscar os filhos na escola, conte sua história. (Preste atenção em seu maior obstáculo, a olhadinha por trás do ombro!) Com o tempo, contar sua Estrutura Simples para Histórias ficará natural, e você estará pronto para contá-la a sua audiência — seja em um post nas redes sociais, em um evento de networking ou em uma entrevista.

A melhor parte é que se conectar com sua audiência não é apenas sobre falar de si mesmo, mas sobre superar o medo de falar de si mesmo e continuar desenvolvendo aquela autoconfiança que mencionamos *lááááá* na Parte 1. Aprimorando sua Estrutura Simples para Histórias, você aprimora a sua mensagem. É pegar a coisa mais importante e fascinante sobre o que você faz e colocá-la de um jeito simples e autêntico. Assim conseguirá ver — e sentir — quando as pessoas se conectarem com você.

MOMENTOS DE GRANDE IMPACTO

- Se não está conseguindo a reação que deseja de sua audiência, provavelmente está escondendo a manchete.

- Quando estamos próximos demais de nossa própria história, não conseguimos enxergar o que as outras pessoas acham interessante.
- Para se destacar, você precisa entender o que faz sua história ser única e diferente das outras pessoas no seu nicho. A resposta está em seus fracassos, quedas e desvios para alcançar seus objetivos.
- Uma boa História para se Inclinar é autêntica e pessoal. Na maioria das vezes, são as histórias que o deixam vulnerável, desconfortável e um pouco envergonhado. As que mostram quem você era *antes* da sua transformação e que ilustram como você chegou até onde está hoje.
- Aceitar suas imperfeições e peculiaridades cria uma conexão forte e marcante, isso mostra a sua audiência que você é humano e permite que se sintam vistos.

UMA VITÓRIA RÁPIDA

- Escreva sua Estrutura Simples para Histórias e faça um post usando-a para se reapresentar para sua audiência nas redes sociais.

ANOTE EM UM POST-IT

- Ninguém é perfeito. A perfeição é chata, desinteressante e sem conexão.

CAPÍTULO 12

SEU FOMO TEM A VER COM VOCÊ

"Você tem que vir aqui!" Nosso amigo Donnie, proprietário de um clube de comédia no Upper West Side, parecia bem animado quando nos ligou. "Não conte a ninguém, mas Jerry Seinfeld vai fazer uma apresentação surpresa daqui dez minutos."

"Minha nossa." Chris e eu nos olhamos animados. Desligamos o telefone já quase na porta, vestindo nossos casacos e colocando os sapatos no pé enquanto saíamos de casa.

O clube de Donnie é um lugarzinho minúsculo na esquina da Broadway com a Rua 75, que apresenta vários novos talentos em ascensão, como também alguns dos maiores comediantes que aparecem de vez em quando. Na noite em questão, nos apressamos até lá e sentamos à mesa quando uma das maiores lendas da comédia subiu ao palco. Imagino que não preciso falar quem ele é, mas vou dizer mesmo assim. Jerry Seinfeld não é só o nome mais conhecido no stand-up, como o programa de TV dele, *Seinfeld*, é considerado um Zeitgeist cultural [nas palavras de hoje, uma verdadeira tendência). Ele cresceu tanto fazendo comédia observacional, que podemos reconhecer na mesma hora quando alguém inicia qualquer piada com o tom certo de voz e dizendo "Vocês já notaram..." ou "Qual o problema com...", como uma marca de Seinfeld.

Qual o problema com a comida de avião?

Qual o problema com abajures?

Qual o problema com a facilidade com que artistas aspirantes se sintam tão menosprezados por causa de celebridades como Jerry Seinfeld? É *tããããããão* fácil ver uma pessoa famosa, ou alguém bem-sucedido na área em que você está tentando levantar sua empresa e pensar: *Aff, eu deveria estar fazendo isso. Deveria ser eu ali.*

O Medo da Oportunidade Perdida (FOMO) é um dos sintomas traiçoeiros do medo que nos persegue como um serial killer em um documentário sobre um crime verdadeiro, sempre espreitando entre os arbustos esperando o momento certa para atacar. No Capítulo 2, falamos um pouco sobre a definição "medo da oportunidade perdida" é, bem, realmente perder o objetivo real! Para mim, FOMO não diz respeito a ficar em casa enquanto seus amigos vão a festas, quando você queria estar lá com eles. Claro que essa é uma definição de FOMO, mas estou falando de algo um pouco diferente. Eu me refiro a quando você passa pelos posts em suas redes sociais e vê alguém fazendo algo parecido com o que você faz e tem mais oportunidades de ser reconhecido. Essa pessoa está participando de podcasts, palestrando em eventos com outras pessoas incríveis e foi o grande destaque do mês anterior na *Fortune* sobre um assunto que você também fala em seu trabalho.

Por que não eu?, você pensa quando vê a postagem. *Deveria ser* eu *como especialista em destaque!*

De repente, você se vê em um beco sem saída, preocupado por não ser bom o bastante e achando que nunca vai chegar a lugar nenhum nem na vida nem nos negócios; antes que perceba, está se comparando com outras pessoas em um ciclo interminável de paralisia por análise, até todos os sintomas do medo inundarem seu cérebro, impedindo-o de agir. Não, obrigada. Esse é o plano mirabolante do medo, e quando você se deixa levar pelo FOMO por causa do sucesso de outra pessoa, está deixando o medo atrapalhar *seu* sucesso. Por isso digo que você não está com medo de perder a oportunidade, mas com medo de perder o seu momento — a sua oportunidade — de brilhar tanto quanto qualquer pessoa.

Naquela noite, eu vi Jerry Seinfeld — uma das celebridades mais bem pagas de todos os tempos, que lotou suas turnês internacionais, e o motivo de outros comediantes se sentirem perdidos — apresentar-se em um palco minúsculo. Fiquei completamente chocada quando ele não fez uma apresentação requintada que deixaria toda a plateia morrendo de rir. Não, meus amigos, o grande Jerry Seinfeld estava lendo as piadas escritas em um guardanapo! Ele estava trabalhando em uma nova apresentação, fazendo anotações em um caderno de quais piadas tinham dado certo com a plateia e quais não. Ao observá-lo durante aquele tempo, percebi uma coisa: Jerry Seinfeld é exatamente como o resto de nós (só mais um lembrete de que todo mundo é humano!). Estamos acostumados a ver grandes celebridades finalizando suas apresentações em especiais na Netflix ou em palcos enormes, sendo tão engraçados e incríveis. Mas *não* os vemos durante suas práticas: testando piadas, aprimorando falas até ficarem hilárias, produtos perfeitos pelos quais estamos acostumados a entrar em pânico.

Sendo bem honesta, algumas das piadas do Jerry realmente foram muito ruins. Porém, ver Jerry Seinfeld ser ruim em algo foi a coisa mais linda que já vi. Eu estava tendo um vislumbre do primeiro dos vinte capítulos que as pessoas se acostumaram a ver dele. Vê-lo ler as piadas escritas em um pedaço de papel foi um lembrete perfeito de que todos nós começamos de algum lugar, e esse "algum lugar" nem sempre é bom — mesmo que você seja Jerry Seinfeld. Precisa de muita coragem para ir da linha de partida até a de chegada, mas isso também é um processo. Aquela foi mais um daqueles momentos que me ajudou a perceber como usar a pessoa pela qual temos uma crise de FOMO como ferramenta para nosso sucesso.

UM MAPA PARA O SUCESSO

Quando comecei o meu próprio podcast, tive uma crise de FOMO por causa do podcast de um amigo, que tinha milhões de downloads por mês, conseguia trazer várias celebridades como convidadas e era patrocinado por marcas gigantescas. *I Dare You* só tinha uma semana de lançamento, é claro que não teria o mesmo impulsionamento que alguns dos trabalhos que já se vendiam sozinhos há anos (ainda!). Eu entendia que meu amigo passou vários anos e muitas horas de trabalho duro para chegar onde estava, mas mesmo assim o FOMO e a síndrome da comparação me pegaram de jeito, eu estava comparando o meu primeiro capítulo com o capítulo vinte dele.

Meu podcast nunca vai ser tão bom assim.

Eu deveria ter começado anos atrás.

Tanto caminho pela frente.

Minha mente ficou inundada com esses pensamentos e muitos outros, fazendo-me sentir um fracasso total. Eiiiiii, eu tinha conseguido algo maravilhoso por ter lançado meu podcast! Eu deveria estar extasiada de orgulho, não cheia de inferioridade! Por sorte, tenho muita prática nisso e consegui usar esse sintoma do medo antes que ele me usasse! Sabe, o FOMO pode levá-lo em um caminho sem volta da autossabotagem, mas também pode ser usado como uma ferramenta poderosa para alavancar sua capacidade. Pode até ser o mapa para o seu sucesso. Você pode escolher! Todos os dias, Chris me lembra de que não sou responsável pelos meu primeiro pensamento, mas *sou* responsável pelos pensamentos que se seguem e pelas ações que tomo a respeito disso. Então, depois de alguns primeiros pensamentos ruins, tomei a decisão de usar o FOMO como combustível. Como posso ser grata a ele?

A questão é a seguinte: esse sentimento horrível de oportunidade perdida me mostrou que eu mereço — ter um podcast ótimo —, como também me mostrou o que é possível. Se eu me dedicar e estudar o que meu amigo fez para chegar ao sucesso que desejo, terei o caminho exato que preciso seguir para ter um resultado parecido! O sucesso deixa pistas, e o primeiro passo para descobrir essas pistas é experimentar esse sentimento de: Aff, *deveria ser eu ali.*

Para espantar a inveja, rolei os episódios do podcast do meu amigo até o primeiro. Anotei quais foram os tópicos e convidados que ele trazia no começo — quando as celebridades não ligavam para ele. Também prestei atenção em como ele fazia propaganda do podcast no decorrer dos anos. Tive tantas ideias só com essa pesquisa rápida, e minha síndrome da comparação diminuiu, forçando-me a lembrar que todo mundo começa de algum lugar. E tão rápido como começou, o FOMO deu espaço para uma gratidão sem tamanho pelo meu amigo, pelo podcast dele e por tudo que aprendi com meu amigo *falsiane*, o medo.

O FOMO será seu maior recurso para começar a ser visto na mídia como especialista reconhecido no seu nicho! Quando estão iniciando, nossos clientes e membros do mastermind sempre nos perguntam: "Em qual mídia devo aparecer?". A resposta é mais fácil do que você pensa, pois, sim, já adivinhou, está justamente com a pessoa pela qual você tem sua crise de FOMO! Se seu primeiro (e supernormal) pensamento for: *Aff, deveria ser eu ali*, quando vir Hannah ser destaque daquela revista famosa, passe para o segundo pensamento: *Sou muito grato por ter visto Hannah na revista* Inc., *pois isso mostra que a mídia está em busca do meu conhecimento e que eu também posso aparecer como destaque nela!* E se você se deparar buscando em toda a internet em quais mídias Hannah apareceu antes de ser destaque na *Inc.*, provavelmente encontrará tantas outras revistas, podcasts e programas que também são perfeitos para você.

RECONHEÇA A SUA OPORTUNIDADE

> *"Melhor acabarmos com isso antes mesmo de começarmos."*
> *Assinado: sua amiga Linda*
> *O pingo do "i" é um coração quebradooooo...*

Eu suava vestindo meu figurino com enchimento com várias camada de "senhorinha idosa", como se eu tivesse saído de uma aula de spinning, apesar de só estar ali parada na coxia observando April, a atriz que ficou com meu papel, cantando a minha música em *The Wedding Singer.* (Sei que você sabe como termina essa história, mas vamos voltar um pouquinho nela de novo!)

Deveria ser eu ali, pensei, olhando como ela agarrava o buquê com as mãos em uma luva sem dedos, encarando as pernas dela nas botas brancas até as coxas. Eu estava quase engasgando de tanta inveja. *Deveria ser eu cantando essa música. Eu posso cantar melhor do que ela, não posso?* Naquela noite, voltei para casa e fiquei me comparando a ela, cantando a música em frente ao espelho e deixando a síndrome da comparação me consumir. Só consegui lidar com o FOMO quando percebi uma coisa que pessoas mais sábias já sabiam há muito tempo: minha inveja só estava me atrapalhando! Nas palavras de Nelson Mandela: "Guardar ressentimento é como tomar veneno e esperar que a outra pessoa morra." Eu me entupia de energia negativa todas as noites naquela coxia, mas essa negatividade não afetava April, pelo contrário, afetava só a mim! Eu precisava mudar isso.

Em vez de sentir inveja e ficar furiosa, coloquei minha energia em estudar cada movimento dela. Ela tinha sido escolhida para interpretar Linda, logo, deve ter feito algo bem melhor do que eu — e ativando meu modo detetive, descobriria o que era, para que eu pudesse melhorar. Era minha obrigação dominar tudo que ela fazia de melhor — coreografia, entonação da voz — e aprender com os erros dela. Aproveitei o tempo na coxia, não para ficar encarando e desejar que ela quebrasse o tornozelo, mas como uma oportunidade para entender o que eu gostava ou não da atuação dela como Linda. Eu estaria mais do que preparada para a minha oportunidade. Quando chegasse a minha vez de usar aquele figurino e subir no palco, minha atuação seria *arrasadora*.

Outra coisa boa aconteceu por mudar o foco da minha energia: enquanto eu analisava e estudava cada movimento dela, meu medo começou a se dissipar. A crise de FOMO se transformou em foco e, parafraseando Wallace D. Wattles, em seu famoso livro *A ciência de ficar rico*, me desapeguei do avião competitivo e embarquei no avião da criatividade. É assim que a mágica acontece.

Minha energia mudou tanto que percebi que queria ser amiga de April! Comecei a sentar com minha nova amiga durante o almoço, saíamos para caminhar entre uma apresentação e outra, e eu sempre perguntando tudo o que passava pela minha cabeça quando a via atuar. "Qual era a sua intenção, na cena com Julia, depois da música 'Let Me Come Home'?", perguntei a ela. "Como você arrancou a saia sem estragar o velcro? Pode me mostrar depois, para eu aprender a fazer direito?"

Você e eu sabemos que as pessoas adoram ajudar os outros (mesmo quando a ajuda em questão é para uma substituta que, até pouco tempo, poderia estar planejando a sua morte, em segredo). April se sentiu vista e especial quando pedi a ajuda dela, pois deixei claro que eu me inspirava nela e queria aprender com a experiência que ela tinha. Nós nos tornamos boas amigas, e eu melhorei bastante minha apresentação — isso aconteceu por eu ter reconhecido minha crise de FOMO e transformado a inveja em curiosidade e gratidão.

OMBROS DE GIGANTES

Já dizia Sir Isaac Newton: "Se enxerguei mais longe, foi por estar sobre ombros de gigantes." Muitos outros famosos também usaram essa frase de alguma maneira — o filósofo Bernard de Chartres, a autora Mary Shelley e o coach de autoajuda Tony Robbins — para dizer a mesma coisa: o sucesso não acontece por acaso.[1] Todos nós temos algo a aprender com nossos antecessores. Poder usar o conhecimento e a experiência deles e adaptar às nossas circunstâncias, até mesmo canalizar essas lições para outra direção, se quisermos. Olhar pelos ombros dos "gigantes" de nossa área para enxergarmos mais longe e caminharmos com nossas próprias pernas é uma das melhores maneiras de aprender e se desenvolver.

Por isso lhe digo para mudar o ponto de vista do seu FOMO.

Sempre ouço meus clientes dizerem: "Já tem gente fazendo isso." Usando como desculpa para não seguir uma nova ideia, e ouvir isso me dá vontade de torcer o nariz deles. É uma ótima notícia quando alguém já é bem-sucedido no que você quer, pois significa que é possível, e deve ser feito, e também porque há procura.

Minha amizade com a Lori Harder, autora best-seller e podcaster de sucesso, é a melhor história que eu poderia contar sobre como o FOMO me *ajudou* na minha jornada como empreendedora. Quando eu estava me reerguendo após o término com o Rob e daquela fase difícil, ia a todas as audições em Nova York, na maioria dos dias, com uma bolsa cheia de vestidos, ouvindo podcasts no celular. O primeiro podcast que fiquei viciada foi o da Lori Harder, *Earn Your Happy*. Eu estava considerando a ideia de entrar para a indústria fitness, e fiquei apaixonada (e com crise de FOMO) por essa mulher maravilhosa, inspiradora que arrasou aparecendo nas capas de revistas de saúde e bem-estar, comandava uma empresa de coaching bem-sucedida e que apresentava um podcast famoso sobre mindset e dava sempre o seu melhor. Ela tinha centenas de milhares de seguidores engajados no Instagram, um site lindo com cursos e e-books sobre o estilo de vida fitness e nutrição e, o mais importante, ela era muito legal, vulnerável, verdadeira, engraçada e inteligente. Isso era tudo que eu queria construir, e eram as qualidades que eu tinha. Então, qual era o problema? Ninguém via isso em mim, pois ainda me conheciam como "Jennifer Metaleira". Eu queria tanto mudar essa narrativa errônea que eu tinha criado e começar a construir algo que viesse da Verdadeira Jen, mas eu não achava que era possível até minha crise de FOMO pela carreira de Lori me ajudar a desenvolver uma nova crença aos poucos. Eu passava horas andando pela cidade ouvindo o podcast de Lori, e a cada passo que eu dava tinha mais clareza sobre o que eu queria criar e como podia fazer isso.

Aceitei meu medo da oportunidade perdida e descobri que tinha um espaço enorme para novas criadoras empoderadas que compartilhavam uma mensagem positiva, de colaboração e crescimento pessoal. Pesquisar sobre o caminho que Lori percorreu e como ela fez isso, me ajudou a ter confiança e me direcionou para o caminho que eu precisava para desenvolver a JLG Fitness em um negócio de sucesso multimilionário que teria um impacto enorme na vida de milhares de pessoas. Lori não fazia ideia, mas ela era minha mentora virtual, e meu FOMO por ela mudou minha vida.

MUDE SEU FOMO

Agora, eu gostaria que você fizesse um exercício. Respire fundo algumas vezes e pense em alguém na sua vida, ou na sua área de trabalho, que o faz ter uma crise de FOMO gigantesca. A pessoa pela qual você morre de inveja quando você a vê conquistando alguma coisa que *você* deveria estar fazendo. Alguém que já está no caminho para o sucesso há uns cinco anos, talvez um ano. Se você quer escrever um livro, escolha alguém que já tenha um editor ou que fechou um contrato de lançamento, e se você quer inaugurar uma nova marca ou negócio, escolha alguém que já trabalha nessa mesma área há um ou dois anos. Veja as postagens no Instagram ou leia alguns dos artigos que essa pessoa escreveu no site, então vista a capa de Sherlock Holmes e faça a si mesmo as seguintes perguntas:

- Quais são as conexões dele?
- De quais assuntos ele fala?
- Em quais meios de comunicação ele foi citado?
- Quem fala sobre ele?
- O que o faz se destacar?

Faça esse mesmo exercício procurando mais duas ou três pessoas e preste atenção no que você escreveu. Tem algum padrão entre elas?

Você está se boicotando por pessoas que já passaram pela estrada de tijolos amarelos, mostrando a você exatamente como chegar à Cidade das Esmeraldas. As respostas que você escreveu são o mapa para o mesmo destino. Parabéns, amigo! Você acaba de preparar um guia passo a passo repleto de objetivos alcançáveis e possíveis de se fazer para você chegar à sua Terra de Oz.

Quando percebi que meus objetivos profissionais estavam alinhados com os de Lori Harder, precisei colocar a mão na massa. Procurei pelo nome dela na aba de notícias do Google e ouvi todos os podcasts que ela apareceu como convidada. Em quais revistas ela apareceu? Quem ela segue no Instagram e como interage com eles? Com quem ela trabalha? De repente, pareceu que tinha encontrado um manual de instruções com o passo a passo. Encontrei blogs dos quais nunca tinha ouvido falar e pensei *Posso me apresentar a eles*, então segui o redator, que escreveu sobre Lori nas redes sociais para iniciar uma conexão. Peguei minha lista dos 20 Melhores e minha História para se Inclinar, e encontrei programas de TV e meios de comunicação interessados no que eu tinha a oferecer, e desenvolvi relacionamentos com quem poderia me colocar como convidada em um desses meios. Com o tempo, agreguei valor aos redatores e produtores, aumentando os números da minha lista dos 20 Melhores com pessoas que poderiam me ajudar a criar oportunidades. Transformei meu FOMO em curiosidade e segui o caminho de Lori ao sucesso para aprender como ela chegou até lá. Com o mapa que ela tinha escrito para mim como mentora virtual, comecei meu caminho rumo ao sucesso que eu nem sabia que existia.

Quero que se lembre de uma coisa muito interessante sobre tudo isso: Lori não perdeu nada do que construiu por eu construir o meu sucesso no mesmo âmbito profissional que ela. Na verdade, o meu sucesso me deu a oportunidade de recompensá-la de maneiras muito impactantes. Vamos avançar para quando Lori e eu eventualmente nos conhecemos e (adivinhe) nos tornamos melhores amigas. Nossa parceria nos levou a viajar juntas pelo país, palestramos em eventos uma da outra e até mesmo nos indicamos para dar palestras. Gravamos vários podcasts incríveis juntas, divulgamos os programas uma da outra, e dançamos a noite toda no meu casamento. Um dos momentos pelos quais me sinto mais orgulhosa, foi quando pude retribuir sendo investidora da empresa dela.

PARE DE QUERER SER "ORIGINAL"

Você pode estar pensando, *mas quero ser original, Jen! Não quero seguir os passos de ninguém, quero fazer coisas que ninguém nunca fez!* Prometi que sempre diria a verdade, mesmo que dolorosa. Então aqui vai uma verdade muito importante (e talvez difícil de aceitar): sua ideia nunca será completamente original. *Sempre* haverá alguém que, de um jeito ou de outro, já fez o que você quer fazer. Falo sério, sinto muito. *Sempre.*

Até pessoas revolucionárias, como Steve Jobs, basearam-se em outros que vieram antes. Pensamos que invenções como o iPhone são completamente revolucionárias, e apesar de ser um avanço no mundo da tecnologia, Jobs não criou aquele primeiro telefone em 2007 do nada. A primeira tela sensível ao toque foi inventada para o controle de tráfego aéreo décadas antes, em 1975, e o iPod foi desenvolvido como um modelo do walkman da Sony.[2] Isso não quer dizer que as invenções dele não foram inovadoras, porém nos alerta de que tudo que criamos é baseado em pesquisas e ideias de uma longa linha de pessoas e inovações ao longo da história.

A boa notícia é que você não é a única pessoa que quer fazer as coisas do seu próprio jeito. É tão comum que até deram um nome para isso. A síndrome do "não inventado aqui" é um viés psicológico que nos faz evitar usar ideias ou produtos que já existem ou são de origens externas.[3] Trazendo isso para o âmbito profissional, normalmente tendemos a fazer as coisas do nosso jeito, assim sentimos que nossas ideias e sucesso são completamente originais, e mesmo se a solução para o nosso problema já existir, nós a rejeitamos só porque "não foi inventada aqui". Assim como crianças teimosas que insistem em combinações estranhas, somos obcecados por fazer tudo sozinhos. Por esse mesmo motivo, estudos têm mostrado que os consumidores preferem pagar, em sua maioria, 63% mais por uma mobília que eles mesmos construíram, também conhecido como efeito IKEA.

Mas o que há de errado em alguém já ter feito o que você quer fazer? Às vezes nos prendemos à síndrome do "não inventado aqui" por nos preocuparmos com a violação de direitos autorais ou de sermos acusados de roubar ideias alheias, no entanto, sem estar sobre os ombros de gigantes, a civilização humana não teria progredido tanto! Aproveitar o que já foi feito por quem veio antes de nós faz parte da nossa natureza, e lidar com sua crise de FOMO é a mesma coisa.

Ter alguém que já alcançou o sucesso na área em que você almeja não o impede de alcançar também nem diminui o valor do que você tem a oferecer, mesmo que não esteja sendo totalmente original. Tudo bem você se inspirar na ideia de outra pessoa para criar o seu produto. Não há problema algum em sua empresa não ser a única que faz o que você faz. Talvez você faça melhor, talvez não, mas com certeza você fará *diferente*. Afinal, você é único.

O mercado está lotado de coaches por aí, mas se você é um deles, isso não é motivo para desistir. Só *você* fala do jeito que fala e traz a combinação perfeita das suas experiências e seu conhecimento. Talvez outros coaches também usem as mesmas falas, mas eles não falam como *você*. Já conversamos sobre como sua História para se Inclinar e seu lado caótico é a sua mensagem, por isso já sabe que são esses momentos vulneráveis que fazem de você uma pessoa única e ajudam outros a se conectarem com você.

Talvez outros coaches de fitness tivessem sido entrevistados por Joanna Gagis e ensinado a audiência dela como melhorar suas vidas, mas nenhum deles tinha a minha história de ser a Garota da Caixa de Bugigangas. Se você encontrou alguém que faz o que você quer fazer, não é uma coisa ruim, eu garanto. Agora, você só precisa fazer isso do seu jeito. O seu público precisa aprender com você, por isso você tem a responsabilidade de superar seu FOMO e se comunicar diretamente com ele.

A FORMA MAIS SINCERA DE ELOGIO

Se você tem irmãos ou filhos, imagino que em algum momento já deve ter ouvido a frase: "A imitação é a forma mais sincera de elogio."

No mundo em que eu vivia (a "selva" também conhecida como o mundo da atuação), eu pensava que *se alguém tinha conseguido o papel, então só haveria pequenos papéis para mim*. Se alguém alcançou o sucesso, quer dizer que eu não alcançaria. Isso gerou um sentimento de competição e superação que se transformou em um poço de negatividade, o que só prejudicou a minha própria experiência, assim como quando deixei a inveja me dominar nos bastidores de *The Wedding Singer*.

Eu não vivo mais assim. Agora entendo que a oportunidade de uma pessoa não tira a minha oportunidade, quando estamos focados em criar em vez de competir, criamos nossas próprias oportunidades, além de oportunidades para as pessoas ao nosso redor. Saí de um mindset onde precisava diminuir as pessoas para que eu chegasse a algum lugar, a ajudar pessoas a crescer para que eu possa crescer também. Já dizia o ditado: quando a maré sobe, levanta todos os barcos.

Acredito do fundo do meu coração que entender como usar o FOMO a *seu* favor é o atalho para alcançar seus objetivos, como uma passagem secreta em uma estante de livros, que você precisa saber qual livro puxar para abrir. Afinal, se já existe uma estrada construída, por que perder tempo abrindo caminho no meio do mato?

Por isso acredito totalmente no poder da mentoria, de masterminds e de estar com pessoas que fazem a mesma coisa que você. Se você está se comparando com Brené Brown, Jerry Seinfeld ou alguém famoso em seu nicho específico, peço que coloque a inveja de lado e investigue. Aproveite o caminho já preparado para você, e em algum momento encontrará sua versão única de sucesso. Pode até começar comigo! Escrevi neste livro tudo que fiz para chegar onde estou, e o convido a usar minha história como seu mapa para o sucesso. Se vasculhar meu canal no YouTube, meu perfil no Instagram ou pesquisar sobre mim no Google, verá as pistas caóticas que deixei para você. Muitas pessoas pagam milhares de dólares para tirar seus vídeos e fotos antigas da internet, eu não. Eu deixo o quadro da minha vida imperfeita para o mundo ver. Não importa quão caótico, decadente ou (incrivelmente) vergonhoso possa ser, são pedaços da minha vida que formam a pessoa que sou hoje e, mais importante, que continuarei sendo.

Aprenda com os erros, copie o que já funcionou, esqueça o que não deu certo, e continue na jornada, assim como eu continuei tentando coisas novas. Espero que lhe ajude a descobrir o que eu fiz: meu FOMO nunca foi um problema, era minha solução disfarçada o tempo todo.

MOMENTOS DE GRANDE IMPACTO

- Use seu FOMO (medo da oportunidade perdida) a seu favor.
- Não compare seu primeiro capítulo com o vigésimo de alguém.
- O sucesso deixa pistas, é importante seguir os passos das pessoas pelas quais você tem crise de FOMO para entender o que elas fizeram — e como você pode fazer também.
- Todos subimos nos ombros de gigantes — mesmo as pessoas mais famosas e bem-sucedidas do mundo se inspiram nas ideias de quem veio antes delas.
- A oportunidade de alguém não tira a sua oportunidade.

UMA VITÓRIA RÁPIDA

- Identifique por quem você sofre uma crise de FOMO e pergunte a si mesmo:
    - Quais são as conexões dele?
    - De quais assuntos ele fala?
    - Em quais meios de comunicação ele foi citado?
    - Quem fala sobre ele?
    - O que o faz se destacar?
- Analise suas respostas e descubra qual delas você pode replicar imediatamente.

ANOTE EM UM POST-IT

- O sucesso deixa pistas, cabe a você segui-las.

C A P Í T U L O 1 3

SER VISTO É SUA RESPONSABILIDADE

Não sou especialista, mas quando uma psicóloga infantil holística pediu nossa ajuda, na hora percebi que Dra. Norah sofria de um caso sério de síndrome do impostor. A Dra. Norah é uma mulher incrível que ajuda adolescentes e jovens adultos com transtornos mentais e distúrbios comportamentais por meio do poder da nutrição e da medicina funcional, mas ela estava se escondendo e deixando de ser vista por causa dos sintomas do seu próprio medo.

"Detesto falar sobre mim", ela me disse quando nos conhecemos em um evento. "Parece que estou me gabando, e se as pessoas não concordarem com minhas ideias sobre usar a nutrição para melhorar a saúde mental? E se acharem que sou uma fraude?" (Só para esclarecer, a mulher é PhD em psicologia infantil e é certificada como psicóloga e nutricionista!) Mesmo sendo referência em sua área e salvando vidas, ela vivia com medo de as pessoas duvidarem de sua competência; impedindo-a de se mostrar para o mundo e ser vista por quem precisava da ajuda dela. A Dra. Norah tinha pavor de aparecer na televisão, mas sabia que isso afetava negativamente as famílias que precisavam desesperadamente da ajuda dela, porém não a conheciam. Então ela colocou o medo no banco do passageiro de sua minivan e assinou um contrato para ter a Super Connector Media como relações-públicas. Conseguimos fechar várias aparições para ela na TV logo de cara, por ela ser uma pessoa bem qualificada e com mensagens muito oportunas. Nossa equipe estava animadíssima, já ela, nem tanto. Ela estava com tanto medo de ser vista que ficou fisicamente doente por causa da ansiedade e não apareceu em uma das entrevistas.

"Norah", eu disse em uma sessão de coach, com o tom de voz sério. "O que você faz ajuda as pessoas?"

Sem hesitar, ela olhou para mim com confiança e respondeu: "Sim, com certeza."

"Então fazer isso não é opcional. Ser vista é sua *responsabilidade*."

Ela ainda não tinha parado para pensar que as famílias e crianças que precisavam dela talvez continuassem a sofrer ou recebessem o tratamento errado apenas porque a mulher que tinha a solução certa para eles possuía um medo irrefreável de se mostrar ao mundo. Por sorte, ela entendeu a situação e na semana seguinte entrou com tudo na Escala da Confiança, deu o primeiro passo que tanto temia e deu a entrevista em um canal de notícias local. Essa história também é um ótimo atestado para a Escala da Confiança (releia o Capítulo 3 para relembrar), pois conseguir fazer essa participação, mesmo com medo, foi uma pequena vitória que deu a ela a autoconfiança de que precisava para repetir outras vezes! Sem perceber, ela começou a ser reconhecida, só por ter controlado o medo dentro de si, feito algo que temia e ter criado seu próprio impulso.

Ela nos contou mais por mensagem: "Vocês sabem que eu era muito resistente em chamar atenção, mas na segunda vez em que falei na TV sobre comida, nutrição e saúde infantil, a mãe de um adolescente com um quadro grave de tendências suicidas assistiu ao programa e entrou em contato pelo meu site. A filha dela tinha passado por todos os centros de tratamento e especialistas da região, tomado todos os medicamentos possíveis, mas continuava doente. Agora ela não tem mais sintomas suicidas, voltou para a escola e está cada dia melhor. Você me motivou a compartilhar meus ensinamentos, superar meus medos e isso, literalmente, salvou a vida dela."

Uau.

Vamos refletir sobre isso.

Não quero nem pensar no que poderia ter acontecido se a Dra. Norah não tivesse superado seu medo de ser vista, e você?

Esse é o poder da visibilidade. Se você tem um serviço, produto, história ou mensagem que tem o potencial de ajudar as pessoas, é sua *responsabilidade* garantir visibilidade. Cada dia que passa sem você ser visto é mais um dia que as pessoas que precisam de sua ajuda vão contratar, ouvir ou acompanhar outra pessoa que talvez não seja tão boa quanto você, nem possa agregar o valor que você pode, ou nem se importe tanto quanto você. Sua audiência — as pessoas que precisam de você — escolherão outra pessoa já que não sabem da sua existência. Você vai deixar de se mostrar por ter medo ou receio do que as pessoas vão achar de você ou da sua imagem?

Isso é puro egoísmo.

É isso aí, falei mesmo, e discordo totalmente com você.

Se você não é visto, está sendo egoísta. Posso encerrar o assunto? Adivinhe, se autopromover não é algo ruim; é (repita comigo!) sua responsabilidade.

Muitos de nós não quer ser visto por receio do que as pessoas pensarão sobre nós (e de que isso importa?). Somos seres humanos, por isso pensamos assim, faz parte da nossa natureza. Mas o que aconteceria se expulsássemos essas vozes negativas da gente? Se amássemos a nós mesmos e tivéssemos tanta convicção em nossa missão que a opinião dos outros não importasse? Se toda essa energia gasta em nos preocupar com a aprovação externa fosse usada para amar a nós mesmos e ao propósito que queremos dar ao mundo? Se assumíssemos o protagonismo de nossa vida com confiança?

Neste capítulo, vamos reformular a maneira como você pensa sobre ser visto, afinal, não tem nada a ver com você! Ser visto significa servir às pessoas que precisam de você, por isso precisamos encobrir o ego. Não é sobre você ou sua imagem, é sobre a pessoa lendo um artigo na revista, vendo você na televisão ou salvando um vídeo no Instagram para rever quantas vezes quiser. É sobre ajudar uma pessoa, apenas uma, do jeito que só você pode ajudar, como a ligação da mãe que assistiu à entrevista da Dra. Norah na TV e isso salvou a vida da filha dela.

ACALMANDO OS NERVOS E AUMENTANDO SEU ALCANCE

Hoje em dia, não conseguimos muito fugir das câmeras; seja em reuniões por chamada de vídeo ou na tentativa de fazer a empresa crescer, por isso precisamos estar confortáveis em aparecer em lives no Facebook e vídeos no TitkTok e Instagram, assim como na televisão. Você consegue se conectar melhor com sua audiência por meio dos vídeos, pois as pessoas gostam de ver a outra pessoa e sentir que a conhece. Contudo, entender isso e estar em destaque são coisas completamente diferentes. Até eu fico apavorada de aparecer na frente das câmeras, e se tem uma coisa que sempre, *sempre* me ajuda a criar coragem e apertar o botão para gravar é o método H.O.P.E., que remete à palavra esperança em inglês.

A sigla H.O.P.E. quer dizer Ajude Uma Pessoa Todos os Dias (*Help One Person Every Day*); esse conceito tem me ajudado a subir no palco, estar em frente às câmeras e dar entrevistas. Quando fico nervosa (e acredite, ainda fico muito nervosa em todas as vezes!), imagino que estou conversando com apenas uma pessoa, em vez de com milhares. Por muito tempo, eu colocava uma foto de Chris ao lado da câmera quando precisava gravar algo, pois ficamos nervosos ao pensar que estamos falando para um equipamento e não para uma pessoa. (Não há conexão nisso, não é?) Ter uma foto de alguém que amo ao lado da câmera me ajudou a transformar uma conversa temível com uma luz piscante velha em uma bate-papo confortável com alguém que não me deixava nervosa.

Quem mais precisa ouvir sua mensagem? Seu melhor amigo? Sua filha adolescente? Seu cônjuge? Seu cliente favorito? Um antigo colega do qual você sempre lembra? Quando estiver gravando, fale como se estivesse conversando com essa pessoa, e tenho certeza de que será bem mais tranquilo falar para a câmera — *e* servir sua audiência.

Se não conseguir pensar em alguém, considere a seguinte opção: estamos mais preparados para ajudar a pessoa que éramos há dez anos ou quem éramos quando começamos. Quando não estou certa sobre minha audiência ou meu conteúdo, pergunto a mim mesma: "Com quem eu precisaria conversar? O que eu precisaria ouvir?" Se está lendo este livro é porque provavelmente passou por muita coisa até poder ensinar um conceito ou fornecer um serviço que você, em algum momento da vida, realmente precisou. É bem provável que sua inspiração original venha de quando não tinha essa coisa muito importante.

Penso bastante sobre a Jen adolescente que chorou até dormir por vergonha depois de vomitar o jantar do seu aniversário, pois estava obcecada em fazer parte do grupo de meninas populares da escola, e também sobre a Jen após a fase Garota da Caixa de Bugigangas, deprimida e solteira, encarando aquela parede de tijolos, insegura a respeito de qual caminho seguir na vida. Vários conteúdos que publico são quase uma mensagem mágica de volta ao passado especificamente para mim. Direciono minhas palavras para minhas versões do passado, pois sei o que elas querem e precisam ouvir. Sei que outras pessoas por aí também precisam escutar. Por isso fica tão, tão, *tão* mais fácil passar minha mensagem.

Quando estou no palco, também falo para uma pessoa, graças a um truque que aprendi durante as audições que participei quando atuava. Nos eventos em que palestro, antes de subir ao palco, converso com alguns participantes. Não tenho nenhum critério específico, apenas escolho uma pessoa com quem realmente criei uma conexão e uso essa energia durante minha apresentação. Com a pessoa em mente, imagino que minha apresentação é só para ela. Fazer palestras como se estivesse em uma conversa com uma única pessoa me acalma por completo e, além disso, todas as outras pessoas no ambiente acham que estou falando diretamente com elas. Esse é o segredo para ter plateias aplaudindo de pé.

Fingir que está falando apenas para uma pessoa também ajuda a não se preocupar com sua aparência e o que vão achar de você, pois não é sobre você, é sobre a pessoa que precisa da sua ajuda. Utilizando o método H.O.P.E. você só precisa se mostrar e ajudar, como a Dra. Norah fez ao se deixar visível para a mãe daquela adolescente.

O mais importante é ajudar as pessoas do jeito que só você pode fazer. Por isso é relevante ser visto. Você tem um dom para compartilhar com o mundo e agregar valor às outras pessoas e ao planeta em que vivemos. Isso é o seu dom, e a razão pela qual precisa levar a sério sua visibilidade.

Algumas das pessoas mais famosas do mundo são aquelas que tinham consciência de seu dom desde jovens e trabalharam duro para serem vistos e usar esse dom para ajudar outras pessoas. Oprah Winfrey entendeu quais eram seus dons quando começou a entrevistar suas bonecas, quando criança. Ela usou esses dons em seu trabalho como âncora do jornal local, mas percebeu que esse meio era muito restrito — ao repassar as notícias, ela tinha que ser objetiva, porém, seu dom envolvia sua empatia e habilidade em se conectar com as pessoas que entrevistava. Oprah percebeu que não conseguiria ajudar as pessoas do jeito que sabia que poderia se continuasse como repórter de TV, onde sentia que não era genuína, nem que pertencia àquele lugar. Ela não estava aparecendo do jeito certo nem para as pessoas certas! Depois de ser despedida do jornal (e usado isso ao seu favor!), Oprah continuou a se mostrar de várias formas, comandando um programa de rádio e, em pouco tempo, seu próprio programa de TV, no qual poderia mudar a vida de milhares de pessoas.

Certa vez, Oprah disse para Reese Witherspoon: "As pessoas só querem ser vistas. Querem ser reconhecidas. Elas querem ser compreendidas. Se eu puder ajudá-las com isso, ficarei muito orgulhosa do meu papel neste mundo."[1]

Em primeiro lugar, a Oprah entende. Em segundo, o que teria acontecido se ela tivesse desistido? O que teria acontecido se ela tivesse ofuscado seu próprio brilho quando o produtor do jornal disse que ela entrevistava as pessoas com muita emoção? Oprah conhecia seus dons, e sabia que sua audiência precisava vê-la para que *eles* fossem vistos. Por isso colocou a incerteza (e quem não gostava dela) de lado e galgou o caminho até o topo. Se ela não tivesse mudado o foco para ser vista pelos seus dons genuínos, com certeza não teríamos conhecido tantos autores incríveis que ficaram famosos por meio do clube do livro que ela criou, nem os convidados recorrentes que ela recebia e acabara tendo seus próprios programas de TV, ou as pessoas impactantes que a consideraram como mentora e conquistaram o sucesso transformando o FOMO que tinham pela imagem dela a seu favor, seguindo os passos e ensinamentos de Oprah.

Pessoas influentes, em sua maioria, têm uma história como essa. Os CEOs mais bem-sucedidos das maiores companhias do mundo jamais teriam conquistado o topo sem muita perseverança. Para dar visibilidade às filhas, a família de Serena e Venus Williams mudou de estado para que elas pudessem frequentar uma academia de tênis. Mesmo após seis *anos* de recusas incessantes, Elizabeth Gilbert perseverou em sua batalha para fazer sua escrita ser reconhecida. Jeff Bezos, Ruth Bader Ginsburg, Sara Blakely, Martin Luther King Jr., Elon Musk — esses nomes dificilmente seriam citados juntos, pois cada um se destacou de maneiras tão distintas. No entanto, o que todos têm em comum é a noção de que seu produto, serviço ou mensagem só causaria impacto se alcançasse as pessoas certas.

Sabe a Lori Harder? Encontrei Lori quando eu mais precisava dela, e agora que somos melhores amigas de verdade, não só na minha imaginação, sempre falo brincando que eu a manifestei. O mais engraçado é que Lori diz a mesma coisa sobre mim! Naquela época em que comecei a ouvir o podcast dela, e morava em um cubículo horrível, Lori usava o método H.O.P.E. mesmo sem saber. Ela trabalhava pensando: *Estou falando para essa garota que precisa ouvir o que tenho a dizer.*

Lori estava falando para mim o tempo todo, mesmo sem saber e nem termos nos conhecido ainda. Ela me ajudou a crescer, aprender e expandir minha empresa, e agora que somos amigas, pude agregar valor a ela também como convidada em seu podcast, palestrando nos eventos que ela organizava e apoiando-a pessoal e profissionalmente. Ela nunca imaginou que fazer um podcast compartilhando suas ideias teria um retorno tão impactante! Realizamos grandes feitos uma pela outra, e ela mudou minha vida. Mas nada disso teria acontecido se Lori não tivesse encontrado visibilidade!

Se ela não tivesse seguido em frente por *não querer se gabar*, onde ela estaria? Deus, onde *eu* estaria?

Como Lori se colocou em evidência, pude aprender com o material que ela compartilhava e ver um exemplo do que eu poderia conquistar com ações consistentes. Agora, em parte por causa dela, também ajudo milhares de pessoas, pois ajudar uma pessoa por dia gera um efeito cascata: expandindo seu alcance de forma inimaginável.

BRILHE COMO UM DIAMANTE

Na Parte 3, você aprendeu como reunir o grupo de pessoas para apoiá-lo quando compartilhar suas vitórias, e nesta parte do livro vamos dividir essas vitórias com o seu time. Percebo que meus clientes ficam bem desconfortáveis neste momento, e as desculpas começam a aparecer:

Não quero me gabar.

Não quer ser uma pessoa assim.

Criar conteúdo todos os dias parece muito presunçoso.

Seja franco. Você já pensou assim? Sabe que também me identifico com isso, né? Eu realmente me identifico! Antigamente, eu não podia nem pensar em dividir minhas conquistas na internet, com receio de atiçar a rivalidade do meu grupo de amigos. Eu tinha medo de que, se brilhasse demais, minhas amigas se sentiriam ofuscadas. Isso poderia gerar ressentimento e mágoas. Diminuir o próprio brilho para que os outros se sintam confortáveis é uma atitude comum, muitas vezes inconsciente. Mulheres, isso vale principalmente para vocês. Ao longo da história, uma mulher confiante e orgulhosa de suas realizações é vista como metida ou arrogante, ao passo que um homem que age da mesma forma não enfrenta o mesmo tipo de julgamento. Esse sentimento vem do medo de não ser apreciada por todos, também conhecido como "compulsão por agradar", tema abordado no Capítulo 2.

Ter esses pensamentos é completamente normal. Expor a si mesmo é assustador! Falando com sinceridade: não é fácil. Mas chegando até esta parte do livro, você já entendeu que o caminho mais fácil não é seu guia para um futuro extraordinário. Lembre-se de que o desconforto é temporário, já o crescimento é permanente, e a verdade é que pessoas exibidas não pensam desse jeito. Elas não se importam se estão postando demais nem de compartilhar suas conquistas, pois não ligam para quem está de fora. Por isso, sempre digo aos empreendedores que me procuram com receio de se tornarem o centro das atenções: 1) se você tem receio de ser exibido, então não está se exibindo, 2) limitar-se não beneficia o seu público.

Em seu livro *A Return to Love* (Retorno ao amor, em tradução livre), a autora Marianne Williamson cita que "O nosso maior medo não é sermos inadequados, mas, sim, de que somos mais poderosos do que imaginamos. Temos medo de brilhar, não de nos ofuscarmos. Perguntamos a nós mesmos: 'Quem sou eu para ser brilhante, belo, talentoso e fabuloso?' Quando na verdade deveríamos nos perguntar por que não devemos ser tudo isso?".

QUANDO NÃO DEVEMOS SER VISTOS

Com tudo isso em mente, seria impossível escrever um livro sobre ter visibilidade sem primeiro alertá-lo sobre os perigos de se expor demais antes que sua história esteja totalmente desenvolvida. Isso mesmo que você entendeu, há momentos em que você *não deve* estar visível, e nem sempre conseguimos entender quando uma história já está pronta para ser levada ao mundo ou se deveríamos aguardar um pouco mais até que seja a hora certa.

Todos nós conhecemos uma pessoa que parece um desastre ambulante. Você sabe do tipo de pessoa que estou falando. A gente dá aquela olhadinha com "vergonha alheia", como diz minha chefe de equipe, Liz, já que ela exibe manifestações emocionais exacerbadas com frequência e compartilha imagens desagradáveis de erupções cutâneas ou infecções oculares que ninguém quer ver. Talvez você não chegue a esse nível, mas eu não o ajudaria em nada se não lhe avisasse que usar sua vulnerabilidade para chamar atenção sem necessidade — chamo isso de "vulnerabilidade pornográfica" —, leva sua audiência a parar de te seguir, e não a curtir seus conteúdos.

Ser visível para ajudar as pessoas é, sim, sua responsabilidade, mas isso não quer dizer que você precisa compartilhar todos os detalhes sórdidos de sua vida em tempo real. Além de acabar com seu engajamento e destruir sua credibilidade, pode afetar outras pessoas. Se um story, post ou mensagem não é claro, é porque não está finalizado. Da mesma forma que a Jen de vinte e poucos anos escreveu no diário "Um dia vou entender o porquê", nem tudo faz sentido até que as coisas cheguem ao seu desfecho natural e você tenha um tempo para refletir. Mesmo assim, é preciso tempo para a ferida se curar antes de estarmos prontos para compartilhar a dor com o mundo.

Quando estiver preocupado se deve ou não compartilhar algo (principalmente se for uma história vulnerável), pergunte a si mesmo: *Esta ferida já está curada?*

Uma ferida não cicatrizada, além de recente, é dolorosa, e talvez você ainda não consiga falar sobre isso sem se emocionar. Já o sofrimento curado deixa marcas. A dor não existe mais (nos torna imponentes!), e contar a história de como você ganhou essa cicatriz é sinal de força: você sabe que venceu a batalha. Hoje em dia, posso falar mais abertamente sobre meu distúrbio alimentar, pois já estou curada, cuidei tanto dessa ferida que hoje em dia posso usar minha experiência para ajudar outras pessoas. Mas se eu tentasse compartilhar minha jornada quando ainda estava no meio do caminho, ou se ao fazer isso eu voltasse ao hábitos destrutivos, sei que essa ferida ainda estaria aberta e eu precisaria de tempo para me curar antes de compartilhar essa história — e minha cicatriz — com minha audiência.

Compartilhar suas histórias não resolvidas pode afastar seguidores, derrubar sua credibilidade e engajamento, como também machucar outras pessoas envolvidas nessas experiências. Algumas histórias não são totalmente nossas para compartilhar, e trazer à tona algo tão particular que envolve outras pessoas é como cutucar um vespeiro. Quando decidir que sua ferida é uma cicatriz chamativa, certifique-se de que compartilhar sua história não vai prejudicar ninguém.

Quero que transforme seus desafios em aprendizados e use sua história para inspirar outras pessoas. Mas não saia correndo para compartilhar tudo antes da hora. É preciso amadurecer a ideia para que a mensagem chegue ao público no momento certo.

Mesmo em histórias resolvidas, pode haver pontas soltas e talvez um restinho de dor. Faz parte da vida! Decidir o que compartilhar é pessoal. Mas se ouvir sua essência, saberá a resposta. Confio em você. Se você aprendeu algo com minha história, espero que tenha sido que as situações mais difíceis pelas quais passou podem levá-lo aos melhores momentos da sua vida. Por isso, quando olhar para suas cicatrizes e perceber isso, saberá que está na hora de deixar essas marcas visíveis — marcas lindas, significativas, caóticas, poderosas que fizeram seu Verdadeiro Eu quem você é.

Lembre-se de que sua audiência está sempre em crescimento, e você a está construindo aos poucos. Por isso é muito importante sempre falar e dividir sua mensagem. Sua luz não ofusca o brilho de ninguém, só deixa o ambiente mais iluminado e dá *às pessoas* a oportunidade de brilhar também.

MOMENTOS DE GRANDE IMPACTO

- Cada dia que passa sem você ser visto é mais um dia que as pessoas que precisam de sua ajuda vão ouvir outra pessoa que talvez não seja tão boa quanto você, nem possa agregar o valor que você pode, ou nem se importe tanto quanto você. Sua audiência – as pessoas que precisam de você – escolherão outra pessoa, já que não sabem da sua existência.
- Se o que você faz ajuda outras pessoas, não se deixar ser visto (mesmo que seja por medo) é puro egoísmo.
- Ser visto não tem nada a ver com você.
- Ajude uma pessoa por dia.
- Estamos mais preparados para ajudar a pessoa que éramos há dez anos.
- Quando achar que está pronto para compartilhar sua história, pergunte a si mesmo: "Esta ferida já está curada?".

UMA VITÓRIA RÁPIDA

- Criar e compartilhar conteúdos todos os dias pode ajudar a pessoa que você costumava ser.

ANOTE EM UM POST-IT

- Ser visto é sua responsabilidade.

CAPÍTULO 14

TORNE-SE UM AGENTE DE CIA

Hoje em dia, qualquer pessoa pode criar um perfil nas redes sociais e dizer que são ótimos. Alguém que nunca abriu um negócio pode criar um site todo trabalhado na internet, considerando-se um guru empresarial, e cobrar milhares de dólares por seus serviços. Qualquer pessoa pode dizer que é o melhor agente imobiliário ou melhor coach do mundo, não há nada que os impeça de dizer isso. Não há nada que impeça a pizzaria da esquina de colocar uma placa na entrada dizendo "MELHOR PIZZA DA CIDADE" ou da concessionária perto do seu trabalho de dizer "VOCÊ NÃO VAI ENCONTRAR MAIS BARATO EM OUTRO LUGAR", mesmo que não seja verdade. (Foi até cunhado um termo para isso — "puffery" (publicidade exagerada) —, considerado legal perante nossas leis! Assustador, não é?)

Felizmente, muitas pessoas já percebem isso e não são facilmente convencidas só por um cartaz colorido ou um perfil bonito no Instagram a apertar o botão de comprar ou até mesmo o de "seguir". Como se sobressair em meio a tanta informação e mostrar que você é um especialista confiável, com um produto ou serviço que realmente ajuda as pessoas? Preste atenção, pois vou revelar três letras que vão transformar você e sua marca de um "segredo bem guardado" em um nome familiar. Preparado?

CIA.

Não estou dizendo para você se transformar em um agente secreto — pelo menos, não no sentido literal. Lembre-se, o objetivo é justamente parar de esconder o seu negócio! Mas vou pedir para começar a trabalhar um pouco "por trás das cenas" enquanto você ganha visibilidade. Essas três letrinhas representam palavras mágicas que vão diferenciá-lo dos farsantes e, no final das contas, ajudá-lo a construir uma marca lucrativa. Elas significam:

- Credibilidade
- Influência
- Autoridade

Domine essas três coisas e você vai deixar de ser mais um na multidão da internet e se tornar referência no seu mercado. Já está curioso? Então vamos entender como implementá-las na sua estratégia.

CREDIBILIDADE

Credibilidade é a sua moeda de troca para conquistar a confiança do público. É o seu selo de aprovação.

Mesmo que não saiba, quando uma pessoa analisa a possibilidade de ser cliente de uma empresa, inconscientemente procura por indicadores de credibilidade. Imagine que você está em busca de um redator para o seu site, e recebe indicação de duas pessoas com o mesmo nome, que cobram o mesmo valor e são ótimos profissionais. A primeira coisa que você faz é pesquisar essas pessoas no Google, não é?

O site do redator A é bem-estruturado, tem uma foto de perfil chamativa e a seção "Sobre Mim" diz tudo o que você gostaria de saber. O site do redator B também tem tudo isso, além de um grande diferencial: no topo da página inicial um banner escrito "já escreveu para" ao lado de logos como *Business Insider*, *NBC* e *The New York Times*.

Qual dos dois você escolheria?

Sem precisar conversar com eles, a decisão é bem óbvia, pois a credibilidade do redator B é respaldada por fontes muito confiáveis. Se o *New York Times* confia nele, então você também deveria confiar! Você deve estar pensando: "Jen, mas se não tenho nada para começar, como estabeleço essa credibilidade?" Simples. Você precisa aparecer em fontes de mídia confiáveis, mostrando-se "especialista" na sua área.

Algum tempo atrás, recebi várias mensagens privadas no meu Instagram sobre como se livrar das tendências introvertidas para conseguirem se conectar com as pessoas na vida real. Na época, ainda sentíamos os efeitos de ter ficado isolados em casa durante a pandemia, e percebi que muitos seguidores estavam com dificuldades de se relacionar no mundo real de novo. Fiz uma live no Instagram falando de conexões genuínas e "cara a cara". Eu tinha certeza de que estava entregando algo de que as pessoas precisavam, que já via os números disparando rumo ao viral. Mas a realidade, como sempre... A live foi um fiasco. Algumas pessoas comentaram, mas ninguém compartilhou, ou mandou mensagens, nem potenciais clientes apareceram. Como eu acreditava na potência desse assunto, procurei uma redatora da *Forbes* que conhecia, e sugeri escrevermos um artigo por ser um tópico significativo e oportuno. (Aliás, esse e-mail não me custou nada!)

A redatora concordou e, de repente, minha live no Instagram virou um artigo na *Forbes*. O conteúdo era o mesmo, mas sabe o que aconteceu quando o nome *Forbes* apareceu nele?

Centenas de pessoas ao redor do mundo compartilharam, até mesmo alguns empresários influentes.

Minha DM ficou lotada de mensagens de ex-namorados, antigos amigos e — o mais importante — de novas conexões.

Até meus pais, que não faziam ideia do que era uma live no Instagram, conseguiram apreciar e entender o que faço! E quem já me conhecia, compartilhou o artigo para todo mundo. Postar nas redes sociais é legal, mas sair na *Forbes* é outra história!

Meu artigo ganhou *credibilidade*, consequentemente, ganhou *visibilidade*. E os clientes apareceram! Minha caixa de entrada bombou de leads querendo fechar negócio. Em 72 horas, transformei o investimento zero daquele artigo em um lucro de US$370 mil. Pode me dar os parabéns!

Agora é a sua vez. Como você pode dar credibilidade a um conteúdo que já criou colocando-o em uma plataforma famosa? Quais histórias de conexão ou postagem podem se transformar em um artigo, em um episódio de podcast ou um segmento na televisão? Quem precisa ouvir essa história, quais meios de comunicação ou publicações estariam dispostos a conectá-lo com sua audiência? Quando escolher onde quer aparecer, use sua lista dos 20 Melhores e fale com essas pessoas, praticando o que aprendeu sobre Histórias para se Inclinar e descobrir o que as pessoas realmente querem ouvir. O quebra-cabeça está se encaixando? Espero que sim!

INFLUÊNCIA

Influencer é a nova palavra da moda. Ser um influencer nas redes sociais é uma carreira bem popular para a geração Z, e quem pode culpá-los? Alguns desses influencers recebem pagamentos milionários por uma campanha nas redes sociais. Empresas como Calvin Klein, CÎROC e Walmart deixaram de investir em publicidade tradicional, e agora usam o poder do marketing de influência. Eles sabem que podem fazer milhões de dólares em venda só com um post, ou menção, do influencer da vez para a audiência deles. Em 2022, o valor de mercado para o marketing de influência global passou dos US$16,4 *bilhões*, sem previsão de queda.[1]

No mundo atual, quanto mais influentes forem você e a sua marca, maior o seu potencial de ganho e de causar impacto. Por que isso acontece? Porque no mundo dos negócios, quando as pessoas são influenciadas a fazer algo, elas compram algo. Contudo, não é fácil se tornar influente. (Afinal, qualquer um pode estar na internet hoje em dia e dizer que é o melhor!)

Não fique com vergonha em admitir que tem dificuldade de crescer sua audiência nas redes sociais — já nos conhecemos há algum tempo, pode se abrir comigo (e com você mesmo). Você tinha planos grandiosos de conteúdo para seu perfil no TikTok, mas mesmo depois de trinta dias só ganhou cem seguidores? Você roteirizou e planejou uma live no Facebook, e apenas três pessoas assistiram?

É preciso anos de consistência e paciência para construir *qualquer coisa* do zero, mas existe um jeito de acelerar sua jornada. Lembra sobre o que conversamos no Capítulo 12? Olhar sobre ombros de gigantes. Por que construir uma audiência por conta própria se já existem pessoas e contas com seus seguidores ideais? Você precisa aparecer nessas contas para a ADO (eu sei, eu sei, mais acrônimos! Eu trouxe vários para este capítulo!), ou seja, para a "Audiência de Outros". Utilizar a ADO lhe dá a chance de aproveitar a credibilidade de quem já é referência no seu mercado. Você conseguirá passar sua mensagem para as pessoas *certas* com *muito* mais eficiência.

Voltando ao exemplo do artigo na revista *Forbes*, já que os benefícios não acabaram depois de 72 horas. Alguns meses depois de o artigo ser publicado, acordei uma manhã com meu telefone tocando. Era minha chefe de equipe, Liz (ela é da geração Y, que não faz ligações, só manda mensagem de texto!), por isso eu sabia que era algo importante.

"Jen!", gritou ela ao telefone, o aparelho quase vibrava com a animação dela. "Minha nossa, falaram de você na rádio. Elvis Duran acabou de citar você na Z100!"

Quem mora em Nova York sabe que isso é demais. Elvis apresenta um dos maiores programas de rádio da cidade, além de ter mais de meio milhão de seguidores no Instagram; na mesma hora comecei a pular de alegria com Liz ao telefone. Pesquise no Google e descobri que ele tinha mencionado o que falei sobre sair da sua zona de conforto, então claro que fiz o que qualquer pessoa normal faria, mandei uma mensagem privada para ele no Instagram.

Escrevi: *Oi, Elvis, muito obrigada por citar meu nome quando falou sobre sair da zona de conforto no seu programa.*

Ele respondeu dizendo: *Oi, Jen, MUITO OBRIGADO por me dar o pontapé inicial para abordar sobre isso. Quero falar mais sobre esse tema.*

Excelente! Aproveitei a oportunidade e disse: *Seria um prazer participar do seu programa e me aprofundar no assunto com sua audiência!*

Mas antes de prosseguir, preciso falar da minha abordagem. Não fiquei me exibindo, falando do meu livro ou da minha empresa e blá-blá-blá, isso não interessava a Elvis. Eu "retomei o contato"; como você leu o Capítulo 10, sabe que isso não tem nada a ver comigo. A ideia é agregar valor para ele, e a melhor forma de fazer isso para um locutor de rádio importante é agregar valor para os ouvintes dele.

Para resumir, Elvis agendou um bloco de vinte minutos em seu programa para que eu pudesse falar sobre minhas quatro dicas de melhorar as habilidades de networking e se conectar em eventos, o assunto no artigo da *Forbes*. Tivemos um bate-papo incrível, e foi uma ótima oportunidade para me mostrar para a audiência dele. A equipe da rádio fez um vídeo do programa e postou no Instagram, então também aproveitei a influência dele para alcançar essa audiência. É assim que se cria uma audiência! O vídeo teve mais de 120 mil visualizações, e por eles terem me colocado como colaboradora na publicação, tive ótimos retornos.

No dia em que a Z100 postou aquele vídeo, meu número de seguidores cresceu exponencialmente. Eu fiquei muito feliz; mas não foi só isso. Consegui vários potenciais clientes por causa do programa, e agora que eu tinha juntado a influência de Elvis com a credibilidade que eu tinha criado, o lucro pelo zero investimento que fiz estava decolando.

Você precisa pensar em criar sua audiência e comunidade a cada live, podcast, artigo, segmento de mídia e post que publicar. Quanto mais pessoas te ouvirem, mais pessoas você consegue influenciar, e mais impacto terá na vida delas.

Você pode usar várias ferramentas que já aprendeu neste livro para ajudá-lo por onde começar a desenvolver sua influência, e novamente citaria sua Lista dos 20 Melhores (agora você acredita que essa é uma ferramenta poderosa?). Você conhece alguém que está em alguma plataforma? Como pode usar a audiência *deles* a seu favor? Como você pode agregar valor a essas pessoas que têm mais visibilidade que você? Como pode usar esse conhecimento para ter mais influência com sua marca?

AUTORIDADE

Um dos meus filmes favoritos para rever quando viajo de avião (não sei explicar, só é uma delícia assisti-lo no voo!) é *Miss Simpatia*, com Sandra

Bullock. Se você ainda não viu esse clássico, vou tentar resumir em uma frase: é sobre uma agente do FBI que participa de um concurso de beleza disfarçada de candidata para prevenir um bombardeio no evento. Peço desculpas, mas para fazer sentido onde quero chegar, preciso dar spoiler do filme. (Como é um filme de vinte anos atrás, não me sinto culpada!) Gracie, a personagem de Sandra, acaba se tornando a heroína da história (e vice-campeã do concurso) ao desmascarar o vilão na hora do desfile. Mas antes de isso acontecer, todo mundo acha que ela enlouqueceu de ciúmes da outra candidata no concurso. As pessoas só acreditam nela quando a coroa da vencedora explode, mas se ela tivesse mostrado seu distintivo de agente do FBI antes de prender o culpado, teriam respeitado a autoridade dela na mesma hora, em vez de tentar tirá-la do palco.

Autoridade é poder, e este vem da soma de credibilidade e influência, ou como neste caso em particular, um distintivo do FBI que transmite a seriedade da situação, e todos precisam respeitar. Quando você consegue demonstrar sua autoridade, tem o poder de influenciar as ações das pessoas; elas vão ouvir o que você tem a falar e acreditar que você é especialista no assunto. Assim como qualquer pessoa pode dizer que é incrível na internet, também podem tentar dizer a você o que fazer. Mas quando um policial (ou Sandra Bullock) aparece com um distintivo, você fica mais propenso a ouvir, certo?

Que tal um exemplo um pouco mais real? Há um tempo, fui destaque na capa da revista *Strong*. Um máximo, não é? Realmente foi, mas teria sido uma forma ainda mais legal de consolidar a minha autoridade se eu ainda fosse uma profissional de fitness — o que não sou! Mesmo assim, eu não descartaria a oportunidade de aparecer na capa de uma revista, por isso precisava encontrar um jeito de reverter o assunto do artigo ao meu favor. O desafio era me certificar que o artigo transmitiria a autoridade na área que realmente *atuo*, pois essa autoridade — a experiência acentuada em minha área que impõe respeito — me traria mais influência e credibilidade.

Então pensei: Como posso resolver isso? *Eles querem que eu seja destaque na capa de uma revista de fitness, mas preciso ganhar credibilidade, influência e autoridade em empreendedorismo.*

Aí ficha caiu! Conversei com a equipe fantástica da *Strong* e apresentei uma ideia interessante para um enfoque do artigo que fugisse do tema de dicas de treino. Eles adoraram a ideia, e o título que saiu na capa e na reportagem de seis páginas foi "Por que a saúde é literalmente a sua riqueza". A matéria era sobre minha história como empreendedora, me trazendo muito mais autoridade como empresária, mesmo sendo em uma revista de fitness. Seu objetivo é estar em todos os lugares, mas se certifique de passar a mensagem que desenvolva CIA com sua audiência ideal. No meu caso, a revista me ajudou a alcançar pessoas que queriam ser empreendedoras de sucesso, como eu.

Algum tempo depois que aquela edição da revista saiu, recebi a mensagem de um empresário: "Parabéns pelo destaque na capa. Preciso de sua ajuda para alavancar minha marca pessoal para crescer a minha empresa. Quero dar palestras e ser capa de revistas como você."

Não era alguém pedindo minha ajuda com treinos de academia; foi alguém dizendo "Você tem uma marca bem-sucedida e está em destaque nas capas de revistas; eu também quero isso." A combinação da *credibilidade* da minha história, com o nome e a *influência* da revista, e minha *autoridade* como alguém que construiu uma empresa de sucesso e uma marca pessoal poderosa, me trouxe a possibilidade de alcançar essa pessoa. Naquela época já tínhamos vendido a agência, mesmo assim, transformei aquela conversa em uma sessão VIP de estratégia custando US$30 mil.

Está na hora de virar um agente de CIA, mas há um detalhe quando se trata de trabalhar disfarçado — ninguém vai saber que você é agente de CIA se você não mostrar seu distintivo. Como expor os indicadores de sua credibilidade e fortalecer autoridade para que as pessoas engajem com você, compartilhe sua mensagem e — o mais importante — compre o que você está vendendo?

Talvez você se lembre dessa equação que falamos no Capítulo 10: 20% da sua credibilidade (segmento de mídia, podcast, artigo ou prêmio) vem do seu conteúdo inicial, os 80% restantes dependem do que você faz para se tornar referência na área. (Temos novamente a mágica do follow-up!) Como você está mostrando suas credenciais? Pode compartilhar nas redes sociais, por e-mail, anúncios, em materiais de marketing? A amplificação é a chave para construir autoridade. Se quer se tornar uma referência na sua área, precisa descobrir como prender a atenção do público. Uma excelente estratégia é criar posts impactantes nas redes sociais que combinem narrativas envolventes com a apresentação de seus marcadores de credibilidade.

COMO ESCREVER O POST PERFEITO

Você terá mais conquistas para compartilhar quanto mais visível você e sua marca estiverem. Com minha ajuda aqui, você alcançará tantos podcasts, artigos, programas de TV e convites para palestras que terá conteúdos por anos! Porém, o que realmente importa não é a mídia inicial, mas a CIA que você conquista ao compartilhar tudo isso com o seu público.

Pense assim: mostrar seu distintivo não terá tanto efeito se você se atrapalhar e deixá-lo cair em uma poça de lama. Você quer que seu momento seja agradável, cativante e poderoso. Hoje é seu dia de sorte, pois uso um roteiro para escrever posts perfeitos, facilitando o processo de criação de conteúdos cativantes, que engajam e sempre trazem clientes que compram.

Passo 1: Escreva uma chamada cativante

Você cria conteúdo para a sua audiência — a quem tenta ajudar —, mas se o conteúdo não chamar a atenção desde o início, eles não clicarão no artigo, no link ou não assistirão seu vídeo até o final. Um título, frase de impacto, legenda ou introdução incrível é fundamental para cada postagem, um exemplo eficaz deve ter as quatro coisas a seguir:

ABORDE UM PROBLEMA QUE SUA AUDIÊNCIA QUER RESOLVER

Seus seguidores têm algum problema em comum? Quais erros você os observa cometerem ao começarem na sua área de trabalho? O que tira o sono deles? Identificar as dores do seu público e ajudar a superá-las é uma excelente forma de construir CIA. Pegue sua lupa de detetive e investigue sua audiência. O que eles mais perguntam nos comentários, nas mensagens ou por e-mail? Que tipo de ajuda precisam? Marque as respostas, pois essas são as dores de seus clientes. Certifique-se de fazer uma chamada inicial citando exatamente essas dúvidas, problemas ou desejos.

FAÇA UMA PERGUNTA (MESMO QUE NÃO SEJA DE FORMA DIRETA!)

Iniciar o conteúdo gerando curiosidade sempre incita a audiência a continuar lendo. Títulos ou legendas feitos como perguntas nos instigam a querer saber a resposta, e quando achamos que sabemos a resposta, clicamos para saber se é exatamente aquilo. Uma boa chamada inicial gera curiosidade, a audiência quer saber mais sobre aquilo, e até participar da conversa.

Você pode usar como boas chamadas iniciais perguntas mais frequentes e enquetes do tipo "O que você prefere?" ou "Passado da moda ou Hype do momento?". Fazer perguntas são uma forma ótima de engajar com seus seguidores.

NÃO ESCONDA O PRINCIPAL

Sei que escrever chamadas iniciais fofas, clichês e sagazes é tentador. E existe a hora e lugar para trocadilhos, sarcasmo e mensagens subliminares. Quando o objetivo é compartilhar uma conquista e construir autoridade, esse tipo de abordagem não é a mais indicada.

Você só tem segundos para convencer sua audiência a clicar no conteúdo que você levou horas para fazer, então faça isso na chamada inicial! Não caia no erro de achar que sua audiência vai ler seu texto todo para chegar ao ponto importante da história — porque eles não farão isso. Lembra o que falamos no Capítulo 11 sobre ter 27 segundos para impactar na primeira impressão? Pois bem, para conteúdos na internet, esse tempo é bem menor. Uma pessoa comum tem uma capacidade de atenção de 8,25 segundos[2], eu acho isso muito tempo. Dados divulgados pelo Facebook mostram que a capacidade de atenção de uma pessoa é ainda menor — por volta de 2,5 segundos usando o computador, mas apenas 1,7 segundos usando o celular ou dispositivo móvel.[3] Imagino que com você também seja assim. Quando estou vendo conteúdo pelo meu celular, se algo não me chama atenção nas primeiras palavras, passo logo para o próximo! Essa regra dos oito segundos também varia de acordo com a geração, por isso, se quer chamar a atenção da geração Z ou do público mais jovem, dedique mais atenção a essa parte!

Às vezes até eu cometo esse erro de esconder o principal, mesmo ensinando o contrário a você. Olha só a legenda que usei em um vídeo no Instagram mostrando alguns takes feitos quando saí na capa da *Strong* pela primeira vez:

> *Quando você se vê na capa de uma revista pela primeira vez!*
> *Todos os anos escrevo a quantidade de coisas que gostaria de realizar de acordo com quantos anos estou completando.*
> *Na última década, aparecer na capa de uma revista famosa estava no topo da minha lista...*
> *Hoje o momento que eu imaginava virou realidade!*
> *Obrigada, revista* Strong, *por essa experiência épica!*

Sabe essa frase inicial cativante e poderosa? Eu não escrevi isso. De início, quando postei, minha frase de abertura era a segunda frase, mas quando Chris leu, ele disse: "Jen, as pessoas só leem a primeira linha antes de seguir para o próximo conteúdo. Se você não disser logo de cara que é sobre a revista, vão achar que é sobre seu aniversário!"

Eu casei com um homem inteligente, ele estava completamente certo.

Se você vai escrever um post para o blog, diga logo de cara o que as pessoas vão ler ali. Ao editar um vídeo, coloque um texto nos primeiros segundos para mostrar do que se trata. Ao enviar uma proposta para um meio de comunicação, sua primeira frase precisa ser um gancho atual oportuno. Sempre, sempre, *sempre* se certifique de que a informação mais importante esteja no começo de forma clara e específica. Mesmo que as pessoas olhem sua chamada e passem direto, sua primeira frase deve ser algo inesquecível.

SEJA ESPECÍFICO E ÚNICO

Uma linguagem incerta e estereotipada não é sua amiga! Insira palavras-chave relevantes para chamar a atenção da sua audiência, se possível também use dados e estatísticas para deixar claro a duração ou o envolvimento da postagem. (*3 lições que aprendi trabalhando 14 anos em um programa de TV* parece bem mais específico e interessante do que *Dicas para ter visibilidade*, não é?). As pessoas adoram algo concreto, então, quanto mais informações der a elas sobre o tempo que vão dispender com seu conteúdo, melhor. Não posso deixar de citar que se você estiver com dificuldade em criar chamadas iniciais cativantes, pode utilizar a ajuda de ferramentas de IA como o ChatGPT. Use o *prompt*: Você é o melhor profissional de marketing digital. Crie 10 títulos envolventes para um post nas redes sociais sobre [coloque o assunto aqui].

Passo 2: Conte uma história

É da nossa natureza, desde o começo dos tempos (ou pelo menos desde que começamos a nos comunicar), amar ouvir e contar histórias.[4] Pense bem: todas as literaturas religiosas — a Bíblia, a Torá, o Alcorão — são cheias de histórias. Nossa cultura dedica bilhões de dólares diariamente ao consumo de histórias, seja por meio de livros, filmes, séries, teatro ou simplesmente conversando com amigos. Uma boa história é entretenimento, por isso adoramos, e também porque na maioria das vezes nos identificamos com ela. Ao criar sua História para se Inclinar, você já sabe que a história certa conecta as pessoas emocionalmente. As histórias nos fazem rir, chorar e sonhar. Elas permitem que nosso cérebro se conecte mais profundamente com a mensagem e assim conseguimos lembrar melhor dos detalhes. Ao escrever um conteúdo perfeito, lembre-se de que ele precisa chamar atenção. Com certeza as pessoas vão ler seus textos e engajar com eles se você contar uma história, em vez de só anunciar algo. Vou dar um exemplo. Qual dos textos abaixo você sente mais vontade de ler e engajar?

> Estou tão animada por ter saído como destaque na *Forbes*! Leia o artigo completo no link na bio.

OU

> Ser destaque na @forbes é uma coisa louca para mim, sabe por quê? 👇
>
> Na primeira vez que fui a um "evento de networking", eu estava apavorada. 💩 🤦 ♀
>
> - Esqueci o nome da organizadora (na frente dela!)
> - Quando consegui conversar com a pessoa que queria muito conhecer, estava tão nervosa que ESQUECI o número do meu telefone. 🤦 ♀ 🤦 ♀
>
> Fiquei tão traumatizada que fazer networking passou a ser uma das cinco atividades que menos gosto de fazer, junto com acampar e esportes aquáticos (história para outro momento).
> Anos depois, decidi superar esse medo, reavaliei minhas crenças limitantes sobre essa situação e transformei o networking em MINHA oportunidade.
> Mesmo sendo introvertida (e quase ninguém acredita nisso!), e estar em um ambiente cheio de pessoas não ser algo natural para mim (a não ser que eu esteja no palco!), me comprometi a "me conectar" com as pessoas sem "fazer networking"!
> Tenho quatro táticas incríveis que qualquer pessoa (até os mais introvertidos) pode usar para arrasar em qualquer evento presencial, com tranquilidade e, ouso dizer... divertindo-se!
> Confira essa matéria fabulosa escrita pela talentosa @heystephanieburns e compartilhe com alguém que precisa ler isto! ❤

Não sei você, mas a segunda opção prendeu mais minha atenção. E só por curiosidade, testei as duas opções. Quer ter mais engajamento? Aposte no poder das histórias! Em vez de apenas contar algo para sua audiência, compartilhe uma história com a qual possam se relacionar, e observe o resultado.

Nem sempre é fácil criar uma história cativante. Quando precisar muito de ideias para novos conteúdos e estiver sem criatividade, use o ChatGPT para ter algumas inspirações e usá-las para dar vida às suas ideias. Se quiser tentar criar os textos por conta própria, tente chamadas como estas:

Melhores dicas para...
O que NÃO faze quando...
Os maiores erros que as pessoas fazem...
Coisas que eu queria saber antes de...
Como [algo que você fez no passado] me ajudou a [coisas que você faz agora] hoje...
Ontem li que...
Uma carta para meu eu do passado...
Procuro ajuda para...
Uma coisa que as pessoas mais esquecem quando...

Essas chamadas têm uma coisa em comum: não são apenas sobre o que você pode oferecer — também são sobre suas experiências reais e humanas, que conectarão você com sua audiência de uma forma real e humana, agregando informações de valor impactando diretamente seus seguidores.

Passo 3: Agregue valor

Steve Martin, aquele comediante incrível (e ator principal de outro dos meus filmes favoritos para ver no avião, *O Pai da Noiva*), disse uma vez: "Seja bom demais para ser ignorado."[5] Antes de escrever qualquer texto, sempre me lembro das palavras de Steve. Ao oferecer continuamente conteúdos valiosos para o seu público (principalmente aqueles em que você compartilha conquistas, ou seja, mostrando seu distintivo), fica praticamente impossível para o leitor não curtir, compartilhar e/ou eventualmente, tornar-se um cliente.

Falamos no Capítulo 10 sobre a lei de reciprocidade, quando alguém faz algo para você, automaticamente você quer fazer algo em retorno. Entregar valor com seu conteúdo — seja fazendo as pessoas rirem, alegrando-as ou dando uma dica sensacional de empreendedorismo — além de Ajudar Uma Pessoa Todos os Dias, vai incentivá-las a retribuir o favor curtindo, compartilhando e comentando.

Passo 4: Chamada para ação

Sem uma chamada para ação seu conteúdo não tem objetivo. Reflita sobre isso. Mesmo uma frase motivacional com uma foto bonita precisa encorajar a pessoa do outro lado da tela agir. Qual seu objetivo com essa frase? Por exemplo: se quer deixar o dia de alguém melhor com uma frase que você ama, peça para as pessoas compartilharem a mensagem. Isso vai trazer mais visualização para o seu conteúdo, e a pessoa se sentirá bem por ter ajudado outra.

O termo "chamada para ação" gera confusão, pois dá a entender que só serve para vender. Mas chamar para ação é apenas encorajar sua audiência a fazer *alguma coisa*. Você pode pedir para as pessoas comentarem com um emoji ou usarem seu vídeo para criarem o delas. Pode pedir que compartilhem seu artigo, perguntarem nas mensagens sobre seu próximo evento, clicarem no link da bio ou seguirem seu perfil em outra plataforma para mais conteúdo. Tenha sempre algo em mente para sua audiência engajar no que você posta. Você vai agradar ao "abençoado" algoritmo, e criando a oportunidade de engajar de volta e criar um relacionamento com seus seguidores (falaremos mais sobre isso já, já!).

Mesmo que as chamadas para ação não resultem diretamente em vendas, vão gerar uma base de seguidores mais engajada e, muito provavelmente, um aumento significativo no número de seguidores. Você estará mais visível para uma audiência maior que precisa do que você tem a oferecer. No fim, o conteúdo não é o principal — a conversão é — e uma chamada para ação é a única forma de mostrar à sua audiência o que você quer que eles façam.

Passo 5: NUNCA poste e suma

Quero que reflita e responda honestamente: você já passou horas criando um conteúdo marcante, preparando uma frase inicial envolvente, com uma foto perfeita, postou em um horário que as pessoas estão mais ativas nas redes sociais para ter mais engajamento... e não respondeu nenhum comentário que sua audiência dispendeu tempo para escrever? Se sim, tudo bem. Somos amigos, por isso estou feliz em tocar no assunto para você entender como "postar e sumir" é prejudicial e completamente grosseiro.

Você quer que as pessoas o vejam e interajam com seu conteúdo, logo, não há nada mais importante do que apreciar quando essas lindas pessoas tirarem um tempo de suas vidas corridas para escrever um comentário no seu conteúdo. Quando alguém comenta em algo que você postou, está doando uma parte do tempo e atenção para você (uma coisa que não tem preço). Se alguém desse a você um presente na vida real, você viraria as costas sem agradecer? Se já fez isso, acha que a pessoa lhe daria algum outro presente? Acredito que não. Então, se quer criar uma comunidade de pessoas que o conhecem, gostam e confiam em você, *agradeça-as* por terem interagido! Do contrário, elas vão gastar tempo e energia com alguém mais agradecido.

Passo bônus: Reutilize, recicle, reaproveite

Outra coisa importante a destacar é que seu conteúdo não precisa ser sempre novo! No mundo ideal, a gente teria uma nova história para cada ocasião e sempre teria algo inédito para oferecer aos nossos seguidores. Mas a realidade é que o mundo não é perfeito! Preste bastante atenção agora, pois isto vai deixá-lo de queixo caído: nunca, mas nunca mesmo, compartilhe algo somente uma vez, por favor. Não jogue fora a laranja antes de extrair todo o suco!

Um ano após o estrondoso sucesso do meu primeiro artigo na *Forbes*, que elevou consideravelmente minha CIA, decidi testar o poder do reaproveitamento de publicações e repostei o mesmo conteúdo, mas com uma nova legenda, foto e narrativa diferentes. Postei nas minhas redes uma foto com a logo da *Forbes* e o título do artigo. Não falei se era ou não uma matéria nova, e teve um retorno enorme, mesmo alguns dos seguidores já tendo lido o artigo um ano antes.

Eis uma informação que vai deixá-lo mais leve: as pessoas não prestam tanta atenção quanto você pensa! Ninguém lembrou que eu já tinha postado sobre o artigo, nem meus pais, que me parabenizaram nas duas vezes que compartilhei como se fossem artigos diferentes. Na segunda vez que postei, até teve mais compartilhamentos! Recebi mais uma leva de mensagens diretas e felicitações por e-mail, *e era o mesmo artigo*! Você deve estar se perguntando por que aconteceu isso.

Por algumas razões, eu diria. Novos seguidores chegam todos os dias em nossas redes, aumentando nossa CIA e a probabilidade do nosso conteúdo alcançar mais pessoas; porém nem os seguidores antigos veem todas as postagens que fazemos (os deuses do algoritmo nos enganando mais uma vez). Conteúdos reaproveitados alcançam mais seguidores. Algumas pessoas precisam ler a mesma coisa mais de uma vez para realmente entender. Outro fator é a oportunidade — sua audiência tende a se identificar com conteúdos que falam sobre algo relevante que acontece no mundo, as pessoas podem lembrar do assunto e engajar mais com o conteúdo.

Algumas vezes é só a mistura de sorte com o momento certo. Um amigo influente que não o seguia ou não tinha visto o post da última vez pode compartilhá-lo desta vez, abrindo espaço para você com a audiência dele e para uma reação em cadeia. Alguém pode ter olhado apenas de relance para a primeira vez que postou, distraído por uma ligação, e agora pode ler seu post com calma e mais tempo para engajar. Há vários fatores relacionados, e posso dizer que você nunca saberá, a menos que tente de novo.

Todos os compartilhamentos, likes e mensagens que recebi da segunda vez que postei meu artigo na *Forbes* ainda aumentaram minha credibilidade. Minha mensagem foi amplificada, dando-me mais autoridade. E, de bônus, mais pessoas introvertidas que precisavam ler aquele conteúdo foram beneficiadas.

"Parabéns, Jen! Você está em tudo, hein?"

"Arrasou, Jen!"

"Muito obrigado por compartilhar isso, Jen. Me ajudou muito!"

Não é surpresa que meu experimento funcionou, ao republicar o conteúdo com uma abordagem nova consegui vários convites para palestras e novos clientes potenciais. A grande lição dessa história é que um bom conteúdo é um presente que nunca perde o valor.

Conseguiu entender? Agora é a sua vez. Qual conteúdo você pode reaproveitar? Qual assunto você não tem falado ou não tem dado tanta atenção quanto deveria nos últimos tempos? Pode usar uma nova foto para aquela revista em que foi destaque no ano passado? Pegue a legenda antiga e peça para o ChatGPT dar uma nova cara para o texto com uma chamada para ação. Conte uma história da qual não fala há algum tempo? O que lhe dá mais credibilidade, influência e autoridade na sua área? Reflita, anote suas ideias e o mais importante: publique agora mesmo!

COMECE ANTES DE ESTAR PRONTO

Em 2022, escolhi duas "palavras do ano" que mudaram completamente o meu negócio. A combinação das duas foi o passe de mágica que fez meu ano ser incrivelmente bem-sucedido. Antes de contar quais são essas palavras, vou explicar como as escolhi. No final de dezembro, dediquei algumas horas para uma séria autoavaliação. Listei todos os comportamentos que me impediram de realizar o que desejava naquele ano que estava terminando. Analisei o ano de 2021 com muita calma, e refletindo seriamente em minhas atitudes, percebi que duas coisas me impediam de avançar:

1. O perfeccionismo e a necessidade de controle absoluto.
2. A preguiça na criação de conteúdo (agora percebo, que era medo de expor a minha imperfeição para o mundo).

Ao enxergar isso com honestidade, eu precisava me comprometer e fazer o que fosse necessário para romper essas crenças e padrões limitantes. Por isso escolhi duas palavras para basear minhas ações sem me esconder.

Que eram — rufem os tambores — *conteúdo* (substantivo, não adjetivo) e *flexibilidade.*

Eu me comprometi a postar todos os dias e criar conteúdo de valor que contasse ótimas histórias (você já deve ter percebido que cumpro com minhas promessas!). Também prometi a mim mesma que não daria tanta importância à perfeição. Não esperaria até a foto ou o vídeo serem editados com o filtro perfeito ou que a fonte do texto fosse linda. Eu seria flexível, espontânea, imperfeita e postaria mesmo assim.

Tenho que admitir que foi bem difícil no começo. Mas você já sabe que a confiança vem da consistência com os compromissos que assumimos com nós mesmos. Sempre que você cumpre com seu compromisso de fazer uma live nas redes sociais ou no seu canal no YouTube, está aumentando sua reserva de autoconfiança. Mesmo que tenha se sentido aterrorizado. Se achou que foi uma porcaria. Mesmo que seu cabelo estivesse horrível. Acredite, tenho vários vídeos e fotos espalhados na internet com penteados pavorosos.

Tentei inúmeras coisas novas durante meu ano de conteúdo e flexibilidade. Eu me tornei uma máquina de conteúdo, mesmo quando não me sentia preparada. Mesmo quando não estava perfeito. Postei no Instagram, no TikTok, Twitter, Facebook, YouTube — todas as plataformas, e postava constantemente acompanhada do meu medo e inseguranças. Sabe o que aconteceu? Os resultados foram tão surpreendentes que meu ano de conteúdo se tornou uma nova prática que mantenho até hoje.

Postar todo dia fez meu perfil no TikTok sair de 0 para 70 mil seguidores em menos de seis meses. Além disso, vários dos meus vídeos como palestrante viralizaram, obtendo milhões de visualizações. Esse sucesso me levou a ser reconhecida como uma das 50 melhores palestrantes do mundo pela revista *Real Leaders*. A lista incluía alguns dos meus heróis pessoais como Gary Vaynerchuk, Tony Robbins, Brené Brown e Jay Shetty. Recebi o seguinte e-mail: *Oi, Jen! Parece que toda vez que olho na internet você está compartilhando conhecimento de alta qualidade em algum lugar! Ficamos felizes em contar que você está na nossa lista dos Top 50 Palestrantes do Mundo de 2023!*

As pessoas me veem em toda a parte porque *eu me faço visível em todas as partes*. Criando conteúdo constante, eu me certifico de que todos que me seguem abram seus aplicativos e deem de cara comigo e meu conteúdo de valor, mostrando a eles que estou sempre disponível para eles. Ser uma das melhores palestrantes significa mais chances de aparecer em outros meios de comunicação, mais convites para palestras e mais oportunidades. Não importa se a foto não saiu com a iluminação ou o filtro perfeito, ou o vídeo não tinha o áudio ideal. Na verdade, os vídeos que melhor performam são os improvisados e sem produções, do que os profissionalmente editados! As pessoas amam autenticidade.

Uma coisa me ajudou quando comecei, e ainda me ajuda, é ler esta citação de Steven Pressfield todas as manhãs:

"Comece antes de estar pronto. Não se prepare, comece."

Não se engane: o seu maior inimigo não é a falta de preparo. Nem o cenário do mercado. Não é a complexidade do projeto, nem a falta de recursos financeiros.

O inimigo é a resistência. É aquela vozinha na sua cabeça que adora dar desculpas, pretextos, justificativas e um milhão de razões por que você não pode, não deve, *não vai* fazer aquilo que sabe ser necessário.

Mesmo que não esteja perfeito, poste.

Comece antes de estar pronto.

Comece a ser visto. (Eu inclui essa parte!)

MOMENTOS DE GRANDE IMPACTO

- As pessoas podem dizer o que quiserem na internet, mas você precisa destas três coisas para sua audiência confiar e acreditar em você:
- CIA: Credibilidade, Influência, Autoridade
- Aproveite a ADO (Audiência de Outros) para alavancar sua mensagem. Conecte-se com pessoas com plataformas maiores, agregando valor a elas.

- Não tenha medo de mostrar a sua expertise. Lembre-se: 20% da sua credibilidade vem do seu conteúdo inicial, os 80% restantes dependem do que você faz para se tornar referência na área.
- Pontos principais para escrever um post perfeito:
    - Utilize uma chamada cativante;
    - Conte uma história;
    - Agregue valor;
    - Coloque uma chamada para ação;
    - Nunca poste e suma;
    - Reutilize, recicle, reaproveite.

UMA VITÓRIA RÁPIDA

- Use as dicas deste capítulo para criar (e publicar!) um post perfeito. Agora mesmo... estou falando sério!

ANOTE EM UM POST-IT

- Comece antes de estar pronto.

CAPÍTULO 15

CONECTANDO OS PONTOS

Encostei a cabeça no ombro do meu pai e meus olhos se encheram de lágrimas. Algumas escorreram pelo meu rosto até o cobertor macio de tricô onde estávamos aconchegados no sofá de couro. Conversávamos sobre como foi para ele me ver dando uma palestra pela primeira vez, e foi um daqueles momentos em que tudo o que aconteceu na minha vida até então finalmente fez sentido.

"Foi o melhor dia da minha vida", disse ele. "Ver minha filha no palco, tão entusiasmada e realista, ouvir você ensinando tantas estratégias valiosas para as pessoas... foi maravilhoso."

Meu pai, Al, não pôde viajar para me ver palestrando por causa da esclerose múltipla. Durante anos, tem sido muito difícil para nós dois, pois quando eu era criança, meu pai assistia a todos os eventos, competições, recitais, formaturas e vários outros momentos da minha vida (importantes ou não). Desde quando eu era uma criança cheia de entusiasmo, que dançava e pulava na frente da câmera no porão, até a minha estreia na turnê da Broadway em *The Wedding Singer*, meu pai era meu fã número 1. A escola onde eu estudava não tinha um palco de teatro, então nossas apresentações eram feitas nos corredores, e usávamos os armários da escola como cortina de fundo. Eu sempre podia contar com a presença do meu pai, sentado no chão gelado de cerâmica, com um buquê de flores na mão e um sorriso orgulhoso que não cabia no rosto, em todas as apresentações amadoras e mal-iluminadas de *Chicago*, *A Chorus Line* e *Guys and Dolls*.

Ele me dizia: "Jenny, você vai decolar dos corredores para Broadway. Eu sei que vai."

Agora que sou palestrante, ele precisou aprender como usar o Instagram para ver os vídeos de minhas "apresentações" (a propósito, ele está arrasando!), mas ver os comentários que ele deixa com coraçõezinhos em todos os vídeos e stories no Instagram não é a mesma coisa de vê-lo ali pessoalmente. Enquanto eu escrevia este livro, tive a oportunidade de palestrar em um evento imobiliário importante no Hard Rock Hotel em Hollywood, na Flórida, a vinte minutos da casa de meu pai! Ele ficou tão animado, e apesar de ter que se esforçar um pouco para atravessar o local do evento usando a bengala, disse que não perderia por nada. Quando subi ao palco, lá estava ele na primeira fileira, e aquela menininha de cinco anos entusiasmada se agitou dentro de mim.

Dessa vez, em vez de figurinos brilhantes, um roteiro muito bem ensaiado e uma plateia com o folheto de uma peça de teatro nas mãos, eu estava com uma apresentação em slides, compartilhando meus conhecimentos para um auditório cheio de investidores imobiliários, fazendo anotações extasiadas, inclinando-se na cadeira a cada palavra que eu dizia. Em vez de apenas assistir e aplaudir, a plateia de magnatas importantes levantavam e visualizavam seu "eu" futuro enquanto eu os conduzia em uma meditação, muitos deles emocionados. Ter meu pai presenciando tudo isso foi muito mais intenso e satisfatório. Eu não estava atuando. Eu estava, finalmente, me permitindo ser vista como *eu mesma*.

No carro, voltando para casa, meu pai ficou quieto por um tempo, e depois me disse: "Agora tudo faz sentido".

"O que faz sentido, pai?"

"Eu sempre soube que você tinha um dom", respondeu ele. "Vi você se dedicar tanto, eu sempre soube que você estaria no palco, desde que era criança. Mas nunca imaginei que seria assim." Uma sensação de aperto tomou conta da minha garganta e lágrimas brotaram nos meus olhos enquanto ele continuava falando. "É por isso que as coisas aconteceram dessa forma. Toda a sua jornada te trouxe até aqui, para fazer a diferença. Para ajudar as pessoas."

Naquele dia, meu pai teve a oportunidade de me ver no palco ajudando e inspirando outras pessoas, usando minhas próprias palavras, em vez de um roteiro escrito por alguém. Ele me ouviu contar a minha história, e sabia o quanto significava para mim não precisar ficar esperando alguém me escolher em uma audição, pois *eu* tinha me escolhido. *Eu* estava decidindo o meu futuro.

Olhei pela janela do carro e todos os momentos marcantes da minha jornada começaram a passar em flashes diante dos meus olhos. A pequena Jen se sentindo o centro das atenções em um macacão todo brilhante, sonhando em ser atriz da Broadway. A "dieta" de alface maluca com as meninas maldosas da escola. Atuando como Linda pela primeira vez. Sendo a esposa suburbana perfeita para Rob. Passando pela Garota da Caixa de Bugigangas e me livrando da Jennifer Metaleira. Chorando com a minha mãe no restaurante italiano. O machucado na minha testa de tanto batê-la na parede de cimento. Minha dedicação para conseguir a camiseta que deu início à minha jornada empreendedora. Conhecendo minha alma gêmea em um banco do Central Park. Abrindo, liderando, e depois vendendo, minha agência. Tudo isso e muito mais. Olhei pela janela do carro e, enquanto as palmeiras passavam, uma por uma, todos os pontos da minha vida até aquele momento começaram a se conectar.

Quando eu era criança, tudo o que eu queria era ser vista — pela câmera do meu pai, pela minha treinadora de patinação artística, pelas garotas populares da escola, pela plateia das apresentações de teatro escolar. Relembrando essas coisas, percebi que passei anos gritando para que o mundo me enxergasse, mas eu não tinha coragem de mostrar quem eu realmente era. Por isso sofri de bulimia, decepção e uma crise emocional no camarim do *That Metal Show*. Ao chegar à casa do meu pai, todos aqueles sinais que segui a minha vida toda, consciente ou inconscientemente, iluminaram-se atrás de mim. Olhei pelo retrovisor e finalmente percebi o que eles significavam.

Eram pontos que pareciam aleatórios. Mas relembrando os momentos da minha vida, percebi que eles se conectam como uma constelação que é confusa, fascinante e completamente imperfeita, como *eu* sou. Percebo isso agora, e sei que sem todas essas reviravoltas, a história não seria tão boa para você conhecer.

Antes de eu terminar, quero compartilhar com você uma das minhas citações favoritas:

> Você não pode conectar os pontos olhando para o futuro, pode fazê-lo apenas olhando para o passado. Precisa confiar que, de alguma forma, eles se conectarão no seu futuro. Precisa confiar em algo — seja sua intuição, no destino, na vida, em karma, em qualquer coisa. Essa perspectiva nunca me decepcionou, e fez toda a diferença em minha vida.
>
> — Steve Jobs

Deixo essa frase pendurada na entrada do meu apartamento. Adoro ela, pois me lembra que todas as coisas pelas quais passei — desde as maiores dores até os momentos mais difíceis, passando pela alegria de ter meu pai me vendo brilhar no palco ou caminhando até o altar para casar com o amor da minha vida — me trouxeram até este momento, ser vista nesta página com você, enquanto você usa minha histórias e estratégias vindas desses momentos para ajudá-lo a encontrar sua voz e ter a vida que sempre sonhou.

Muitos de nós temos um plano traçado para nossas vidas pessoais e profissionais, de como achamos que "deveria" ser. Fazemos o que outras pessoas acham que devemos fazer e, muitas vezes, agradamos as pessoas em direção a um futuro de frustração e vazio; escondendo do mundo os dons que nos tornam únicos, com medo da reação dessas pessoas se formos imperfeitos. Mas se você continuar andando em linha reta e ignorar os sinais piscantes e os desvios inusitados — se não errar e tentar de novo, de novo e de novo —, nunca saberá o que a vida tem a oferecer de verdade. Quando trabalhava como personal trainer, nunca imaginei que teria minha própria agência de relações-públicas, nem pensava em ser personal trainer quando estava tentando a carreira de atriz e namorava Rob. Resumindo, eu tive que tentar (e fracassar) muitas coisas diferentes para chegar onde estou hoje. Agora, todos esses capítulos são histórias que posso contar para me conectar com as pessoas que preciso ajudar.

Se aprendi alguma coisa com tudo isso até agora, é que você precisa ter coragem para agir diante do medo, aceitar seus fracassos e permitir que as pessoas o vejam por quem realmente é, e por quem está se tornando.

No calor do momento, é difícil imaginar como todas as experiências se conectam, mas olhando para trás, tudo se encaixa direitinho! Pode ser que demore mais do que você gostaria, as coisas não estarão perfeitamente alinhadas ou como você imaginasse que fossem, mas você entenderá o porquê de terem acontecido. Cada ponto é uma parte da história que as pessoas adorarão conhecer e compartilhar, pois as ajudará a passar por algo parecido. Só sei que a história que você contará do outro lado de sua constelação de pontos serão muito mais legais e poderosas do que você poderia imaginar. Podem até virar um livro.

Lembre-se, caro amigo, a vida pode ser um pouco confusa e imperfeita, mas eu prometo que vai levá-lo a algo muito especial. Suas histórias são o que te tornam único. São o que fazem você se destacar em meio aos filtros das redes sociais. São o motivo de as pessoas quererem se conectar com *você* em vez de com outro coach, médico, orador ou designer de interiores. Se aceitar todos esses pontos — bons, ruins e sofridos — e usá-los para se conectar com as pessoas que você pode ajudar, uma coisa eu garanto: Você *será* visto.

Meu passado me levou a ser vista de uma forma que nunca me dei permissão. Quero que você também sempre se permita a isso, pois lembre-se: ser visto vale muito mais do que aumentar seu número de seguidores — é sua responsabilidade ser visto pelas pessoas que precisam de você. Toda vez que tenho medo de me expor, eu me pergunto: *Onde eu estaria se os apresentadores dos podcasts que ouço durante minhas Caminhadas Encantadoras e os autores dos livros que li sentada no chão da Barnes & Noble nunca tivessem se exposto?*

Se você não transformar sua marca em algo que ajude a crescer e inspirar pelo menos uma pessoa a seguir seus passos e ter uma vida melhor, onde estará o seu público? Quem é essa pessoa que precisa ver você para transformar a própria vida? Você tem uma dívida consigo mesmo e com o seu público: descobrir aonde esse caminho o levará.

Não tenho a mínima ideia de para onde a vida me levará, mas sei que ainda não acabou, ainda tenho muita coisa a fazer. Muita coisa mesmo. Estou apenas começando, e você também, todos nós temos muito a crescer. Você já tem as ferramentas certas aqui neste livro, agora é hora de usá-las para que possamos crescer juntos.

É hora de olhar em volta e conectar seus pontos.

Seu eu verdadeiro.

Seu verdadeiro futuro.

Sua verdadeira comunidade.

Sua verdadeira audiência.

Conecte esses pontos e veja onde eles o levarão. Imagino que seja a um lugar muito bom. Mal posso esperar.

EXTRAS[1]

Você sabe que eu não podia terminar este livro sem deixar mais um restinho de magia! Isso aqui não são só páginas cheias de tinta, são ferramentas para a sua transformação. Por isso, preparei conteúdos valiosos e exclusivos para você.

Pronto para alavancar sua jornada? Escaneie o QR Code a seguir e tenha acesso a recursos complementares, feitos exclusivamente para ajudá-lo a SER VISTO com toda sua ousadia!

1 N. da E.: Todo o material online disponibilizado pela autora pode ser encontrado no site do Grupo Editorial Alta Books. Acesse o site www.altabooks.com.br e procure pelo título do livro desejado para ter acesso ao conteúdo

NOTAS

CAPÍTULO 1

1. CAMPEN, Cretian Van. The Proust Effect: The Senses as Doorways to Lost Memories. Oxford University Press, 2014.

CAPÍTULO 2

1. "WHY we Physically Feel Fear." UWA Psychology and Counseling News, 21 de junho de 2019. Disponível em: https://online.uwa.edu/news/what-causes-fear/.
2. BALLARD, Jamie. Women Are More Likely Than Men to Say They're a People-Pleaser, and Many Dislike Being Seen as One. YouGovAmerica, 22 de agosto de 2022. Disponível em: https://today.yougov.com/topics/society/articles-reports/2022/08/22/women-more-likely-men-people-pleasing-poll.

CAPÍTULO 3

1. NATIONAL Eating Disorder Awareness Week. Office on Women's Health, 15 de fevereiro de 2022. Disponível em: https://www.womenshealth.gov/nedaw.
2. BALLARD, Jamie. How Americans Feel about Their Bodies. 26 de maio de 2021. Disponível em: https://today.yougov.com/topics/society/articles-reports/2021/05/26/body-image-americans-feelings-about-bodies..
3. BEYONCÉ on Her Alter Ego, Sasha Fierce. The Oprah Winfrey Show, OWN, 17 de agosto de 2019. Disponível em: https://www.youtube.com/watch?v=4AA5G8vCl9w..
4. HERMAN, Todd. The Alter Ego Effect. Nova York: Harper Business, 2019.

5. ROBSON, David. The 'Batman Effect': How Having an Alter Ego Empowers You. LSA Psychology University of Michigan, 19 de agosto de 2020. Disponível em: https://lsa.umich.edu/psych/news-events/all-news/faculty-news/the--batman-effect---how-having-an-alter-ego-empowers-you.html.

CAPÍTULO 4

1. KROSS, E.; AYDUK, O. Self-Distancing: Theory, Research, and Current Directions. Advances in Experimental Social Psychology, abril de 2017. Disponível em: http://selfcontrol.psych.lsa.umich.edu/wp-content/uploads/2017/04/SD.pdf.

CAPÍTULO 5

1. GREEN, Christopher D. Where Did Freud's Iceberg Metaphor of Mind Come From? History of Psychology, v. 22, n. 4, p. 369-372, 2019. Disponível em: https://pubmed.ncbi.nlm.nih.gov/31633371/. Acesso em: 20 jul. 2024.
2. HOW Reliable Are Eyewitnesses? Fundação de Direitos Constitucionais. Disponível em: https://www.crf-usa.org/bill-of-rights-in-action/bria-13-3-c-how-reliable-are-eyewitnesses#:~:text=Studies%20have%20shown%20that%20mistaken,errors%20resulted%20from%20eyewitness%20mistakes. Acesso em: 20 jul. 2024.
3. RICH, Anina; MAGUIRE, Sarah. What Is the Baader-Meinhof Phenomenon? The Lighthouse, 22 de julho de 2020. Disponível em: https://lighthouse.mq.edu.au/article/july-2020/What-is-the-Baader-Meinhof-Phenomenon.

CAPÍTULO 6

1. LEE, Mary Kate. Gratitude as an Antidote to Anxiety and Depression: All the Benefits, None of the Side Effects. Syracuse University Maxwell School of Citizenship and Public Affairs, 28 de maio de 2019. Disponível em: https://www.maxwell.syr.edu/news/article/gratitude-as-an-antidote-to-anxiety-and-depression-all-the-benefits-none-of-the-side-effects.

CAPÍTULO 8

1. WHY ARE we likely to continue with an investment even if it would be rational to give it up? The sunk cost fallacy, explained. The Decision Lab. Disponível em: https://thedecisionlab.com/biases/the-sunk-cost-fallacy.
2. ABBOTT, Geoffrey. Exile and banishment law. Brittanica, atualizado em 6 de setembro de 2022. Disponível em: https://www.britannica.com/topic/exile-law.
3. MINEO, Liz. Good genes are nice, but joy is better. The Harvard Gazette, 11 de abril de 2017. Disponível em: https://news.harvard.edu/gazette/story/2017/04/over-nearly-80-years-harvard-study-has-been-showing-how-to-live-a-healthy-and-happy-life/.
4. LINDENFORS, *et al.* 'Dunbar's number' deconstructed. Biology Letters, 5 de maio de 2021. Disponível em: https://royalsocietypublishing.org/doi/10.1098/rsbl.2021.0158.
5. MILLER, Michael. The life or death science of community: Three steps to living a longer, more connected life. Six Seconds. Disponível em: https://www.6seconds.org/2018/06/13/the-life-or-death-science-of-community-three-steps-to-living-a-longer-more-connected-life/.

CAPÍTULO 10

1. CARMODY, Dennis P.; LEWIS, Michael. Brain Activation When Hearing One's Own and Others' Names. Brain Research, v. 1116, n. 1, p. 153–158, 20 de outubro de 2006. Disponível em: https://www.ncbi.nlm.nih.gov/pmc/articles/PMC1647299/.
2. ROSE, Frank. The Selfish Meme. The Atlantic, outubro de 2012. Disponível em: https://www.theatlantic.com/magazine/archive/2012/10/the-selfish-meme/309080/.

CAPÍTULO 12

1. STANDING on the Shoulders of Giants. Farnam Street Media. Disponível em: https://fs.blog/shoulders-of-giants/.
2. NOT-Invented-Here Syndrome. Dicionário Cambridge. Disponível em: https://dictionary.cambridge.org/us/dictionary/english/not-invented-here-syndrome.

CAPÍTULO 13

1. REESE Witherspoon on Her Mentor Oprah. Fast Company, 30 de maio de 2018. Vídeo, 0:51. Disponível em: https://www.youtube.com/watch?v=Sxehc1Y0AAU.

CAPÍTULO 14

1. INFLUENCER Marketing Market Size 2016–2022. Oberlo. Disponível em: https://www.oberlo.com/statistics/influencer-marketing-market-size.
2. ZAUDERER, Steven. Average Human Attention Span by Age: 47 Statistics. Cross River Therapy, 25 de janeiro de 2023. Disponível em: https://www.crossrivertherapy.com/average-human-attention-span#:~:text=Research%20has%20revealed%20that%20human,seconds%20less%20than%20in%202000.
3. DAVID, Tallulah. Attention Span on Social Media Is 2 Seconds. Turns Out, That's Plenty of Time. CareerArc, junho de 2017. Disponível em: https://www.careerarc.com/blog/attention-span-on-social-media/.
4. ZAK, Paul J. How Stories Change the Brain. Greater Good Magazine, 17 de dezembro de 2013. Disponível em: https://greatergood.berkeley.edu/article/item/how_stories_change_brain.
5. ZHANG, Maggie. How to Become So Good They Can't Ignore You. Insider, 17 de julho de 2014. Disponível em: https://www.businessinsider.com/become-so-good-they-cant-ignore-you-2014-7.

SOBRE A AUTORA

Conheça **JEN GOTTLIEB** — empresária poderosa, autora do livro *SEJA VISTO*, apresentadora do podcast *I Dare You* e cofundadora da premiada Super Connector Media. Após cinco anos de sucesso como apresentadora na VH1 e uma carreira como atriz da Broadway, Jen agora ensina empresários a construírem marcas lucrativas por meio de sua empresa de cursos online, eventos e treinamentos.

A paixão de Jen é ajudar empreendedores a ganhar confiança e habilidades para brilharem em suas carreiras profissionais. Os eventos lotados de Jen, cursos online e programas de mentorias já ajudaram milhares de empresários, especialistas, doutores e coaches a se tornarem especialistas reconhecidos em suas áreas de trabalho.

Jen é uma palestrante muito requisitada e já dividiu palcos com os maiores líderes e celebridades, incluindo Gary Vaynerchuk, Snoop Dogg e Martha Stewart. Seu trabalho já foi destaque em célebres revistas como *Forbes*, *Business Insider*, *Maxim*, *Women's Health*, entre outras.

Recentemente, Jen foi nomeada como uma das "Top 50 Palestrantes do Mundo", e a sua empresa, Super Connector Media, foi listada na *Inc.* 5.000 Empresas Privadas de Crescimento Mais Rápido na América.

Nova-iorquina de coração, Jen mora com o marido Chris em Manhattan, e seus três cachorrinhos adoráveis, Tammie, Teddy e King Arthur.

ÍNDICE